AF613016

BIBLIOTECA DE DERECHO ADMINISTRATIVO

Luigi Garofalo
(Director)

Carlos Antonio Agurto Gonzáles
Sonia Lidia Quequejana Mamani
Benigno Choque Cuenca
(Coordinadores Generales)

José Araujo-Juárez
Profesor de Postgrado e Investigador Asociado del Instituto de Investigaciones Jurídicas de la Universidad Católica Andrés Bello, Caracas, Venezuela. Miembro de: la Asociación de Derecho Administrativo Iberoamericano, de la Asociación Española e Iberoamericana de Profesores e Investigadores de Derecho Administrativo, de la Asociación Internacional de Derecho Administrativo, del Foro Iberoamericano de Derecho Administrativo; y Miembro de Honor de la Asociación Mexicana de Derecho Administrativo, de la Asociación Dominicana de Derecho Administrativo y Miembro Honorario de la Asociación Venezolana de Derecho Administrativo.

La nulidad del acto administrativo

Edición al cuidado de
Carlos Antonio Agurto Gonzáles
Sonia Lidia Quequejana Mamani
Benigno Choque Cuenca

Título: La nulidad del acto administrativo

© José Araujo-Juárez

© Ediciones Olejnik
Huérfanos 611, Santiago - Chile
E-mail: contacto@edicionesolejnik.com
Web site: http://www.edicionesolejnik.com

Primera edición en Ediciones Olejnik: 2020

ISBN: 978-956-392-888-4

Diseño de Carátula: Ena Zuñiga
Diagramación: Luis A. Sierra Cárdenas

La edición de Ed. Olejnik fue impresa en Argentina 2020.

La reimpresión en coedición entre Ediciones Olejnik y Editorial Jurídica Venezolana, fue impresa por Lightning Source, an Ingram Content company, para Editorial Jurídica Venezolana International, 2020.

ÍNDICE

TERCERA PARTE:
LA TEORÍA DE LA NULIDAD DEL DERECHO ADMINISTRATIVO

CUARTA PARTE:
LA TEORÍA DE LOS VICIOS DE NULIDAD ABSOLUTA DEL ACTO ADMINISTRATIVO

QUINTA PARTE:
LA TEORÍA DE LOS VICIOS DE NULIDAD RELATIVA DEL ACTO ADMINISTRATIVO

SEXTA PARTE:
LA TEORÍA DE LOS VICIOS INTRASCENDENTES DEL ACTO ADMINISTRATIVO

SÉPTIMA PARTE:
LA ACCIÓN DE NULIDAD EN VÍA ADMINISTRATIVA

ÍNDICE DE ABREVIATURAS

Para mayor comodidad se ha utilizado, en el texto, el sistema de abreviaturas que se indica a continuación con relación a organismos, textos normativos y publicaciones periódicas de más frecuente uso:

C:	Constitución
CC:	Código Civil
CE:	*Conseil d'Etat,* Francia
CF:	Corte Federal
CFC:	Corte Federal y de Casación
COT:	Código Orgánico Tributario
CPC:	Código de Procedimiento Civil
CPCA:	Corte Primera de lo Contencioso-Administrativo
CSJ:	Corte Suprema de Justicia
CSJ/CP:	Corte Suprema de Justicia, Corte Plena
DRAE:	Diccionario de la Real Academia Española
DPGR:	Doctrina de la Procuraduría General de la República
EJV:	Editorial Jurídica Venezolana, Caracas
FPGR:	Fundación Procuraduría General de la República
FUNEDA:	Fundación Estudios de Derecho Administrativo
GFJAF:	Grandes Fallos de la Jurisprudencia Administrativa Francesa
GF:	Gaceta Forense
GO:	Gaceta Oficial de la República Bolivariana de Venezuela
IDP:	Instituto de Derecho Público, UCV, Caracas
JCSJ:	Jurisprudencia de la Corte Suprema de Justicia
LCP:	Ley de Contrataciones Públicas
LEFP:	Ley del Estatuto de la Función Pública
LGDJ:	*Librairie General de Droit et Jurisprudence,* Francia
LOAP:	Ley Orgánica de la Administración Pública
LOCSJ:	Ley Orgánica de la Corte Suprema de Justicia
LOJCA:	Ley Orgánica de la Jurisdicción Contencioso Administrativa
LOPA:	Ley Orgánica de Procedimientos Administrativos
LOPGR:	Ley Orgánica de la Procuraduría General de la República
LOTSJ:	Ley Orgánica del Tribunal Supremo de Justicia
LPO:	Ley de Publicaciones Oficiales

LSTA:	Ley de Simplificación de Trámites Administrativos
M:	Memoria
PGR:	Procuraduría General de la República
RAP:	Revista de Administración Pública, Madrid
RDA:	Revista de Derecho Administrativo, Ed. Sherwood, Caracas
RDC:	Revista de Derecho Constitucional, Ed. Sherwood, Caracas
RDP:	Revista de Derecho Público, Editorial Jurídica Venezolana, Caracas
RDPGR:	Revista Doctrina Procuraduría General de la República, Caracas.
REDA:	Revista de Estudios de Derecho Administrativo, Madrid
RF:	Repertorio Forense
RFPGR:	Revista Fundación Procuraduría General de la República, Caracas
RTD:	Revista Tachirense de Derecho
SC:	Sala Constitucional
SCC:	Sala de Casación Civil
SE:	Sala Electoral
SF:	Sala Federal
SFC:	Sala Federal y de Casación
SPA:	Sala Político Administrativa
SPA-ET:	Sala Político Administrativa-Especial Tributaria
UCV:	Universidad Central de Venezuela, Caracas
TC:	*Tribunal de Conflits*, Francia
TSJ:	Tribunal Supremo de Justicia
TSJ/SC:	Tribunal Supremo de Justicia, Sala Constitucional
TSJ/SPA:	Tribunal Supremo de Justicia, Sala Político Administrativa

PRIMERA PARTE:

LOS PRINCIPIOS GENERALES DEL DERECHO ADMINISTRATIVO

PRINCIPIOS GENERALES

A. PRINCIPIO DE LEGALIDAD

§1. Planteamiento de la cuestión.— El primer principio general del Derecho público y, por ende, del Derecho administrativo, a la vez elemento de carácter jurídico-formal del Estado de Derecho, es el principio de legalidad que constituye la más importante de las columnas sobre la que se asienta el total edificio del Derecho administrativo, según el autor español F. GARRIDO FALLA.[1]

En el mismo sentido, en el Derecho positivo la jurisprudencia[2] desde muy temprano ha sostenido que el principio de legalidad es «el principio fundamental que sirve de soporte a la concepción del Estado de Derecho, al subordinar el arbitrio del funcionario al imperio de la Ley»; y por consiguiente, es «un principio desde el cual se erige, desde su nacimiento, el Estado de Derecho».[3] Es por ello que concluye señalando que

> «el Estado de Derecho en los regímenes democráticos no puede funcionar cabalmente con mengua del Principio de Legalidad». [4]

En consecuencia, el principio de legalidad es el elemento jurídico-formal más capital de los sistemas jurídicos contemporáneos, en virtud del cual toda actividad pública, y aun la actividad privada, debe, en un Estado determinado, ser conforme al Derecho que está en vigor en el momento en que tal actividad se realiza.

§2. Concepto.— En sus orígenes, el concepto que se denomina «legalidad» alude a la sumisión de la Administración Pública a la ley, razón por la

---

1 GARRIDO FALLA, F., *Tratado de Derecho Administrativo, Parte General*, Vol. I, 13ª Ed., Tecnos, Madrid, 2002, p. 198.

2 Vid. Sent. de la CFC/CP, de fecha 12 de noviembre de 1947, M. 1948, pp. 10-13.

3 Vid. Sent. del TSJ/SPA (1724), de fecha 27 de julio de 2000, RDP N° 83, p. 105.

4 Vid. Sent. de la CF, de fecha 9 de agosto de 1957, GF N° 17, p. 132.

cual la función administrativa siempre es de rango sublegal y es también, desde el punto de vista práctico, el elemento más manifiesto de la noción de Estado de Derecho; no obstante el hecho de que los términos y contenidos en que este limita a aquel, es objeto de polémicas doctrinales y ha experimentado cambios históricos de significación (J. Araujo-Juárez).[5] En suma, el principio de legalidad así descrito significaba que la Administración Pública y su actividad, en su totalidad, debía respetar la ley y no podía ni derogarla ni modificarla, lo cual establecía la superioridad del Poder legislativo sobre la Administración Pública.

Sin embargo, con el uso, el término legalidad ha recibido una acepción más amplia y la expresión legalidad no designa aquí sólo a la ley sino al sistema de fuentes, y ha pasado a ser sinónimo de regularidad jurídica, de juridicidad (P.Weil),[6] es por ello que a tal principio, así entendido, se le denomina también principio de juricidad o principio de juridicidad (I. De Otto)[7], en su concepción integral de «bloque de la legalidad», como lo denominó, a su vez, el maestro M. Hauriou;[8] el cual significa, negativamente, que ninguna actividad administrativa pueda contrariar a una norma jurídica vigente; mientras que positivamente implica la exigencia, para toda actividad administrativa, de una previa atribución legislativa formal.[9]

Así, la construcción constitucional pretende, pues, un imperio del Derecho donde, además de las normas jurídicas, se encuentran todos los «valores» constitucionales, desde los proclamados «superiores» en el propio Art. 2 de la C,[10] hasta los esparcidos a lo largo del Texto Fundamental, en los que se incluyen diversas garantías institucionales, así como los principios generales del Derecho público (Araujo-Juárez).[11]

En efecto, si la expresión legalidad viene a designar la cualidad de aquello que es conforme a la ley –entendida esta en su sentido amplio, equivalente a Derecho–, es preciso entender que hoy, legalidad equivale al Ordenamiento jurídico entero referido. Por tanto, con el principio de legalidad se debe entender actualmente, que el Estado, y por consiguiente la Administración Pública, está subordinado al Ordenamiento jurídico entero, comprendiendo la condi-

---

5 Vid. ARAUJO-JUÁREZ, J., *Derecho Administrativo General*, Vol. I *Concepto y Fuentes*, Ediciones Paredes, Caracas, 2012.

6 WEIL. P., *Derecho Administrativo* (trad. Española), Civitas, Madrid, 1986, p. 138.

7 DE OTTO, I., *Derecho Constitucional. Sistema de Fuentes*, Ariel Derecho, 7°. Reimpresión, 1999, Barcelona, p. 157.

8 HAURIOU, M., *Précis de droit administratif et de droit public*, 11 ème. ed., Sirey, París, 1927.

9 ARAUJO-JUÁREZ, J., *Derecho Administrativo Constitucional*, Ediciones Olejnik, Santiago, 2020; y ARAUJO-JUÁREZ, J., «Teoría del control público de la Administración Pública del Estado. Noción y clasificación», en *El control y la Responsabilidad en la Administración Pública*, EJV-CAJO, Caracas, 2012, p. 61.

10 Vid. publicación en la GO N° 36.860, de fecha 30 de diciembre de 1999, y reimpresión en la GO N° 5.453 Extr., de fecha 24 de marzo de 2000.

11 ARAUJO-JUÁREZ, J., Ob. cit., nota 5, pp. 95 y ss.

ción de que debe actuar dentro de los límites o dentro del marco señalado de antemano, esto es, conforme a Derecho, incluido aquel que él mismo elabora. Sin embargo, el auténtico problema lo constituye el desentrañar a través de qué proceso se verifica la atribución de las potestades administrativas a la Administración Pública, en cada caso, y qué consecuencias comporta.

Por tanto, la Administración Pública, en el ejercicio de la actividad o función administrativa que le está encomendada como propia o de modo preferente, está obligada a ceñirse a la legalidad, que es un concepto más amplio que la ley. En tal sentido, el denominado principio de legalidad se constituye en una limitación de aquella en tanto que Poder administrativo.

§ 3. Consagración. — El principio de legalidad tiene consagración expresa en el Derecho positivo por una disposición que reviste tradición constitucional y que se remonta a la Constitución de 1811. Por tanto, siempre ha tenido fuerza superior a la ley, y en la Constitución vigente se le consagra, también, en los términos siguientes:

> **Artículo 137**. La Constitución y la ley definirán las atribuciones de los órganos que ejercen el Poder público, a las cuales deben sujetarse las actividades que realicen.

En consecuencia, se consagra así, con rango constitucional, el principio de legalidad[12] y, por tanto, como ha sostenido la jurisprudencia:

> la potestad que ejerzan los órganos integrantes del Poder Público solo podrán ser ejercidas con base en una norma de rango legal preexistente que rija sus funciones, de allí que, la consagración de este principio de legalidad, implica la sujeción que se debe tener al obrar con respecto a un ordenamiento jurídico preexistente, hasta en sede administrativa [...][13]

B. PRINCIPIO DE SEGURIDAD JURÍDICA

§ 4. Planteamiento de la cuestión. — En el Derecho contemporáneo, la atención que se presta a la Teoría general de la Seguridad Jurídica o Seguridad en el Derecho, y la revalorización que cada día se le concede, son de primer orden, en tanto condiciones indispensables para la vida de las sociedades y de las personas que las integran.

Como es lógico, la seguridad jurídica solo se logra en un Estado de Derecho. Puede decirse que todo el Derecho y los mecanismos que organiza para su aplicación convergen hacia el común objetivo de suministrar seguridad jurídica a todas las personas de un país. Y es en este sentido que la noción-valor de seguridad jurídica viene a aparecer como eje en una serie de nuevas

---

12 Vid. Sent. de la CSJ/SPA, de fecha 6 de junio de 1985, caso *Luis Alvarez D.*, Magistrado Ponente: Luis H. Farías Mata, RDP N° 23, p. 134.

13 Vid. Sent. N° 674 del TSJ/SC, de fecha 28 de abril de 2005, caso *Contraloría General de la República,* Magistrado Ponente: Marco Tulio Dugarte Padrón.

y sucesivas formulaciones teóricas del Ordenamiento jurídico entero, tanto en su esfera pública como en la privada.

En el campo del Derecho público cobra toda su significación el hecho de que los textos constitucionales proclamen no solo el principio de legalidad *stictu sensu*, sino también el principio de seguridad jurídica como proyección más general y omnicomprensiva, bien sea en las relaciones jurídico-públicas persona-Estado, como en la instauradas entre las personas, haciéndose esta proclamación con el énfasis de un objetivo o fin de la propia Constitución, tal como acontece con el Art. 2 de la C vigente.

§ 5. Concepto. — La jurisprudencia[14] ha definido el principio de la seguridad jurídica como «la garantía de la aplicación objetiva de la ley en su sentido amplio, de tal modo que los individuos saben en cada momento cuáles son sus derechos y obligaciones, a su vez, esta seguridad limita y determina las facultades y los deberes de los Poderes Públicos», y como es lógico, concluye la sentencia afirmando que la garantía de la seguridad jurídica solo se logra en los Estados de Derecho y de Justicia donde las personas no están sometidas a la arbitrariedad de los órganos que ejercen el Poder Público.[15]

El principio de seguridad jurídica como tal no se encuentra establecido de manera expresa en la vigente Constitución; sin embargo, el principio de seguridad jurídica aparece ligado al fortalecimiento de la economía del país, pero considera también la Sala Constitucional[16] que ella obedece a un criterio más amplio, que se derivaría del propio Texto Constitucional y que se convierte en un principio de rango constitucional cuando sostiene:

> Seguridad Jurídica se refiere a la cualidad del ordenamiento jurídico, que implica certeza de sus normas y consiguientemente la posibilidad de su aplicación. En ese sentido en Venezuela existe total seguridad jurídica desde el momento que la normativa vigente es la que se ha publicado, después de cumplir con los diversos pasos para su formación, en los órganos de publicidad oficiales, por lo que surge una ficción de conocimiento para todos los habitantes del país, y aún los del exterior, de cuál es el ordenamiento jurídico vigente, el cual no puede ser derogado sino por otra ley, que a su vez, tiene que cumplir con los requisitos de validez en su formación, y con los de publicidad.
>
> Pero, a juicio de esta Sala, este no es sino un aspecto de la seguridad jurídica, ya que el principio lo que persigue es la existencia de confianza por parte de la población del país en el ordenamiento jurídico y en su aplicación, por lo que el principio abarca el que los derechos adquiridos

---

14 Vid. Sent. de la CPCA de fecha 20 de marzo de 2000, Magistrado Ponente: Pier Paolo Pasceri Scaramuzza, RDP N° 81, p. 96.

15 *Idem.*

16 Vid. Sents. N° 3180 del TSJ/SC, de fecha 15 de diciembre de 2004, caso *Tecnoagrícola Los Pinos Tecpica, C.A.*, Magistrado Ponente: Jesús Eduardo Cabrera.

por las personas no se vulneren arbitrariamente cuando se cambian o modifican las leyes; y porque la interpretación de la ley se hace en forma estable y reiterativa, creando en las personas confianza legítima de cuál es la interpretación de las normas jurídicas a la cual se acogerán.

En consecuencia, el principio de seguridad jurídica se refiere a la cualidad del Ordenamiento jurídico que implica certeza de sus normas y, consiguientemente, la posibilidad de su aplicación, por tanto debe perseguir la existencia de confianza por parte de los miembros de la sociedad en el Ordenamiento jurídico y en su correcta aplicación. Ello supone que los cambios en el sentido de la actuación del ejercicio del Poder Público, por ejemplo en la línea jurisprudencial, no se produzcan en forma irracional, brusca, intempestiva, sin preparar debidamente a las personas sobre futuras transformaciones, pues ello atentaría contra las expectativas de continuidad del régimen jurídico y de los criterios preexistentes.

Finalmente, sostiene la jurisprudencia[17] que el principio de seguridad jurídica despliega sus efectos en tres planos:

- La «seguridad en relación con el poder (sea que la fuerza sea ejercida por el Estado o por un particular)».
- La «seguridad en relación con el mismo derecho (por ejemplo, el principio de irretroactividad de las leyes y el principio de legalidad)».
- Y por último, la «seguridad en relación con la sociedad (la llamada seguridad social)».[18]

C. PRINCIPIO DEL RESPETO A LOS DERECHOS FUNDAMENTALES

§ 6. Planteamiento de la cuestión. — El estudio del impacto de los derechos fundamentales sobre el Derecho administrativo -afirma J. JORDANO FRAGA[19]- es en realidad el estudio de toda esta rama autónoma del Ordenamiento jurídico, porque toda ella se halla condicionada por los derechos fundamentales, verdaderas piedras angulares sobre las que descansa todo el edificio constitucional. Y es que, como afirma también el autor J. RODRÍGUEZ-ARANA,[20] el Derecho administrativo «debe orientarse hacia el pleno desarrollo de los derechos fundamentales, elemento clave del Ordenamiento constitucional».

En tal sentido, el principio del respeto (la intangibilidad o inmutabilidad) a los derechos fundamentales, constituye otro de los principios generales del Derecho público, a la vez que es el otro elemento de carácter jurídico-material

---

17 Vid. Sent. N° 5.074 del TSJ/SC, de fecha 15 de diciembre de 2005, caso *Aeropostal Alas de Venezuela*, Magistrado Ponente: Luisa Estella Morales Lamuño.

18 *Idem*.

19 JORDANO FRAGA, J., *Nulidad de los actos administrativos y derechos fundamentales*, Marcial Pons, Madrid, 1997, p. 23.

20 RODRÍGUEZ-ARANA, J., «Los derechos fundamentales en el Estado social de Derecho y el Derecho Administrativo», en AA núm. 35, 1988, pp.2046.

de la cláusula de Estado de Derecho. La afirmación expuesta precedentemente de que el Estado de Derecho se caracteriza porque a través del mismo se consigue el sometimiento de la Administración Pública al Derecho, ha de precisarse en el sentido de que esta sujeción no puede constituir un fin en sí mismo sino, simplemente, una técnica para conseguir una determinada finalidad, y que como tal, puede emplearse para perseguir diversas finalidades y de manera principalísima, el respeto a los derechos fundamentales de las personas.

Es aquí donde radica el fondo de esta forma de Estado de Derecho, y este fondo se va a conseguir mediante el sometimiento de este Estado al Derecho; solo si el término ley se emplea en un sentido amplio, con mayúsculas, equiparable a Derecho, el cual responde a unos principios determinados que se edifican sobre las bases del respeto a los derechos fundamentales; solo entonces, como advierte RIVERO,[21] someter la Administración Pública a la ley es someterla al Derecho.

§ 7. Concepto. – El principio del respeto a los derechos fundamentales exige que los órganos que ejercen el Poder Público actúen respetando y garantizando, a todas las personas, el goce y ejercicio irrenunciable, indivisible e interdependiente de los derechos inherentes a la persona humana; reconocidos en la Constitución, en los tratados internacionales en materia de derechos humanos, o que incluso no figuren expresamente, en dichos instrumentos; así como de aquellos derechos e intereses, reconocidos en la ley, en los actos reglamentarios y administrativos y, en fin, en los contratos celebrados entre los poderes públicos y las personas. Y es que los derechos y libertades fundamentales funcionan y han funcionado como instrumento básico del proceso de juridificación del poder (M. DE LA CUÉTARA MARTÍNEZ).[22]

Asimismo, debemos mencionar al respecto, el denominado principio de progresividad de los derechos fundamentales que parte de la premisa de que los instrumentos internacionales y nacionales que reconocen los derechos humanos, apenas enuncian los mínimos que deben ser garantizados por los órganos que ejercen el Poder Público, para que estos puedan ser considerados, ejercidos y disfrutados por sus titulares, pero que al tratarse de tales mínimos, la esfera de ejercicio y protección puede ser mejorada, si se prefiere ampliada, en atención a garantizar un tratamiento, disfrute y resguardo más extenso para las personas, quienes resultan beneficiadas así, por la onda expansiva que proyecta el principio de progresividad.

Así las cosas, el mencionado principio de progresividad de los derechos fundamentales se materializa en sentido negativo, a través de la prohibición establecida a los órganos que ejercen el Poder Público de desconocer o desmejorar los estándares mínimos reconocidos en los instrumentos internacionales

---

[21] RIVERO, J., «L'Etat moderne sent'il être encore un etat de droit», en *Annales de la Faculté de Droit de Liège*, 1957.

[22] DE LA CUÉTARA MARTÍNEZ, J.M., «Potestades administrativas y poderes constitucionales», en *REDA* N° 38, N° 1983, pp. 416 y 417.

que reconocen los derechos fundamentales; y se materializa en sentido positivo, a través de la ampliación del reconocimiento de los actualmente admitidos como tales, el mejoramiento en el desarrollo de su contenido y el fortalecimiento de los mecanismos institucionales de protección que garanticen su efectivo ejercicio y disfrute.

Por lo que respecta al Derecho positivo, el Art. 19 de la C reconoce, expresamente, el principio de progresividad en la protección de los derechos fundamentales que, según la jurisprudencia,[23] consiste en la obligación del Estado de garantizar a toda persona natural o jurídica, sin discriminación de ninguna especie, el goce y ejercicio irrenunciable, indivisible e interdependiente de los mismos. El mencionado principio se concreta según la jurisprudencia señalada, en el desarrollo consecutivo de la esencia de los derechos fundamentales, en los tres aspectos siguientes: (i) la ampliación de su número; (ii) el desarrollo de su contenido; y (iii) el fortalecimiento de los mecanismos institucionales para su protección.

En consecuencia, los derechos fundamentales vienen a reforzar el lado de las garantías de las personas reequilibrando las relaciones jurídicas establecidas entre ellas y la Administración Pública. De ahí que la afirmación de los derechos fundamentales como valores superiores del Ordenamiento jurídico, núcleo del orden público constitucional, supone la prohibición implícita de la derogación de esas garantías mediante maniobras de fraude o elusión y en caso de su desconocimiento, se reconocen diferentes garantías eficaces para el restablecimiento de los derechos fundamentales lesionados por los órganos públicos en el ejercicio del Poder Público debiendo destacarse, entre otras, el proceso de amparo constitucional (Art. 27 de la C) y el proceso administrativo (Art. 259 de la C). Asimismo, el Art. 25 de la C establece una consecuencia jurídica para aquellos casos en que los derechos fundamentales resulten transgredidos por actos del Poder Público, esto es, «la declaratoria de nulidad del acto de que se trate».[24]

De lo anterior deriva que el principio de respeto a los derechos y de las situaciones jurídicas subjetivas nacidas de los actos administrativos individuales o de la irrevocabilidad de los actos administrativos de efectos particulares creadores o declarativos de derechos a favor de las personas,[25] solo se aplica si son válidos y regulares, no si están viciados de nulidad absoluta.[26] De ahí que la intangibilidad de la situación jurídica nacida de un acto administrativo particular ha sido considerada como un principio general del Derecho (J.-M. AUBY y R. DRAGO).[27]

---

23 Vid. Sent. N° 1709 del TSJ/SC, de fecha 7 de agosto de 2008.

24 Vid. Sent. N° 1264 del TSJ/SC, de fecha 11 de junio de 2002, caso *Jesús Salvador Rendón Carrillo*, Magistrado Ponente: Antonio García García.

25 Vid. Sent. de la CSJ/SPA, de fecha 4 de julio de 1990, *RDP* N° 43, p. 74.

26 Vid. Sent. de la CSJ/SPA, de fechas 26 de julio de 1984, caso *Despachos Los Teques, C.A.*, Magistrado Ponente: Domingo A. Coronil, RDP N° 19, p. 130.

27 AUBY, J. M. et DRAGO, R., *Traité du contentieux administrative*, Vol. II, LGDJ, París, 1975, p. 322.

D. PRINCIPIO DEL CONTROL PÚBLICO DE LA LEGALIDAD

§ 8. Planteamiento del asunto. — Como el principio de legalidad puede ser infringido por la Administración Pública, es natural que se prevean los mecanismos para que, en tales casos, pueda ser restablecido asegurando su supremacía.

En efecto, el control público del principio de la legalidad persigue que la actividad controlada se ajuste al denominado bloque de la legalidad, o si se quiere en términos más amplios y tal vez más precisos, al conjunto de las normas jurídicas que conforman el Ordenamiento jurídico y que regulan la conducta del órgano o ente público controlado, sean estas normas, principios y valores superiores contenidos en la Constitución, las leyes y demás textos normativos.

En consecuencia, como sostuvo la jurisprudencia:[28]

> el principio de legalidad de los actos administrativos, según el cual éstos carecen de vida jurídica no sólo cuando les falta como fuente primaria, un texto legal, sino también cuando no son ejecutados en los límites y dentro del marco señalado de antemano en la ley. Desbordar este cerco constituye grave infracción que apareja la consiguiente enmienda por parte del o de los órganos jurisdiccionales competentes.

I. TEORÍA DEL CONTROL PÚBLICO

§ 9. Planteamiento general. — El Estado, hemos sostenido en otra oportunidad,[29] sea cual fuere el concepto que sobre su naturaleza se tenga, ha sido creado para cumplir determinados fines. Para ello se le dota de potestades derivadas del Poder Público que le permiten el ejercicio de funciones jurídico-estatales propias mediante el desenvolvimiento de numerosas actividades públicas. Pero, con mayor o menor intensidad, el ejercicio de tales potestades y actividades está sujeto a sistemas, procedimientos y técnicas de control público. De ahí la importancia de la teoría del control público como principio fundamental del Derecho público y como uno de los elementos básicos de la cláusula constitucional del Estado de Derecho.

En su significación jurídica, debemos señalar, como premisa fundamental, que los titulares de las funciones jurídico-estatales y, de manera concreta, de la función administrativa, están sometidos con la mayor amplitud en su ejercicio, en la concepción de un Estado de Derecho, a diversos controles públicos, los cuales van a hacer efectivo el principio de legalidad.

En tal sentido, siguiendo a M. Waline[30] se puede definir el control «como la verificación de la conformidad de una acción (en el caso una actividad administrativa) con una norma que se le impone a aquella».

---

28 Vid. Sent. de la CF, de fecha 17 de junio de 1953, GF N° 1, 1953, p. 151.

29 ARAUJO-JUÁREZ, J., *Derecho Administrativo General*, Vol. II *Administración Pública*, Ediciones Paredes, Caracas, 2011, p. 37.

30 WALINE, M., *Précis de droit administrative*, T. I, Ed. Montchrestien, 1969, p. 516.

La norma en cuestión puede ser una norma jurídica (entonces se hablará de control jurídico) o de una norma de buena ejecución (se hablará entonces de control de eficacia o de gestión). Por tanto, es evidente que al hablar de control, en sentido jurídico, tengamos que referimos al concepto de Ordenamiento jurídico, porque este equivale a Derecho y si el Derecho, en su esencia, sostiene M. DE LA CUÉTARA,[31] trata de la exigencia de una determinada conducta a otro sujeto y, en lo que ahora nos concierne, se manifiesta en la existencia de determinadas conductas exigibles en relación con las distintas actividades de las Administraciones Públicas.

En este orden de ideas, la función de control jurídico, esto es, la actividad de comprobación o de verificación de la regularidad jurídica de una actividad o una función jurídico-estatal en concreto, es una de las más importantes del Poder Público, pues está destinada a comprobar la observancia, por parte de los sujetos de Derecho -públicos o privados-, de las normas que regulan la convivencia, la producción de bienes y servicios, así como las normas que prohíben, ordenan o conforman algo en su sentido más amplio. Esto es, un poder de comprobación a fin de determinar la adecuación o conformidad de la conducta según la norma, es decir, un control que se traduce, a su vez, en actos o técnicas de control tales como auditorías, acceso a documentos, órdenes de exhibición, inspecciones, fiscalizaciones, suministro de datos, autorizaciones, etc., los cuales son manifestaciones específicas de actividades que la doctrina incluye entre las de policía administrativa o, más precisamente, de vigilancia de policía.

Finalmente, dentro de las notas configurativas de un Ordenamiento jurídico, contrapuesto si se quiere a la temática del control en sentido jurídico, podemos citar la efectividad del mismo a través de los distintos sistemas de control público. El Ordenamiento jurídico será efectivo si, a su vez, consagra sistemas que tengan por finalidad, el control con la mayor amplitud tanto de los centros o complejos de órganos del Poder Público como de los particulares entre sí o en sus relaciones con aquel pues, repetimos, el Ordenamiento jurídico funge a su vez de condicionamiento de todas las actividades públicas y privadas.

Así las cosas, y tomando a préstamo la modalidad metodológica que impusieron los constitucionalistas K. LOEWNSTEIN y M. GARCÍA PELAYO,[32] la doctrina tipifica el control público sobre la Administración Pública desde sus diversos ángulos y enfoques y, por ende, las clasificaciones pueden obedecer a distintos criterios, a saber: finalidad o naturaleza; oportunidad; objeto; ubicación del órgano o del titular del control; y por último, la vinculación de los órganos entre los cuales se establece la actividad de control (J. R. DROMI).[33] En

31 DE LA CUÉTARA, M., *La actividad de la administración*, Tecnos, Madrid, 1983, p. 81.

32 LOEWENSTEIN, K., *Teoría de la Constitución*, Edic. Ariel, Barcelona, 1979, pp. 149-468; y GARCÍA PELAYO, M., *Derecho Constitucional Comparado*, Madrid, 1959, pp. 294-324.

33 DROMI, J.R., *Prerrogativas y Garantías Administrativas*, 2ª. *Parte. Garantías del Administrado*, UCT, Tucumán, 1979, pp. 9 y ss.

efecto, el principio de legalidad tendrá eficacia si existe, a la vez, un control público destinado a sancionar su infracción. Ahora, ese control público existe y reviste diversas modalidades. En primer lugar, y tal vez sea una de las más importantes, la clasificación del control público atiende a la naturaleza del órgano; así:

- El *control administrativo*: la ilegalidad la comprueba y la sanciona la Administración Pública misma.
- El *control jurisdiccional*: la ilegalidad la comprueba y la sanciona un órgano jurisdiccional, ya sea con carácter general o con carácter especial.

II. CONTROL ADMINISTRATIVO

a. Concepto

§ 10. Planteamiento.— Por cuanto la Administración Pública está sometida al principio de legalidad se le reconoce un interés en restablecer la legalidad infringida cabalmente como una potestad de autotutela administrativa que tiene, entre otras manifestaciones, la potestad de revisión del acto administrativo inválido. Ahora bien, en un sentido etimológico, revisión es «rever»: ver de nuevo, ver más de una vez, volver a ver. En un sentido jurídico es algo más que eso: es ver o volver a ver para fiscalizar, para controlar y, en su caso, para enmendar.

El control administrativo propiamente tal es el que se ejerce dentro de la propia Administración Pública -control interno-, pues es preciso dotarla de un sistema de controles o mecanismos de control de la actividad -interior y exterior- por ella desplegada.

b. Modalidades

Cuando se hace referencia al control administrativo se está haciendo referencia a un sistema de auto-control efectuado internamente por los órganos y entes públicos en ejercicio de la función administrativa, y habrá que distinguir, a su vez, las modalidades siguientes:

§ 11. Sistema de autocontrol.— El denominado sistema administrativo de autocontrol o control interno y, por consiguiente, aquel que se ostenta en ejercicio de la función administrativa, es el que se realiza dentro de la propia Administración Pública, y que se concreta sobre órganos propiamente internos como entes externos, paralelos o independientes de aquellos. Aquí tenemos un supuesto muy concreto donde la función no es ajena sino que es propia del órgano que ejerce la actividad de control público.

Este sistema de autocontrol, en nuestro Derecho positivo, se divide, a su vez, en un doble sistema de revisión: (i) la específica revisión de oficio; y (ii) la revisión a instancia de parte, principalmente, a través del sistema de los recursos administrativos.

§ 12. De oficio. – Es el control administrativo que se realiza de oficio o a iniciativa propia del órgano que actúa, ejerce o realiza el control público. Desde este punto de vista, el control público es emanación de las facultades de dirección, supervisión y control inherentes al principio de jerarquía (Art. 28 de la LOAP),[34] y estaría referido, de acuerdo con la LOPA,[35] a las modalidades de revisión, a saber: (i) la anulación (Art. 83 y 90 de la LOPA); (ii) la revocación (Art. 82 y 90 de la LOPA; (iii) la confirmación (Art. 90 de la LOPA); (iv) la convalidación (Arts. 81 y 90 de la LOPA); (v) la modificación (Art. 90 de la LOPA); (vi) la reposición (Art. 90 de la LOPA); (vii) la conversión (Art. 21 de la LOPA); y por último (viii) la rectificación (Art. 84 de la LOPA); todas ellas manifestaciones muy concretas, en el Derecho positivo, de tal modalidad de autocontrol administrativo, por propia iniciativa del órgano titular de la actividad de control público.

§ 13. A instancia de parte. – La otra modalidad es el control que ejerce la Administración Pública a instancia o iniciativa del sujeto afectado en sus situaciones jurídicas subjetivas, donde cabe distinguir:

- Los recursos administrativos (Art. 85 a 99 de la LOPA).
- Los reclamos o quejas --que no recurso de queja como impropiamente lo denomina un sector de la doctrina- (Art. 3 de la LOPA).
- Y por último, las denuncias administrativas que, en el Derecho positivo, no tienen carácter general sino solo cuando algún texto específico recepta tal modalidad.

Por su parte, la jurisprudencia[36] ha sostenido que la posibilidad de la Administración Pública de revisar sus actos administrativos, esto es, la acción de volver sobre los mismos a fin de su modificación o desaparición del mundo del Derecho, tiene verdaderamente su fundamento en el interés público.

III. CONTROL JURISDICCIONAL

§ 14. Planteamiento general. – Y por último, el control jurisdiccional de origen francés (*contrôle juridictionnel*) que se realiza, ya no a través de la función administrativa, ni a través de una función legislativa sino, fundamentalmente y de manera exclusiva, mediante el ejercicio de la función jurisdiccional o judicial -control externo-.

Es, entonces, indudable que la última y más importante garantía de la vigencia del principio de legalidad radica en los órganos jurisdiccionales que integran el Poder judicial, con competencia en esa materia, bien sea general o

34 Vid. publicación en la GO N° 6.147 Extr., de fecha 17 de noviembre de 2014.

35 Vid. publicación en la GO N° 2.818 Extr., de fecha 1 de julio de 1981. Asimismo, ver más ampliamente en ARAUJO-JUÁREZ, J., *Derecho Administrativo General*. Vol. *Procedimiento y Recurso Administrativo*, Editorial Paredes, Caracas, 2010, pp. 367 y ss.

36 Vid. Sent. de la CSJ/SPA, de fecha 31 de enero de 1990, caso *Farmacia Unicentro C.A.*, Magistrado Ponente: Cecilia Sosa Gómez, RDP N° 41, p. 89.

especial. Y es que la esencia del modelo de Estado de Derecho propuesto por la doctrina alemana (R. Gneist/1884) se debe, fundamentalmente, al haber enfatizado la necesidad de que el Estado, en cuanto Poder administrativo, debe someterse al Derecho (*subdito ius*), sometimiento que se garantiza a través de un sistema de Justicia administrativa.

Ahora bien, el control jurisdiccional de la legalidad administrativa, a través de un sistema de Justicia administrativa, no surgió de un momento a otro sino que es el resultado de un proceso histórico. Este se inició con el control jurisdiccional respecto de cuestiones patrimoniales del Estado (la denominada doctrina del Fisco), hasta aceptarse plenamente en la actualidad como un mecanismo para hacer efectivo el principio de legalidad, como protección de los derechos fundamentales de las personas y para la instauración del sistema del control jurisdiccional de la legalidad administrativa.

Así, según el autor francés J. Rivero,[37] el sistema del control jurisdiccional de la legalidad administrativa nace de la feliz conjunción de tres elementos:

- Una ideología: el principio de legalidad.
- Una competencia: la del juez administrativo.
- Una técnica: el recurso por exceso de poder.

En consecuencia, el sistema de Justicia administrativa persigue el sometimiento de la Administración Pública a la Justicia de un modo general y, por lo tanto, al Derecho.

En el Derecho positivo, de acuerdo con el Art. 259 de la C, a diferencia de otros sistemas jurídicos que establecen un sistema de jurisdicción doble o dualidad de jurisdicción, no hay sino una sola jurisdicción, una única, no obstante que quepa, dentro de la misma, establecer diferencias receptadas incluso por el Ordenamiento constitucional.

Así las cosas, siendo que el principio de legalidad consiste en una relación entre las normas, o más ampliamente entre el Ordenamiento jurídico y la Administración Pública y la actividad o función administrativa que aquel rige, hay razón para tratar dos grandes bloques de problemas relacionados con el control del principio de legalidad:

(i) La manera en que los actos administrativos pueden infringir el principio de legalidad, esto es, los motivos o causas de ilegalidad.

(ii) Y la manera en que el principio de legalidad sanciona a los actos administrativos ilegales, esto es, la nulidad como comprobación de la ilegalidad.

---

[37] RIVERO, J., y WALINE, J., *Droit administratif*, 21a Ed., Dalloz, París, 2006; y ARAUJO-JUÁREZ, J. *La justicia administrativa y el contencioso de anulación*, Funeda-Cidep. Caracas, 2019, pp. 57-98.

§ 15. Metodología. – En mérito a lo antes expuesto, con este ensayo pretendemos dilucidar el sentido técnico-jurídico preciso de la teoría de la nulidad del acto administrativo, para lo cual uno de los cauces metodológicos a seguir será partiendo no solo de la doctrina científica sino, principalmente, del examen de la doctrina jurisprudencial inducida de los que estimamos son los fallos pioneros, líderes o de principios en el Derecho positivo, y donde los magistrados ponentes revestidos de una idoneidad integral han sido verdaderos «guardianes de la legalidad administrativa».

Lo anterior plantea el viejo problema de la relación entre la jurisprudencia y las fuentes jurídicas del Derecho y, como consecuencia de ello, el problema del valor y del alcance de la jurisprudencia. Hoy día, frente a las tesis de los defensores y contradictores de considerar a la jurisprudencia como fuente del Derecho, se aboga por la función de complementariedad del Ordenamiento jurídico por las vías de interpretar y aplicar las distintas fuentes del Derecho. Es por ello que si algunos doctrinarios consideran quizás excesivo, como afirmación, el carácter de fuente del Derecho a la jurisprudencia, se propugna que, al menos, debería admitirse el esfuerzo creativo de tantos magistrados revestidos de una idoneidad integral que han conformado la jurisdicción contencioso-administrativa, también en nuestro país. Así las cosas, a nuestro criterio, el cuerpo de doctrina jurisprudencial no constituye *per se* una especial fuente del Derecho, porque no recibe de la Constitución el trato, pero ha de contemplársele como una doctrina autorizada, con efectivo influjo sobre los distintos operadores jurídicos, por lo que algún sector doctrinario le coloca en un plano intermedio entre las fuentes del Derecho y las puras operaciones de aplicación.

En todo caso, la negación a la jurisprudencia -de la misma manera que a la doctrina- del carácter de fuente del Derecho, no implica el desconocimiento de su valor entre las fuentes del conocimiento. En tal sentido, abundan sentencias importantes que van fijando los principios fundamentales de la disciplina del Derecho administrativo en general y de la teoría de la nulidad del acto administrativo en particular. En consecuencia, la jurisprudencia y la doctrina en diálogo permanente constituyen, en este sentido, una fuente de conocimiento de valor inapreciable, pero sin llegar a confundir las fuentes del Derecho con el contenido del Derecho.

En suma: lo que importa poner de manifiesto, desde ahora, es que la conclusión que hemos podido deducir, después de un detenido examen sobre la legislación, doctrina y jurisprudencia en torno a la importantísima cuestión de la teoría de la nulidad del acto administrativo, es la de que si se pretende comentar un sistema u Ordenamiento jurídico concreto, en nuestro caso el venezolano, hay que atenerse, ante todo, a las soluciones positivas que dicho sistema ofrece; desde luego averiguando las razones jurídicas e históricas que las hayan determinado y habida cuenta de la época en que fueron dictadas, sin perder de vista los valiosísimos aportes de las importantes escuelas del Derecho administrativo comparado con que se seguirá alimentando el Derecho administrativo positivo.

SEGUNDA PARTE:

LA TEORÍA DE LA NULIDAD EN EL DERECHO ADMINISTRATIVO

NULIDAD EN EL DERECHO ADMINISTRATIVO

A. INTRODUCCIÓN

§ 16. Planteamiento general. – El autor argentino G.A. REVIDATTI[38] sostiene que el Estado se constituye, principalmente, para brindar seguridad a todas las personas. Esa seguridad se traduce, en el ámbito formal, en un principio que tiene, entre otras manifestaciones formales, la pretensión de que una vez establecida una situación jurídica a través de un acto administrativo se mantenga hasta cumplir su cometido en la forma prevista. Pero también el Estado de Derecho persigue someter el ejercicio del Poder Público al Derecho, con lo que adquiere, también, importancia el principio de legalidad. Ello se traduce en la pretensión de que toda situación jurídica que se establezca sea conforme a Derecho.

Así las cosas, se pregunta el citado autor: ¿Qué sucede cuando se establece una situación jurídica que tiene pretensión de permanencia para dar satisfacción al principio de seguridad jurídica, pero que sin embargo no es conforme al Derecho que rige la cuestión y que afecta, por tanto, al principio de legalidad? En este dilema se ubica la teoría de la nulidad del acto administrativo.

En efecto, el acto administrativo, como cualquier acto o negocio jurídico, se dicta para tener una cierta duración en el tiempo pues, en principio, está encaminado a producir sus efectos jurídicos de manera permanente (principio de estabilidad).[39] Y es que, como sostiene la jurisprudencia,[40] «la estabilidad

---

[38] REVIDATI, G. A., «Nulidades del acto administrativo», en *Acto Administrativo*, Ed. UNSTA, Tucumán, Argentina, 1982, p. 127.

[39] ARAUJO-JUÁREZ, J., *Derecho Administrativo*, Vol. III *Acto y Contrato Administrativo*, Ediciones Paredes, Caracas, 2011, pp. 278 y 279; y CASSAGNE, J.C. «La estabilidad del acto administrativo (un caso paradigmático), en *El Acto Administrativo como Fuente de Derecho en Iberoamérica*, Actas del VIII Foro Iberoamericano de Derecho Administrativo. Panamà, 2009, pp. 1 y ss.

[40] Vid. Sent. de la CPCA, de fecha 31 de marzo de 1982, RDP N° 10, p. 147.

de los actos administrativos es una necesidad de esencia finalista para el Ordenamiento Jurídico, tanto para la eficacia del acto (principio del *favor acti*) como para la seguridad jurídica».

Sin embargo, la pretensión de permanencia del acto administrativo puede verse interrumpida por la extinción (desaparición, supresión o retiro, como también se le conoce) que comporta su sustracción del mundo del Derecho según el autor español J.A. García-Trevijano,[41] por las diversas causas que reconoce el Ordenamiento jurídico respectivo.

Ahora bien, la expresión genérica de extinción comprende las diversas causas -normales o anormales- por las que el acto administrativo puede cesar definitivamente de producir sus efectos; dentro de las cuales se mencionan a título ejemplificativo: la desaparición de su contenido u objeto, el advenimiento de una condición resolutoria o, en fin, la declaración expresa de una autoridad pública competente según el autor venezolano Brewer-Carías.[42] Es por ello que la anulación o nulidad es una de las especies del término genérico de extinción del acto administrativo según los autores argentinos J.C. Cassagne y J.R. Comadira.[43]

§17. Origen.— La teoría de la nulidad de los actos y negocios jurídicos, sostiene el autor español T. R. Fernández,[44] es patrimonio común de la ciencia jurídica, en cuanto esquemas de categorías jurídicas que pertenecen a la Teoría general del Derecho, y no es particular a cada una de las ramas jurídicas, bien que esta teoría general se haya construido y se siga construyendo, en ciertos aspectos, sobre técnicas y conceptos derivados principalmente del Derecho privado. Empero, cada una de las ramas jurídicas ha debido adoptarla a su finalidad y esencia específica, para no llegar a soluciones antitéticas con su objeto y contenido.

Es así como es sabido que, en el campo de acción del acto o negocio jurídico del Derecho privado, ha sido fundamental el postulado del principio de la autonomía de la voluntad privada, cuya mayor o menor amplitud ha dependido no solo de la mayor o menor amplitud en consagración positiva, sino también de las concepciones filosófico-políticas en que se ha inspirado, que han ido desde la concepción racionalista hasta el pensamiento del orden público legal e inmutable.

En tal sentido, el pensamiento racionalista erigió la voluntad individual en causa suprema de la vida social y de todas las instituciones. Las exagera-

---

41 GARCÍA-TREVIJANO, J.A., *Los actos administrativos*, Civitas, Madrid, 1986, p. 379.

42 BREWER CARIAS, *Las Instituciones Fundamentales del Derecho Administrativo y la Jurisprudencia Venezolana, Facultad de Derecho, UCV, Caracas, 1964*, pp. 385 y 386.

43 CASSAGNE, J.C., *El Acto Administrativo*, 2ª Ed. actualizada, Abeledo-Perrot, Buenos Aires, 1978, p. 374; y COMADIRA, J. R., *La anulación de oficio del acto administrativo. La denominada «cosa juzgada administrativa»*, Astrea, Buenos Aires, 1981, p. 20;

44 FERNÁNDEZ, T. R., *La nulidad de los actos administrativos*, Col. Monografías Jurídicas N° 11, EJV, Caracas, 1979, p. 11.

ciones en que incurrió el racionalismo al exaltar la voluntad privada, nos enseña el civilista colombiano G. OSPINA,[45] provocaron una vigorosa reacción en el pensamiento filosófico-jurídico contemporáneo por parte de los defensores de las doctrinas espiritualistas quienes concluyen que la voluntad humana, en sí misma, es impotente en el dominio del Derecho y no desempeña papel alguno en él, sino con fundamento y dentro de los límites señalados por las normas e instituciones jurídicas.

Tal es el sentido de las expresiones empleadas en las disposiciones de los Códigos Civiles, que son considerados piedra angular de los sistemas civiles. En efecto, sostiene OSPINA[46] que la voluntad privada no es una fuente autónoma de efectos jurídicos; debe expresarse legalmente para que adquiera el vigor normativo que la ley le atribuye, a fin de que se convierta en una ley para las partes. Pero repite, solo cuando los actos jurídicos reúnen los aludidos requisitos que condicionan su existencia y validez, es decir, cuando están «legalmente celebrados», sus estipulaciones libremente consentidas revisten, para los agentes y también para los jueces encargados de aplicarlas, fuerza vinculatoria semejante a la de la propia ley dictada por el Estado.

Superado, pues, el pensamiento racionalista y reducida la voluntad privada a su justa subordinación a las normas e instituciones jurídicas, que son precisamente las que le reconocen o desconocen a dicha voluntad su poder regulador, en la doctrina moderna ya es indiscutible la tesis de la subordinación de la voluntad privada a los preceptos legales en el Derecho positivo. De conformidad con el Código Civil, para que un acto jurídico adquiera vigor normativo, o sea, para que sea reconocido como jurídicamente obligatorio, debe ser legalmente celebrado.

De ahí que la teoría de la nulidad formada en sus orígenes sobre los planteamientos del Derecho privado no puede trasladarse, sin más, al Derecho administrativo, cuya singularidad impone especialidades o modulaciones de alguna importancia, como es afirmación generalizada en la doctrina española (E. GARCÍA DE ENTERRÍA; T. R. FERNÁNDEZ; y R. BOCANEGRA SIERRA).[47]

B. TEORÍA DE LA NULIDAD

§18. Concepto.— En su acepción etimológica, la palabra nulidad -del latín *nullitas-*, significa negación de la esencia, del ser. Proviene del adjetivo *nullus-a-um*, que quiere decir, nulo, ninguno, que no es. En este sentido, la teoría de la nulidad, en el Derecho administrativo, hace referencia a las diferentes ilegalidades que puede contener un acto administrativo y justificar la sanción jurídica correspondiente.

---

45 OSPINA, F. G., y OSPINA A. E., *Teoría General de los actos o negocios jurídicos*, Ed. Temis, Bogotá, 1983, pp. 9 y ss.

46 *Idem*.

47 GARCÍA DE ENTERRÍA, EDUARDO, *Curso de Derecho Administrativo*, T. I, 13a. Ed. Thomson-Civitas, Madrid, 2006, p. 619; y BOCANEGRA SIERRA, R., *Lecciones sobe el acto administrativo*, Civitas, Madrid, 2002, p.167.

En consecuencia, en el Derecho administrativo, la nulidad implica la expulsión del acto administrativo del mundo jurídico. Consiste, en palabras del autor español A. Nieto,[48] en la declaración realizada por el órgano adecuadamente competente de que un acto administrativo no existe o que ha dejado de existir. La nulidad no es, pues, un efecto automático -o una consecuencia necesaria- de la ilegalidad, sino que solo se produce cuando media una declaración expresa de un órgano competente.

Finalmente, Nieto[49] sostiene que la ilegalidad no es, en definitiva, causa suficiente para la nulidad del acto administrativo (puesto que hay casos, tal como lo veremos más adelante, y actos que aun siendo ilegales no son nulos), pero es, desde luego, causa necesaria, puesto que no puede declararse la nulidad -o anularse el acto administrativo- sin una ilegalidad previa.

§19. Distinción con eficacia.— La eficacia es un atributo de todo acto jurídico. En el caso del acto administrativo se entiende como la posibilidad de producir los efectos jurídicos que persigue. Ahora, la nulidad conlleva, en todo caso, la ineficacia *ad futurum* por una razón elemental; a partir del momento en que el acto administrativo ha dejado de existir por cualquier causa, es lógico que ya no pueda surtir efectos; y así sucede. En mérito a lo anterior, Nieto[50] concluye que pareciera redundante cualquier declaración de ineficacia añadida a una declaración de ilegalidad.

En consecuencia, son las diferentes infracciones del Ordenamiento jurídico, llamados vicios, en que puede incurrir un acto administrativo y justificar su extinción y, de consiguiente, la cesación definitiva de los efectos jurídicos. Es por ello que, como señala Comadira,[51] si bien el dato común es la supresión de los efectos jurídicos del acto administrativo, no lo es menos que esta es, a su vez, resultado de un fenómeno que, desde el punto de vista lógico-jurídico, la precede con carácter de antecedente causal y determinante, motivo por el cual es en la extinción efectiva del acto administrativo generador de los efectos, donde debe hallarse el fundamento más importante.

C. POTESTAD DE ANULACIÓN

§20. Plan.— El maestro español J.González Pérez[52] sostiene que «la nulidad de los actos administrativos podrá decretarse en los procedimientos ordinarios de revisión -recursos administrativos ordinarios y contencioso-administrativo-».

---

48 NIETO, A., «Estudio preliminar», en BELADIEZ ROJO, M. *Validez y eficacia de los actos administrativos*, Marcial Pons, Madrid, 1994, p. 23. De acuerdo con el significado del *Diccionario panhispánico del español jurídico*, la nulidad del acto administrativo es la: «Consecuencia o efecto jurídico que el ordenamiento jurídico anuda al acto administrativo inválido». Disponible en *dpej.rae.es*.

49 *Idem*.

50 *Idem*.

51 COMADIRA, J. R., Ob. cit., nota 43, pp. 20 y 21.

52 GONZÁLEZ PÉREZ, J., *Manual de Procedimiento Administrativo*, Civitas, 2000, Madrid, p. 497.

Por tanto, abordaremos el ejercicio de la potestad de la anulación (o potestad anulatoria) desde el punto de vista de:

- La Administración Pública
- La Jurisdicción Contencioso Administrativa

I. ADMINISTRACIÓN PÚBLICA

§21. Poder jurídico.— Desde distintas perspectivas se ha subrayado el cambio que se ha operado en la concepción contemporánea de la Administración Pública, el cual tiene base constitucional. La Administración Pública es un Poder jurídico, en cuanto que las referencias que la Constitución contiene revelan el carácter necesario de la misma como elemento de organización del Estado, lo cual significa, en otras palabras, el carácter permanente y estable, desde el punto de vista de su cometido constitucional dentro del Estado, ligado al ejercicio de la función administrativa que corresponde, en principio y de modo preferente, al Poder Ejecutivo (Art. 136 de la C).

Por tanto, a la Administración Pública se la concibe dotada de potestades o prerrogativas exorbitantes de Poder Público -tales como: las de policía, fiscal, expropiatoria, etc.-, las cuales no poseen las personas, con el fin de ejercer un poder de *imperium* derivado de la soberanía del Estado, que se justifica para el cumplimiento de los fines del Estado fijados por la Constitución y que, en definitiva, se rigen por unas normas y un régimen jurídico exorbitantes al Derecho común.

a. Potestad administrativa

§22. Potestad.— La expresión potestad deriva del vocablo latino *potestas, potestatis*, de la raíz *pos*, que quiere decir poder, potestad, poderío, potencia, facultad, soberanía, que se tiene sobre una persona o sobre una cosa.

Asimismo, la doctrina del Derecho administrativo clásico, cuando hace el análisis de la posición jurídica de la Administración Pública con relación a los administrados, hace referencia, casi de manera constante, a una posición de superioridad de la Administración Pública frente a aquellos. Pues bien, a esa idea central de una posición de supremacía o superioridad de la Administración Pública con relación a los administrados, alude una diversidad de vocablos en cuanto que las potestades públicas consisten en una clase específicamente fuerte de poder jurídico que se les impone.

En tal sentido, se debe al autor italiano S. ROMANO[53] la distinción entre dos clases de poderes: los jurídicos, que derivan del Ordenamiento jurídico; y aquellos que operan *de facto*, es decir, sin amparo en el Derecho objetivo y, por tanto, jurídicamente irrelevantes. Por su parte, la capacidad estaría en el origen de todo poder jurídico; y precisamente de la vinculación entre capacidad

---

53 ROMANO, S., *Fragmentos de un diccionario jurídico*, EJEA, Buenos Aires, 1964, pp. 299 y sig.

y potestad derivarían, según él, las notas características de esta: inalienabilidad, imprescriptibilidad, intransmisibilidad e irrenunciabilidad.

La aportación de Romano frente a la doctrina tradicional consiste en el hecho de que mientras para esta existía una plena identidad entre las nociones de poder jurídico y derechos subjetivo; aquel, en cambio, subdividió el concepto de poder jurídico en dos nuevas esferas: la correspondiente a las potestades y la que hace referencia a los derechos subjetivos. Para justificar la distinción añade que las potestades son poderes jurídicos genéricos, mientras que los derechos subjetivos vienen referidos a relaciones jurídicas concretas. Por tal causa, la potestad no tiene una obligación correlativa y, en cambio, es forzoso que un derecho subjetivo siempre la tenga.

§23. Potestad administrativa.— Cuando la doctrina moderna habla de potestades, hace referencia a la atribución jurídica imputada a un órgano o a un sujeto por la cual crea relaciones que, de forma unilateral o imperativa, regula la conducta de terceros, según el autor argentino B.A. Fiorini.[54] Ahora bien, este conjunto de potestades dio lugar, a principios del siglo XX, a la creación de una figura jurídica, cuyo máximo exponente también fue Hauriou,[55] al hablar de un Poder administrativo.

En efecto, Hauriou se pregunta qué es el Poder administrativo, y la respuesta la resume en los elementos siguientes:

(i) El poder de coacción, que es el poder que tiene la Administración Pública de exigir de los administrados ciertas cosas: los impuestos, el servicio militar, la expropiación de inmuebles, etc.

(ii) La prerrogativa de la acción directa, que es el procedimiento habitual de la Administración Pública a través del cual ella se manifiesta como un Poder Público, incluso si realiza operaciones que pudieran catalogarse como del comercio jurídico ordinario; emplear el procedimiento de acción directa es la realización por sí mismo de sus propias intenciones, sin requerir ninguna intervención previa del juez. De ese modo, la noción francesa de *puissance publique* se considera como una de las más clásicas manifestaciones administrativas del *imperium* del Estado (De La Cuétara).[56]

En efecto, el Poder Público, si bien es uno, va a proyectarse a través de distintas manifestaciones de potestades públicas que, cuando están reguladas por el Derecho administrativo, serán denominadas potestades administrativas. En efecto, se trata de una parcela del ejercicio del Poder Público general, totalmente juridificada, funcionarizada, al servicio de fines concretos, y fraccionada en «dosis medibles»: las potestades administrativas.[57]

---

54 FIORINI, B. A., *Derecho Administrativo,* T. I, 3ª. Ed., Abeledo-Perrot, Buenos Aires, 1995, p. 19.

55 HAURIOU, M., Ob. cit., nota 8, p. 22.

56 DE LA CUÉTARA, J. M., Ob. cit., nota 32, p. 65.

57 *Ibidem*, p. 33.

Así, la noción de Poder administrativo, como se le conoce en la doctrina francesa, tiene tal importancia que en algún momento la Escuela de la Potestad Pública consideró que este elemento formal, subjetivo, iba a ser clave determinante en la definición de todas las categorías jurídicas del Derecho administrativo. Frente a esta postura doctrinal surge, en Francia, la Escuela del Servicio Público (L.Duguit, J.Berthélémy, y R.Bonnard) con otro elemento objetivo y funcional que es el del servicio público, y así la construcción del Derecho administrativo clásico va a girar alrededor y sucesivamente sobre estos dos conceptos fundamentales:

- El elemento material (servicio público).
- El elemento formal o subjetivo (potestad pública), según analizáramos en otra obra[58] y a la cual remitimos al lector deferentemente.

En definitiva, la circunstancia de que el acto administrativo sea el resultado del ejercicio del poder, o si se prefiere, de una potestad, reconocida por el Derecho, una potestad administrativa, inicialmente reconocida a la Administración Pública, va a ser determinante para su control a través de los denominados vicios jurídicos atinentes al ejercicio de potestades administrativas.

§24. Condición y límites. — El trasunto lógico del Estado de Derecho es el principio de legalidad que surge como reflejo de la soberanía popular, lo cual nos conduce a la afirmación de que, en un Estado de Derecho, no existen poderes ilimitados ya que la Administración Pública, creada por el Derecho, necesariamente debe estar legitimada mediante habilitación legal del representante de la comunidad que es el Poder legislativo, quien manifiesta típicamente su voluntad a través de la ley.

En efecto, la Administración Pública no está integrada por órganos soberanos, sino por órganos constituidos cuya soberanía, autoridad y poder son concedidos por otros órganos del Estado. Esta es una de las claves del Estado de Derecho. De ahí que la atribución de las potestades administrativas se conecta, pues, con el principio de legalidad haciendo aparecer la ley bajo un doble aspecto: como condición y como límite de la función administrativa según el constitucionalista francés CARRE DE MALBERG.[59]

Por tanto, que la ley ha de habilitar las potestades administrativas es una condición del principio de legalidad, según se desprende del Art. 137 de la C. En tal sentido, el principio de sumisión de la Administración Pública al Derecho se consigue por dos vías:

(i) Cuando el Legislador dicta normas delimitando las esferas jurídicas subjetivas, tanto de la Administración Pública como de las personas; se determina así el conjunto de potestades administrativas de que la

[58] ARAUJO-JUÁREZ, Ob. cit., nota 5, pp. 20 y 29.
[59] CARRÉ DE MALGERG, R., *Teoría General del Estado*, trad. española, 2a. Ed., UNAM, FCE, México, 1998.

Administración Pública dispone y, al mismo tiempo, aparece el límite de la función administrativa.

(ii) Mediante el dictado por el Poder legislativo de una serie de normas de acción, que le señalan los fines y los modos de actuar para conseguirlos.

§25. Clasificación. — Dentro de la posible clasificación que se puede hacer de las potestades administrativas, se han elaborado varias de ellas de modo convencional, tomando en cuenta diversos criterios, así:

(i) Que las potestades faciliten el obrar de la Administración Pública o, por el contrario, dificulten la actuación de los administrados.

(ii) Desde el punto de vista de que las potestades obren hacia el exterior o hacia el interior de la propia Administración Pública.

Así, dentro de ellas se encuentra la denominada potestad de autotutela - la realización de los propios intereses que representa la Administración Pública sin acudir a los tribunales- que es la gestión administrativa que permite revocar o anular, y la realización del interés público, su fundamento.[60] Al respecto interesa, sobremanera, aclarar desde un primer momento que la potestad de autotutela no implica que la Administración Pública quede exenta del control jurisdiccional. El significado de ese privilegio posicional consiste en que, antes de que intervengan los tribunales, en primera instancia la Administración Pública puede modificar por sí sola la realidad jurídica (ya sea declarando lo que es Derecho, ya sea ejecutándolo). Esa temporal sustitución de la heterotutela judicial por la autotutela administrativa no está exenta de consecuencias para las personas, ya que durante ese período intermedio quedan sometidos a una situación de prerrogativa exorbitante al Derecho común en la que la Administración Pública procede sin la independencia, neutralidad y objetividad que caracteriza al órgano jurisdiccional.

Pero también es sabido que, al igual que las decisiones judiciales, los actos administrativos se dictan en el curso de un procedimiento administrativo formalizado; ellos también deben poner de manifiesto los presupuestos de hecho y fundamentos de derecho que los justifican o motivan; sin embargo, también es evidente que las garantías jurídicas que ostenta la persona en el régimen de heterotutela judicial no son comparables, en términos de igualdad, con la mermada tutela que tienen sus derechos e intereses legítimos, los cuales se le imponen con el régimen de la potestad de autotutela administrativa.

b. Potestad de autotutela administrativa

§26. Naturaleza jurídica. — La primera idea que la potestad de autotutela proporciona es la posibilidad de hacerse justicia un sujeto por sí mismo, sin

[60] Vid. Sent. de la CSJ/SPA, de fecha 31 de enero de 1990, caso *Farmacia Unicentro C.A.*, Magistrado Ponente: Cecilia Sosa Gómez, RDP N° 41, p. 89.

tener que acudir, necesariamente, al juez para que resuelva sus pretensiones: sobre el principio general de prohibición de autotutela se alza, sin embargo, la excepción de la posibilidad de la misma en manos de la Administración Pública, como bien sostiene GONZÁLEZ PÉREZ.[61]

Esta idea de realización, por parte de la Administración Pública, de los propios intereses sin necesidad de acudir a los jueces, es la idea esencial del concepto, desarrollado y sistematizado por el autor italiano F.BENVENUTI,[62] en el más conocido trabajo de conjunto sobre el tema. El autor citado, a través del concepto amplio de la potestad de autotutela administrativa, fundamenta en ella la potestad administrativa de anulación de oficio y la potestad de anulación bajo recurso administrativo, contradiciendo a la doctrina tradicional, que encuentra el fundamento de la anulación en la autotutela administrativa, en cuanto que esta revisión se efectúa en interés de la Administración Pública, pero fundamenta la decisión del recurso administrativo en un poder autónomo en cuanto que el poder de resolver recursos se otorga en interés y garantía de los derechos e intereses de los administrados.

De consiguiente, por potestad de autotutela administrativa se entiende, de acuerdo con BENVENUTI,[63] aquella potestad administrativa con la cual la misma Administración Pública procede a resolver los conflictos potenciales o actuales que surgen con los otros sujetos, con relación a sus actos o pretensiones, en definitiva, la capacidad de hacerse justicia por sí misma.

Esta tutela no es, por otra parte, la tutela jurisdiccional, porque mientras esta es siempre, por definición, imparcial y neutra; por el contrario, la autotutela administrativa es siempre parcial y, por tanto, mientras la primera no modifica la posición jurídica del autor de los actos, la segunda obtiene propiamente este resultado.

Finalmente, la jurisprudencia[64] señala que la potestad de autotutela administrativa es, en principio, limitada por el surgimiento o creación por parte de la Administración Pública de derechos subjetivos en cabeza de las personas, «pero un acto viciado de nulidad absoluta -en sede administrativa- no es susceptible de crear derechos».

§27. Modalidades.— Finalmente es posible distinguir, por otra parte, varias modalidades de la potestad de autotutela:

---

61 GONZÁLEZ PÉREZ, J., *Manual de práctica forense administrativa,* 2a. Ed., Civitas, Madrid, 1990, pp. 37-38. Vid. con provecho el desarrollo sobre este tema que hace en nuestro país HERRERA ORELLANA, L.A., *La Potestad de Autotutela Administrativa. Ejecutividad y ejecutoriedad de los actos y de los contratos administrativos*, Serie Cuadernos, Ediciones Paredes, Caracas, 2008.

62 BENVENUTI, F., «Funzione amministrativa, procedimento, proceso», en *Rivista Trimestrale de Diritto Pubblico,* 1952.

63 *Idem.*

64 Vid. Sent. del TSJ/SPA (1033), de fecha 11 de mayo de 2000, caso *Aldo Ferro García,* Magistrado Ponente: Carlos Escarrá Malvé.

(i) La autotutela decisoria o declarativa, la cual hace referencia a la actividad que la Administración Pública despliega a través de actos típicos de autotutela.

(ii) La autotutela ejecutiva, que está referida a la actividad de ejecución que se despliega, no a través de actos sino de actividad puramente material: la ejecución forzosa.

A su vez, la autotutela decisoria o declarativa se representa en dos categorías: la autotutela sobre los actos administrativos, y la autotutela sobre las relaciones jurídicas que se manifiesta en orden a la validez de las mismas relaciones; mientras que aquella lo hace sobre la validez de los actos administrativos, lo cual da lugar a diversas potestades, dentro de las cuales se menciona la potestad de anulación.

c. Potestad administrativa de anulación

§28. Planteamiento la cuestión. — Como el principio de legalidad puede ser desconocido por la Administración Pública, es natural que se prevean los medios para que, en tales casos, pueda ser restablecido, asegurando su supremacía, tanto en sede administrativa como en sede jurisdiccional.

Por lo que respecta a la sede administrativa, la doctrina más autorizada sostiene que los privilegios o prerrogativas públicas de los que está investida la Administración Pública, en un sistema de *régime administratif*, se extienden a la potestad administrativa de volver sobre sus propios actos, a fin de verificar la oportunidad y conformidad con el Ordenamiento jurídico y disponer su modificación o desaparición del mundo del Derecho, según nos enseña González Pérez.[65]

En esa misma línea de pensamiento, Comadira[66] sostiene que existe una íntima conexión entre la construcción dogmática que el Ordenamiento jurídico elabora en torno a la teoría de la nulidad administrativa, y el reconocimiento a la Administración Pública de la potestad anulatoria o de anulación como poder inherente a su específica función administrativa,[67] ya esté expresamente consagrada en el Ordenamiento jurídico, o bien se configure como ingrediente implícito de la función administrativa.

En efecto, la revisión de los actos y disposiciones por la Administración Pública constituye una manifestación de las potestades en que se traducen las prerrogativas o privilegios característicos del *régime administratif*. Estamos ante una manifestación concreta de la potestad de autotutela o autodefensa administrativa. Sin embargo, tal prerrogativa no se limita a la sola revisión de oficio (anulación de oficio), pues prerrogativa también, manifestación de la autotutela fiscalizadora, ha de considerarse la potestad de revisión de los actos a solici-

65 GONZÁLEZ PÉREZ, J., Ob. cit., nota 52, p 489.
66 COMADIRA, J. R., Ob. cit., nota 43, p. 58.
67 *Idem*.

tud de parte o aun de oficio en sede administrativa que incoe un procedimiento especial de revisión (anulación revisoria), o a requerimiento de otra Entidad pública, «a fin de eliminarlo del mundo del derecho» (GONZÁLEZ PÉREZ).[68]

§29. Fundamentación jurídica. — El autor COMADIRA[69] sostiene que la potestad de anulación es un instrumento para efectivizar, directa e inmediatamente, el régimen jurídico de las nulidades administrativas, siendo el ámbito de control de la Administración Pública en el que haya su más adecuado encuadramiento.

Así las cosas, el fundamento de la potestad administrativa de anulación radica en la necesidad de proveer a la gestión del interés público comprometido con la vigencia del principio de legalidad y se dirige, consiguientemente, a constituir la vigencia plena del Ordenamiento jurídico, al aseguramiento de la legalidad mediante la extinción de los actos administrativos ilegales, por un lado; y como una de las formas de ejercicio del control administrativo de la legalidad por el otro, disponiendo lo necesario para que el principio de legalidad se afirme cuando ha sido desconocido por la arbitrariedad o abuso de poder y la injusticia.

§30. Terminología. — Ahora bien, se observa que en el ámbito de la potestad de autotutela sobre los actos administrativos, algunos autores excluyen el empleo del término anulación, ya sea esgrimiendo argumentos vinculados con la necesidad de obtener claridad terminológica; y también porque, en su opinión, solo los jueces anulan.[70]

El primer argumento, COMADIRA[71] lo rechaza señalando que, precisamente, uno de los modos de lograrla es utilizar vocablos distintos para realidades diferentes, de manera que no queden dudas acerca del fenómeno aprehendido con el término de que se trate.

En cuanto al argumento concerniente a que la anulación es propia de los jueces, COMADIRA[72] observa que tal modo de razonar implica una petición de principio, y además sienta una conclusión a la que estima que se llega más por gravitación reminiscente de principios propios del Derecho privado que

---

68 GONZÁLEZ PÉREZ, J., Ob. cit., nota 52, p. 491.

69 COMADIRA, J., R., Ob. cit., nota 43, p.58.

70 En una obra que no solo es pionera en la materia sino que todavía conserva un valor de consulta en algunos aspectos, a pesar del tiempo transcurrido desde su aparición, el autor venezolano E. MEIER E, adoptando un criterio subjetivo, sostiene que la anulación es una potestad estrictamente jurisdiccional. Solo el juez, y únicamente él, tendría poder para declarar la nulidad de los actos y negocios jurídicos. En tal sentido, la Administración Pública tampoco podría, por su parte, anular sus actos sino revocarlos, dejarlos sin efecto, por razones de mérito o conveniencia o por contrariedad a derecho. Y que si la revocatoria procede por vicios de nulidad absoluta no cambia la esencia de dicha potestad. *Teoría de las Nulidades en el Derecho Administrativo*, Ed. Jurídica Alba, Caracas, 1991, pp. 73 y 74.

71 COMADIRA, J. R., Ob. cit., nota 43, p. 16.

72 *Ibidem*, p. 14.

por aplicación específica de argumentos inherentes al actuar ordinario de la Administración Pública. Así las cosas, el autor afirma que se ha producido un enfoque erróneo del fenómeno anulatorio, especialmente del aspecto concerniente a la localización estructural de sus causas determinantes.

En mérito a lo anterior, dándole prevalencia al aspecto sustancial u objetivo del fenómeno en cuestión, Comadira[73] concluye que no existe inconveniente en designar como anulación a toda extinción de un acto administrativo dispuesta tanto por la Administración Pública como por la Justicia, y donde la causa o motivo determinante radica en el acto administrativo mismo, con fundamento en *razones de ilegalidad* derivadas de vicios o defectos inherentes a su propia estructura; mientras que se designa como revocación toda extinción, dispuesta esta vez por la Administración Pública, con fundamento en *razones de mérito*, conveniencia u oportunidad, y por tanto derivadas no en el acto mismo, sino en la inadecuación de la relación generada a las exigencias del interés público vigente en el momento de la extinción. Esta distinción fue receptada por nosotros, desde muy temprano, al tratar este tema en otra obra nuestra.[74]

En conclusión, Comadira[75] entiende que la potestad administrativa de anulación -de oficio o en vía recursiva- de la Administración Pública es el poder atribuido a ella por el Ordenamiento jurídico para la gestión directa e inmediata del interés público comprometido en la vigencia plena del orden jurídico, esto es, el restablecimiento de la juridicidad.

Por último, tampoco es ajeno a la jurisprudencia[76] el reconocimiento de la potestad de anulación en favor de la Administración Pública cuando afirmó lo siguiente: «En tal hipótesis el titular del despacho, procediendo de oficio y, por consiguiente, también a solicitud de parte interesada, puede revisar el caso, y **anular** o lo que es lo mismo revocar, una decisión que el mismo haya dictado en el pasado». (Resaltado nuestro)

O más claramente otro criterio jurisprudencial[77] en los términos siguientes:

> El vicio de nulidad absoluta, cuyos supuestos están previstos en el artículo 19 de la citada Ley, produce, inevitablemente, **la declaratoria de nulidad o extinción del acto, bien sea por la autoridad administrativa en sede administrativa, o por el juez contencioso-administrativo en sede jurisdiccional, a solicitud de parte o aún de oficio**. (Resaltado nuestro).

---

73 *Ibidem*, pp. 15 y 16.

74 ARAUJO-JUÁREZ. J., *Principios del Derecho Administrativo Formal*, Vadell Hnos, Valencia, 1989.

75 COMADIRA, J. R., Ob. cit., nota 43, pp. 18 y 44.

76 Vid. Sent. de la CSJ/SPA, de fecha 18 de marzo de 1969, GF N° 63, p. 228.

77 Vid. Sent. de la CPCA, de fecha 2 de octubre de 1986, caso *Belkis Lares*, magistrado Ponente: Pedro Miguel Reyes, RDP N° 28, p. 96.

II. JURISDICCIÓN CONTENCIOSO ADMINISTRATIVA

§31. Planteamiento de la cuestión.– Es indudable -hemos dicho más arriba- que la última y más importante garantía de la vigencia del principio de legalidad radica en los órganos jurisdiccionales que integran el Poder judicial, con competencia en esa materia, ya sea general, ya sea especial.

En consecuencia, la jurisdicción contencioso administrativa o el sistema de Justicia administrativa trata de obtener el sometimiento de la Administración Pública a la Justicia de un modo general y, por lo tanto, al Derecho.

§32. Principio de universalidad del control jurisdiccional.– Por otro lado, a partir del Art. 206 de la derogada C de 1961 se constitucionalizó el principio de universalidad del control jurisdiccional %o del control jurisdiccional pleno% sobre los órganos que ejercen el Poder Público, el cual fue reconocido por la jurisprudencia[78] al haberse instituido un sistema contencioso-administrativo con rasgos perfectamente delineados en los términos siguientes:

> De acuerdo con la letra constitucional no puede discutirse que ningún acto administrativo está exento del **control jurisdiccional**, y segundo, porque tampoco puede ponerse en duda en la concepción actual de nuestro derecho administrativo, que los recursos jurisdiccionales contra los actos administrativos sólo pueden versar en **razones de ilegalidad** del acto, y no del mérito u oportunidad de la actuación administrativa. (Resaltado nuestro)

En este mismo sentido, el Art. 259 de la C y el Art. 8 de la LOJCA[79] reiteran el principio de universalidad del control jurisdiccional respecto de todos los actos, actividades o inactividades administrativas como manifestación del principio de legalidad o más propiamente de juridicidad, por cualquier motivo de contrariedad al Derecho -razones de inconstitucionalidad y de ilegalidad-, que por tal razón no admite excepciones, como manifestación del derecho a la tutela jurisdiccional efectiva.

Por último, es sabido que el Derecho administrativo tiene que coexistir hoy con un derecho cada vez más rico, de origen supranacional o internacional, lo que exige el establecimiento de reglas que disciplinen las relaciones entre las diversas fuentes e instituciones jurídicas. En tal sentido mencionamos la importancia creciente que en el orden o bloque normativo y jurisprudencial sobre el derecho internacional convencional ha adquirido la teoría del control de convencionalidad, como mecanismo para cumplir en el ordenamiento interno con los estándares o criterios fijados normativamente

[78] Vid. Sent. de la CSJ/SPA, de fecha 11 de mayo de 1981, caso *Pan Amercan World Airways Inc.*, Magistrado Ponente: Josefina Calcaño de Temeltas.

[79] Vid. publicación en la GO N° 39.451, de fecha 22 de junio de 2010.

en los instrumentos jurídicos internacionales vinculantes -tratados, convenios, convenciones, etc.- y sus interpretaciones, con relación a las exigencias de protección y eficacia de los derechos humanos, con lo cual también se abre una nueva época y se proyecta como nuevo paradigma del control ejercido por parte de los tribunales nacionales y, de consiguiente, por los tribunales del orden de la jurisdicción contencioso administrativa.

TERCERA PARTE:

LA TEORÍA DE LA NULIDAD DEL DERECHO ADMINISTRATIVO

LA TEORÍA DE LOS ELEMENTOS ESTRUCTURALES DEL ACTO ADMINISTRATIVO

A. ANTECEDENTES

§33. Planteamiento general. – Desde sus inicios, los motivos de anulación se analizaron bajo un ángulo contencioso. Hoy día se considera que se trata más que de motivos de anulación, de las condiciones de legalidad, regularidad o validez del acto administrativo, independientemente de todo control jurisdiccional, pues alude más propiamente a un examen relacionado con el ejercicio de potestades administrativas conforme al principio de legalidad.

En efecto, el autor francés R. BONNARD[80] puso de relieve la teoría de los elementos estructurales del acto administrativo, al señalar que se trataba de las diversas condiciones de legalidad del acto administrativo al desagregar los diversos elementos estructurales y buscar, de una manera más relevante, los vicios en que podría incurrir, distinguiendo inicialmente, al efecto, los siguientes: las condiciones relativas al órgano de quien emana, el procedimiento seguido, los motivos, el objeto y el fin del acto administrativo.

Tal concepción de ilegalidad fue admitida por gran parte de la doctrina moderna y bajo este ángulo de condiciones de legalidad, regularidad o validez como indistintamente se denomina, se empieza a analizar el control jurisdiccional del principio de legalidad administrativa, comportando un análisis más técnico de los diversos elementos estructurales del acto administrativo.

§34. Clasificación. – Desde entonces, y como resultado del esfuerzo de precisión por parte de la doctrina administrativa contemporánea, los elementos estructurales del acto administrativo han sido objeto de una clasificación ya más de carácter científico.

---

80 BONNARD, R., «Le pouvoir discrétionnaire des autorités administratives et le recours pour excès de pouvoir», en *RDPSP*, París, 1923, pp. 363 y ss.; y *Précis de droit administratif*, 4a. Ed., 1943, p. 105.

Sin embargo, es necesario señalar que si bien no existe unanimidad en cuanto a la enumeración, denominación o significado, la estructura del acto administrativo comprende un conjunto de elementos esenciales de los cuales depende su existencia y validez. En tal sentido, son varias las clasificaciones de los vicios que han sido propuestas por la doctrina. Ellas coinciden en general.

En efecto, la diversificación de los motivos anulación hizo necesario un reagrupamiento el cual, basándose en las ideas de Bonnard, fue precisado por el autor francés M. Lampué,[81] y cuya síntesis teórica fue presentada más tarde por el también francés F. Gazier[82] al tomar en cuenta los diversos elementos estructurales del acto administrativo, a saber:

(i) El control de los elementos estructurales de *legalidad externa* (o formal): son los motivos jurídicos que no conciernen intrínsecamente al acto administrativo pero si a su entorno. Así son considerados como tales: las reglas relativas a la competencia, a la presentación formal del acto administrativo y al procedimiento. Entonces se habla, respectivamente, del vicio de incompetencia, del vicio de forma, y del vicio de procedimiento.

(ii) El control de los elementos estructurales de *legalidad interna* (material o de fondo): son los motivos jurídicos que conciernen al aspecto intrínseco del acto administrativo. Así, son considerados como tales: las reglas relativas a la motivación, a los supuestos de hecho y de derecho, y al fin. Entonces, se habla, respectivamente, del vicio de la inmotivación, del falso supuesto de hecho y de derecho, y del vicio de la desviación de poder.

La anterior división tiene interés, según el autor francés R.Chapus,[83] entre otras razones, con relación al orden lógico del examen de los vicios de anulación invocados, en el sentido de tomar en consideración, en primer lugar, los relacionados con los vicios de legalidad externa del acto administrativo. Lo que sería normal, es que si uno de los motivos está debidamente fundamentado, conduciría a la nulidad por un vicio de ilegalidad externa, incluso siendo posible su anulación, de manera más interesante, por un vicio de la legalidad interna.

B. DERECHO POSITIVO

§35. Planteamiento de la cuestión.— En el Derecho positivo cabe distinguir varias etapas en la materia. En la primera etapa, la jurisprudencia[84], si-

---

81 LAMPUÉ, M. *Cours de doctorat*, París, 1943-1944.

82 GAZIER, F., «Essai de présentation nouvelle des ouvertures du recours pour excès de pouvoir en 1950», en *EDCE* 1951, N° 5, p. 77

83 CHAPUS, R., *Droit du contentieux administratif*, Montchrestien, 13ª Ed., París, 2008, p. 800.

84 Vid. Sent. de la CSJ/SPA, de fecha 6 de noviembre de1958, caso *Reingrüber*, GF N° 22, P. 134.

guiendo la doctrina tradicional francesa, distingue al efecto los elementos del acto administrativo siguientes: sujeto (vicio de incompetencia); forma (vicio de defecto de forma); e ilegalidad (los restantes elementos del acto).

Posteriormente, la jurisprudencia[85] señala como elementos integrantes del acto administrativo: la competencia; la voluntad; el contenido; los motivos; la finalidad; y, por último, las formalidades.

§36. Enumeración. — Finalmente, nosotros nos hemos afiliado al replanteamiento -con firme base legal ahora- puesto más bien en función de la teoría de los elementos estructurales del acto administrativo que se ven afectados por ellos, como lo ha venido proponiendo el Maestro L.H. FARIAS MATA como magistrado ponente a partir de la sentencia líder *Depositaria Judicial la R.C., C.A.*,[86] y también a través de su extraordinaria obra doctrinaria;[87] y que posteriormente la CPCA[88] sistematizó; ellos son los siguientes:

(i) Elemento *subjetivo*:[89] es decir, *quién* dicta el acto administrativo y, por ende, las condiciones que debe reunir el titular del órgano autor.

(ii) Elemento *causa*:[90] tiene que ver con el *qué*: los motivos de hecho y de derecho.

(iii) Elemento *objetivo*:[91] tiene que ver con el *por qué*, el contenido.

(iv) Elemento *teleológico*:[92] tiene que ver con el *para qué*, el fin.

(v) Elemento *formal*:[93] se refiere al *cómo*, la forma de expresión y la motivación.

(vi) Y por último, el elemento *procedimental*:[94] este elemento que tradicionalmente aparece comprendido en el elemento formal, en considera-

---

85 Vid. Sent. de la CSJ/SPA, de fecha 28 de enero de 1964, GO N°27367, p. 203.539. [p. 192]. En el intento de configuración de los vicios del acto administrativo con arreglo a criterios más racionales, también se pueden leer: Sents. de la CSJ/SPA, de fecha 4 de marzo de 1982, caso *Cándida Díaz Guzmán*; y de la CSJ/SPA, de fecha 3 de junio de 1982, caso *Ciudad Balneario Higuerote*, GF N° 116, vol. I, pp. 534 a 580.

86 Vid. Sent. de la CSJ/SPA, de fecha de 2 de noviembre de 1982, caso *Depositaria Judicial la R.C., C. A.*, Magistrado Ponente: Luis H. Farías Mata, GF, N° 118, Vol. I, 1982, p. 153-185.

87 FARIAS MATA, L. E., «Los Motivos de Impugnación», en *Tendencias de la Jurisprudencia Venezolana en Materia Contencioso-Administrativa, 8vas Jornadas «Dr. J.M. Domínguez Escobar»*, Barquisimeto, 1983, pp. 59 y ss; y también «Introducción General», en Avances Jurisprudenciales del Contencioso Administrativo en Venezuela, XIII Jornadas «J.M. Domínguez Escobar, t. I, p. 38.

88 Vid. Sent. de la CPCA, de fecha 14-12-1992, caso *Anny Cardona de Requena*, RDP N° 52, p. 127.

89 Vid. Arts. 18, nums. 1, 2, 7 y 8; 19, num. 4 de la LOPA, y en concatenación con el Art. 26 de la LOAP.

90 Vid. Arts. 18, nums. 5; 19, num. 2; 62 y 89 de la LOPA.

91 Vid. Arts. 18, num. 6; y 19, num. 3 de la LOPA.

92 Vid. Arts. 259 de la C, en concatenación con el Art. 12 de la LOPA.

93 Vid. Arts. 9 y 18 de la LOPA.

94 Vid. Arts. 5, 19, num. 4, 48 al 66, 67 y 70 de la LOPA. Ver ampliamente en ARAUJO-JUÁREZ, J. Ob. cit., nota 35, pp. 15-20.

ción hoy día al tratamiento renovado y dinámico del procedimiento administrativo como instituto jurídico autónomo, se propone tratarlo separadamente pues tiene que ver con el *modo*, esto es, el proceso de formación o debido procedimiento administrativo.

Finalmente, de acuerdo con la distinción que hace la jurisprudencia[95] entre legalidad interna y la legalidad externa, los elementos estructurales del acto administrativo se agruparían en 2 categorías homogéneas, así:

- Los elementos estructurales (i), (v) y (vi) mencionados integrarían la denominada legalidad externa.
- Y los elementos estructurales (ii) (iii) y (iv) integrarían la denominada legalidad interna o de fondo.

TEORÍA GENERAL DE LA NULIDAD EN EL DERECHO ADMINISTRATIVO

A. INTRODUCCIÓN

I. ANTECEDENTES

§37. Plan.— El presente ensayo pretende, como objetivo principal, dar respuesta al problema doctrinario ¿Por qué se anula un acto administrativo? Para responder debemos analizar la teoría de la nulidad del acto administrativo desde estos puntos de vista:

- Los caracteres.
- La diferencia con el Derecho privado.
- La diferencia entre legalidad y nulidad.

§38. Caracteres.— La nulidad es la sanción jurídica que priva a un acto administrativo de los efectos normales que estaba destinado a producir, en principio, en virtud de un vicio originario. Por tanto, las notas que caracterizan a la teoría de la nulidad en el Derecho administrativo son las siguientes:

- Es una sanción.
- Es una sanción de carácter jurídico.
- El efecto propio de la sanción jurídica es extinguir el acto administrativo y, de consiguiente, privarlo de los efectos que estaba destinado a producir.
- Por regla general, la sanción jurídica responde a causas anteriores o concomitantes al nacimiento del acto administrativo y, excepcionalmente, a causas posteriores.

---

95 Vid. Sent. de la CSJ/SPA, de fecha 26 de mayo de 1981, RDP N° 7, p. 151.

§39. Distinción con el Derecho privado.– No hay duda de que la base institucional de una distinción de régimen jurídico de la nulidad entre el Derecho público y el Derecho privado existe. En efecto, el autor italiano R. ALESSI[96] afirmaba, con razón, que para el Derecho privado está en primer plano el concepto de invalidez y que, por el contrario, para el Derecho público se sitúa en dicho plano el concepto de legalidad en el sentido de conformidad o disconformidad con el Derecho (legalidad o ilegalidad), siendo la nulidad del acto administrativo no ya sancionada a la vista de un defecto de determinados requisitos intrínsecos del acto, sino la mera consecuencia de la ilegalidad.

§40. Legalidad y nulidad.– La construcción doctrinal de la teoría de la nulidad del acto administrativo se produce como resultado de su confrontación con la norma o, más ampliamente, con el Ordenamiento jurídico. La legalidad o validez significa la conformidad del acto administrativo con el Ordenamiento jurídico; mientras que la ilegalidad o invalidez significa infracción del Ordenamiento jurídico. Por otro lado, la intensidad de la reacción de este dependerá de la gravedad de la infracción cometida por el acto administrativo ilegal, lo que nos lleva a hacer una separación nítida entre legalidad y nulidad.

En este orden de ideas, la autora española M. BELADIEZ ROJO[97] sostiene que en la doctrina tradicional se viene afirmando que la nulidad se deduce de la discordancia entre el acto administrativo y la norma (o sea, con los elementos estructurales o requisitos exigidos por la norma para el acto administrativo). En tal sentido, sostiene que esta afirmación no parece correcta porque lo que se deduce de la discordancia entre el acto administrativo y la norma es la ilegalidad de aquel, exactamente igual que se predica de los reglamentos administrativos.

En consecuencia, la legalidad (e ilegalidad) es el resultado de una constatación: el operador jurídico contrasta el acto administrativo con la norma y a su vista constata: o una concordancia o conformidad (legalidad, regularidad o validez), o una discordancia o disconformidad (ilegalidad, irregularidad o invalidez). En cambio, la nulidad es el resultado de una valoración. En definitiva, se trataría de dos juicios sucesivos: un juicio de ilegalidad, primero, que sería el resultado de una constatación; y un segundo y posterior juicio de nulidad que sería el resultado de una valoración (o calificación) jurídica sobre el alcance del hecho mismo de la ilegalidad.

Lo expuesto da lugar, ciertamente, a la distinción de dos fenómenos próximos pero autónomos como son la ilegalidad y la nulidad: la nulidad es la vertiente formal de la ilegalidad (NIETO).[98] En consecuencia, como también sostiene en la doctrina nacional el Maestro A.R. BREWER-CARÍAS,[99] la constatación

96 ALESSI, R., *La revoca degli atti amministrativi*, 2ª Ed. revisada, Giuffè, Milano, 1956, p. 42.

97 BELADIEZ ROJO, M., *Validez y eficacia de los actos administrativos*, Marcial Pons, Madrid, 1994, pp. 10 y 11.

98 NIETO, A., Ob. cit., nota 48, p. 22.

99 BREWER-CARÍAS, *Nuevas tendencias en el contencioso-administrativo en Venezuela*, EJV, Caracas, 1993, p. 63.

de la ilegalidad del acto administrativo produce la declaración de nulidad del mismo: sea porque se le anula por la autoridad jurisdiccional competente; o ya sea porque la autoridad administrativa competente, en sede administrativa, decide anularlo.

En definitiva, la primera consecuencia directa ordinaria de la ilegalidad (o invalidez) es la extinción del acto administrativo afectado. De ahí que, siendo la ilegalidad un *prius* lógico a la nulidad, lo correcto sería que el interesado solicite una declaración simultánea de ambos efectos: ilegalidad y nulidad. Y, por consiguiente, el órgano competente proceda, también, a realizar ambas declaraciones.

Sin embargo, nos recuerda Nieto,[100] sucede que en la práctica no es así, pues de ordinario el interesado solicita solo una declaración o pronunciamiento de nulidad, pero con la equívoca intención de producir ambos efectos. Lo cual no ofrece ninguna duda cuando la declaración expresa es de nulidad, dado que, entonces, la de ilegalidad se sobreentiende implícita en cuanto que, como ya se ha dicho, es causa o condición necesaria de aquella.

§41. Sede jurisdiccional. —En el contencioso de anulación (acción o demanda contencioso administrativa de anulación), el elemento definidor de la pretensión procesal es la solicitud de anulación de los «actos administrativos generales o individuales» (pretensión de anulación) y, de ser el caso, el restablecimiento de la situación jurídica lesionada (pretensión de condena).

Así las cosas, en sede jurisdiccional, el gran motivo -el único- de impugnación es la «ilegalidad-género» del acto administrativo que se recurre, sostiene el Maestro L.H. Farías Mata,[101] pues lo demandado en el contencioso de anulación es la fórmula más amplia posible de actos administrativos «contrarios a derecho» (Art. 259 de la C). Constituye, pues, según la Exposición de Motivos de la derogada Constitución de 1961, una enunciación general que evita una enumeración que puede ser peligrosa al dejar fuera algunos actos administrativos y donde, a título simplemente aclarativo, se agregó la frase: «Incluso por desviación de poder», evitando con ello las dudas que con este vicio se han producido en otros países.[102]

En este orden de ideas, la jurisprudencia[103] ha sostenido que en el contencioso de nulidades de actos administrativos, (...) **lo demandado es la contrariedad a derecho** del acto administrativo, es decir, es un medio de impugnación en vía jurisdiccional de los actos administrativos, tendente a la anulación en sede jurisdiccional, donde el demandado es un ente u órgano público, es el llamado control externo de la legalidad administrativa que tiene funda-

---

100 NIETO, A., Ob. cit., nota 48, p. 23.

101 FARÍAS MATA, L. H., Ob. cit., nota 87, p. 349.

102 BREWER-CARÍAS, A.R., «Consideraciones sobre la ilegalidad de los actos administrativos en el Derecho venezolano», en *RAP*, N° 43, Madrid, 1964, pp. 427 y ss.

103 Vid. Sent. N° 1113, del TSJ/SPA, de fecha 13 de agosto de 2011, caso *Telecomunicaciones Móviles S.A.* (*Telemóvil*), Magistrado Ponente: Trina Omaira Zurita.

mento en el artículo 259 de la Constitución de la República Bolivariana de Venezuela (…). (Resaltado nuestro)

Esto es, cualquier infracción del Ordenamiento jurídico general, ya por razones de inconstitucionalidad, ya por razones de ilegalidad propiamente dicha, o de contrariedad a cualquiera otra de las demás fuentes jurídicas del Derecho administrativo (Brewer-Carías).[104]

TEORÍA GENERAL DE LOS VICIOS DEL ACTO ADMINISTRATIVO

A. INTRODUCCIÓN

§42. Denominación. – En sus orígenes, para referirse a las modalidades de ilegalidad que pueden afectar y entrañar la nulidad del acto administrativo, los autores L. Aucoc y E. Laferrière emplean la expresión «motivos de anulación», la cual sigue siendo empleada por un sector de la doctrina francesa (R.Alibert y R. Odent).[105] Posteriormente Hauriou[106] propone, con terminología más reciente pero no la mejor de «casos de apertura»,[107] a las distintas modalidades de ilegalidad en tanto las diversas manifestaciones caracterizadas del exceso de poder, o más propiamente del ejercicio de potestades administrativas, constituyendo vicios jurídicos del acto administrativo, y cuya constatación conlleva la anulación del acto administrativo impugnado.

Por tanto, las especies o modalidades de ilegalidad están constituidas por los motivos jurídicos, por los cuales se puede cuestionar la legalidad del acto administrativo, llamados también «motivos de control», «motivos de nulidad», «motivos de ilegalidad», «causas» o «causales de nulidad», «vicios de anulación», o en fin, los «motivos de impugnación»[108] que es la terminología más generalmente empleada en el ámbito contencioso-administrativo en nuestro país.

---

104 BREWER-CARÍAS, A.R., Ob. cit., nota 99, p. 46; y también «Introducción General al Régimen de la Jurisdicción Contencioso Administrativa», en *Ley Orgánica de la Jurisdicción Contencioso Administrativa*, Col. Textos Legislativos, EJV, Caracas, 2010, pp. 44 y 45.

105 ALIBERT, R., *Le contrôle juridictionnel de l'Administration au moyen du recours pour excès de pouvoir*, París, 1926, pp. 191 y ss.; ODENT, R., *Contentieux administrative*, Ed. Les Cours de droit, 6ª Ed., Poligraphie, 1977/1981, p. 1317.

106 HAURIOU, M., *Précis de droit administratif*, 4ª Ed., 1901, p. 308.

107 En francés es *cas d'ouverture*, expresión que se toma de la terminología de la casación civil francesa donde tiene el sentido de causal o motivo.

108 BREWER-CARÍAS, A.R., Ob. cit., nota 99, p. 46; Badell Madrid, Rafael, «El Recurso de Nulidad», en *Derecho Contencioso Administrativo, Libro homenaje al Profesor Luis Enrique Farías Mata*, Barquisimeto, 2006, p. 7; PELLEGRINO PACERA, C.G., *Motivos de impugnación de los actos administrativos y la jurisprudencia de la Sala Político-Administrativa (Una revisión jurisprudencial a la luz de la Ley Orgánica de la Jurisdicción Contencioso Administrativa)*, Cuadernos de Derecho Público N° 8, Funeda, Caracas, 2012, p.13; y SUBERO MUJICA, M. «Los motivos de impugnación y al Jurisprudencia Contencioso-Administrativa», en *El Contencioso Administrativo en el Ordenamiento Jurídico Venezolano y en la Jurisprudencia del Tribunal Supremo de Justicia*, FUNEDA, Caracas, 2006, pp. 191 y ss.

Así las cosas, un motivo de nulidad es en cuanto a él mismo, un motivo de derecho que va a permitir al órgano competente -administrativo o jurisdiccional- considerar que un acto es ilegal por ser contrario a Derecho y, por consiguiente, debe ser anulado.

En este orden de ideas, la teoría de las variadas especies de la ilegalidad-género lleva la marca de una evolución, en un sentido de ampliación progresiva que caracteriza el control del principio de la legalidad y que ha marcado el proceso del control jurisdiccional eficaz sobre la legalidad del acto administrativo. En tal sentido, son varias las clasificaciones de los vicios que han sido propuestas por la doctrina, que van desde la clasificación tradicional de origen histórico, hasta la de un análisis más sistemático de los elementos estructurales del acto administrativo y de los vicios que pueden afectar cada uno de ellos. Ellas coinciden en general.

§43. Clasificación.— Dentro de las causas reconocidas de declaración expresa por parte de una autoridad pública competente de la extinción del acto administrativo, dos supuestos han preocupado a la doctrina administrativa al tomar en cuenta los motivos, razones o fundamentos de su extinción, a saber:

(i) Los motivos que se basan en causas jurídicas, esto es, los «vicios jurídicos» del acto administrativo que inciden en su antijuricidad.

(ii) Los motivos que se basan en causas administrativas, esto es, los «vicios de mérito» y que obedecen a la esencia misma de la Administración Pública que, al perseguir incesantemente la satisfacción del interés público, tiene que ir variando constantemente su actividad a la vista de las necesidades cambiantes de cada momento histórico.

Por su parte, la jurisprudencia[109] al analizar los principios relativos a la potestad de la Administración Pública sobre sus actos administrativos, su alcance y límites, sostuvo: «La facultad de la autoridad administrativa para actuar en tal sentido está contenida en el principio de la autotutela de la administración pública, que da a esta poderes para revocar o modificar los actos administrativos que, a su juicio, afecten **el mérito o la legalidad** de los casos por ellos contemplados». (Resaltado nuestro)

Finalmente, la doctrina jurisprudencial[110] reitera más claramente que el fundamento de la potestad de privar de efectos a los actos administrativos, bien sea de oficio o a instancia de parte, son las razones o motivos siguientes:

- «Razones de legitimidad, [...] cuando el acto adolece de algún vicio o defecto que le impide tener plena validez y eficacia».
- «Razones de oportunidad, [...] cuando se trata de actos regulares, ya que es lógico y conveniente que la Administración pueda amoldar su

---

109 Vid. Sent. de la CSJ/SPA, de fecha 2 de noviembre de 1967, GF N° 58, p. 41.

110 Vid. Sent. de la CSJ/SPA, de fecha 14 de mayo de 1985, caso *Freddy M. Rojas*, Magistrado Ponente: Josefina Calcaño de Temeltas, RDP N° 234, p. 143.

actividad a las transformaciones y mutaciones de la realidad, adoptando en un determinado momento las medidas que estime más apropiadas para el interés público».

§44. Vicio jurídico. — La extinción del acto administrativo del mundo del Derecho en sede jurisdiccional -hemos dicho- solo puede producirse por motivos o razones de ilegalidad o en fin de Derecho (vicio jurídico).

En tal sentido, se denomina vicio jurídico a la carencia, falta, irregularidad o defecto de legalidad con que el acto administrativo aparece en el mundo del Derecho, y que afecta la perfección del mismo, sea en su validez o en su eficacia. De ahí que la nulidad -en sentido genérico- es la consecuencia o sanción jurídica del acto administrativo que adolece de un vicio jurídico en uno o varios de los elementos estructurales.

Por tanto, existe una relación de causa a efecto entre el vicio jurídico y la teoría de la nulidad en el Derecho administrativo. Precisamente, la nulidad es la consecuencia o sanción jurídica que se impone al acto administrativo ante la infracción o transgresión al Ordenamiento jurídico. Sin embargo, debemos señalar que lo expuesto es rigurosamente cierto cuando nos referimos a la anulación del acto administrativo del mundo del Derecho en sede jurisdiccional, pero la singularidad del Derecho administrativo se proyecta, también aquí, en sede administrativa, aportando especificidades que deben ser subrayadas en primer término.

§45. Vicio administrativo. — La primera especificidad que debemos resaltar de la teoría de la nulidad en el Derecho administrativo, con respecto al Derecho privado, es la sustancial diferencia de que un aspecto de la concepción constitucional de la Administración Pública es el cumplimiento o satisfacción de los fines de interés general o interés público que en todo momento debe perseguir. Y es que la razón de ser de la Administración Pública es, además de estar al servicio de la persona %principio de centralidad de la persona% es el cumplimiento o satisfacción del interés público, que se concibe fundamentalmente como criterio de legalidad, y en este sentido se habla de un principio de tutela al servicio del interés público (J.L. MEILAN GIL).[111] Y es que, como hemos sostenido en otra oportunidad,[112] la exigencia de que la función de la Administración Pública persiga, en todo momento, la realización o preservación de un bien jurídico tutelado como lo es el interés público, fue incorporada a partir de la Constitución de 1961 (Art. 206),[113] y fue reiterada en la Constitución de 1999 al facultar a la jurisdicción contencioso administrativa para anular los actos administrativos, incluso por desviación de poder (Art. 259 *eiusdem*).[114]

---

111 MEILAN GIL, J.L., *Categorías de Derecho Administrativo*, IUSTEL, Madrid, 2012, pp. 173 y ss.

112 ARAUJO-JUÁREZ, J., Ob. cit., nota 29, p. 141.

113 Vid. Sents. de la CPCA, de fecha 14 de junio de 1982, en RDP, N° 11, p. 134; y N° 825 del TSJ/SC, de fecha 6 de mayo de 2004, caso *Banco del Caribe, C. A.* (I), Magistrado Ponente: José Manuel Delgado Ocando.

114 Vid. Sents. de la CPCA, de fecha 14 de junio de 1982, RDP N° 11, p. 134; y de la CSJ/SPA, de fecha 15 de noviembre de 1982, RDP N° 12, p. 134.

En consecuencia, mientras que en sede jurisdiccional la anulación de los actos administrativos solo se produce por ser «contrarios a Derecho», en sede administrativa la extinción se produce, además de los motivos de derecho o de ilegalidad (vicios jurídicos), y por influencia de la doctrina italiana (Fragola),[115] también la extinción se produce por vicios de mérito o ilegitimidad (vicios administrativos), es decir, por vicios no jurídicos que se refieren a motivos de oportunidad o conveniencia, por ir contra intereses públicos en su faceta jurídica (Garcia-Trevijano),[116] esto es, circunstancias relativas a la conveniencia u oportunidad del acto administrativo según la doctrina nacional (Araujo-Juárez, Brewer-Carías, E. Lares Martínez).[117]

En este último caso, la extinción opera sobre actos administrativos válidos pero por «razones de oportunidad» (González Pérez),[118] pero siempre bajo las estrictas limitaciones que establece el Derecho positivo (Araujo-Juárez).[119]

LA CLASIFICACIÓN DE LAS NULIDADES DEL ACTO ADMINISTRATIVO

A. INTRODUCCIÓN

§46. Planteamiento general.— Ahora bien, cuando se ha comprobado la existencia de un vicio en el acto administrativo, ¿qué efectos produce?

En forma semejante a lo que ocurre en el Derecho privado, la doctrina científica y la jurisprudencia administrativa han ido construyendo una específica teoría que responde a las características y exigencias propias del Derecho administrativo. De ahí que el Derecho regulador de la nulidad del acto administrativo es el Derecho administrativo. Por su parte, las normas reguladoras de la nulidad del acto administrativo también son normas de Derecho administrativo. Es por ello que en este ensayo -insistimos- pretendemos dilucidar el sentido técnico-jurídico preciso de la teoría de la nulidad del acto administrativo, para lo cual uno de los cauces metodológicos a seguir será partiendo no solo de la doctrina científica sino, principalmente, del examen de la doctrina jurisprudencial inducida de los que estimamos son los fallos pioneros, líderes o de principios en el Derecho positivo, y que si bien no alcanzan el valor de fuentes del Derecho sí constituyen una fuente complementaria.

En suma: lo que importa poner de manifiesto desde ahora es que la conclusión que hemos podido deducir, después de un detenido examen de la

---

115 FRAGOLA. *Gli atti amministrativi*, Turín, 1952.

116 GARCÍA-TREVIJANO, J.A., Ob. cit., nota 41, pp. 409 y 425.

117 ARAUJO-JUÁREZ, J. Ob. cit., nota 35, 372; LARES MARTÍNEZ, E., *Manual de Derecho Administrativo*, 14a Ed., UCV, Caracas, 2013, pp. 242 y 243; y BREWER-CARÍAS, A.R. Ob. cit., nota 42, pp. 385 y 386.

118 GONZÁLEZ PÉREZ, J., Ob. cit., nota 52, p. 511.

119 ARAUJO-JUÁREZ, J., Ob. cit., nota 35, pp. 367 y ss.

legislación, doctrina y jurisprudencia en torno a la importantísima cuestión de la teoría de la nulidad del acto administrativo, es la de que si se pretende comentar un sistema u Ordenamiento jurídico concreto, en nuestro caso el venezolano, hay que atenerse, ante todo, a las soluciones positivas que dicho sistema ofrece, desde luego averiguando las razones jurídicas e históricas que las hayan determinado y habida cuenta de la época en que fueron dictadas, sin perder de vista los valiosísimos aportes de las importantes escuelas del Derecho administrativo comparado.

§47. Origen. – El citado autor OSPINA[120] sostiene que el origen de la teoría europea sobre la nulidad de los actos jurídicos se remonta a la Edad Media, cuando los intérpretes del Derecho romano, en presencia de algunos textos, creyeron descubrir en este sistema matriz, dos causales únicas de dicha nulidad, a saber:

- La contravención a la ley, sancionada con una nulidad de pleno derecho.
- La anulación judicial del acto a consecuencia del próspero ejercicio de la acción pretoria de la *actio de in integrum restitutio.*

Esta clasificación bipartita de la nulidad, ampliamente difundida en la doctrina civilista posterior, ha servido de fundamento a sus partidarios para negar la figura de la inexistencia, por reputarla falsa, o al menos, inútil. Sin embargo, OSPINA[121] sostiene que, ya desde el siglo XVI, algunos jurisconsultos comenzaron a postular la inexistencia del acto jurídico como una causal de nulidad distinta de la nulidad, hasta entonces unánimemente aceptada como única. Esta innovación distingue en todo acto jurídico:

- Por un lado, entre los elementos esenciales (*essentialia negotii*), sin los cuales este no puede existir.
- Y por el otro, los elementos no esenciales, cuya falta no obsta a su formación, sino que puede repercutir sobre su validez o sobre los efectos que está llamado a producir.

Se concluye que esta innovación, acogida por un sector muy importante y autorizado de la doctrina iusprivatista, tampoco ofrece un consenso ni de principios ni de conclusiones prácticas.

Por su parte, el citado autor FERNÁNDEZ[122] sostiene que, ciertamente, los conceptos de nulidad y anulabilidad del Derecho administrativo han sido tomados del Derecho común. Pero los mismos han experimentado una gran modificación al ser importados. En efecto, la singularidad del Derecho administrativo se proyecta aquí como en las demás categorías e instituciones jurídicas, aportando matices propios que deben ser subrayados en primer término.

120 OSPINA, F.G., Ob. cit., nota 45, p. 439.
121 *Ibidem*, p. 429.
122 FERNÁNDEZ, T. R., Ob. cit., nota 44, p. 16.

En este sentido, de nuevo seguimos de cerca al autor NIETO[123] por cuanto nos aporta esclarecedores fundamentos del Derecho administrativo que no tienen paralelo en el Derecho privado. En efecto, sostiene que el Ordenamiento jurídico se encuentra presionado por dos impulsos que pueden ser contrapuestos: de un lado, quiere que el principio de legalidad sea respetado y, por ende, sanciona con nulidad a los actos administrativos que lo infringen; pero del otro, quiere que la Administración Pública consiga sus fines y, por ende, mantiene los actos administrativos que puedan alcanzarlos.

Ahora bien, como estas pretensiones pueden resultar incompatibles, se impone el sacrificio de uno en beneficio del otro. Es por ello que el dilema no es fácil de resolver, pues la aplicación implacable de un solo principio resultaría perturbadora. Si la ilegalidad arrastrara siempre la nulidad, quedarían sin alcanzar ciertos fines públicos y padecería la eficacia administrativa; pero, si por el contrario, la ilegalidad no fuera sancionada nunca con la nulidad, saltaría por los aires el Estado de Derecho y hasta es posible que el Estado y el Derecho a secas.

En estas condiciones, concluye, se impone una fórmula elemental de compromiso: ponderando las circunstancias del caso: en unos supuestos se dará preferencia al principio de legalidad, sacrificando a ella los fines; mientras que en otros, se sacrificará la legalidad para que el acto administrativo, por muy graves que sean sus vicios, pueda alcanzar los fines propuestos

En tal sentido, procederemos a resaltar los rasgos de la especificidad que caracterizan a la teoría de la nulidad en el Derecho administrativo.

B. ESPECIFICIDAD

§48. Regla general.— En primer lugar, el autor FERNÁNDEZ[124] sostiene que la regla general en Derecho privado, conforme al Código Civil, es la afirmación de la nulidad absoluta de los actos jurídicos que infringen la ley; por tanto, la sanción general aplicable al acto o negocio jurídico contrario a la ley es la nulidad absoluta. Y a partir de esta base el legislador depura, caso por caso, los supuestos de nulidad, estableciendo expresamente sanciones más débiles en supuestos concretos, atendidas las circunstancias de los mismos.

Por el contrario, continúa la enseñanza del citado autor FERNÁNDEZ,[125] en el Derecho administrativo las exigencias de la actividad administrativa, orientada hacia la consecución de un resultado conforme al interés público, imponen la regla contraria, esto es, la presunción de legitimidad del acto administrativo a partir del cual el Legislador, mediante un proceso depurador semejante, pero de signo contrario, acota una serie de supuestos de gravedad máxima a los que no alcanza la cobertura del interés público y a los que, en conse-

[123] NIETO, A., Ob. cit., nota 48, p. 25.
[124] FERNÁNDEZ, T. R., Ob. cit., nota 44, pp. 16 y 17.
[125] *Idem.*

cuencia, aplica la sanción máxima de nulidad absoluta, que de este modo queda convertida en algo excepcional.

De lo expuesto deriva que en el Derecho administrativo, la regla general es la de la mera nulidad relativa de los actos administrativos que infrinjan lo establecido en las normas jurídicas, reservando el Ordenamiento jurídico la sanción jurídica de la nulidad absoluta para los supuestos más graves y manifiestos de actos administrativos ilegales, particularidad que es común en la tradición jurídica de los Ordenamientos administrativos europeos y latinoamericanos. En todo caso, esta inversión del principio orientador de la dogmática administrativa afecta solo a los actos administrativos, pero no a los actos reglamentarios o reglamentos administrativos, respecto de los cuales la jurisprudencia, en atención al efecto multiplicador dañoso, mantiene el principio general de la nulidad absoluta.

§49. Potestad de autotutela administrativa.— En segundo lugar, otra especificidad de la teoría de la nulidad en el Derecho administrativo supone le existencia, en manos de la Administración Pública, de la potestad de autotutela administrativa que abordaremos más adelante, y de la que los particulares no disponen, en el sentido de que, en los casos de actos administrativos aun absolutamente nulos, la Administración Pública pueda ejecutarlos directamente, por sí misma, sin auxilio judicial alguno, surgiendo en cabeza del particular, en principio, la carga de impugnación (alegación y prueba de su ilegalidad).[126]

§50. Ilegalidades no invalidantes.— Finalmente, se menciona en el Derecho administrativo la existencia de ilegalidades que no tienen capacidad para anular los actos administrativos; pues ~~si bien~~ todas las nulidades son consecuencia de una ilegalidad, pero no todas las ilegalidades arrastran la nulidad del acto administrativo, son estas las llamadas ilegalidades o vicios no invalidantes, inoperantes, irrelevantes o en fin intrascendentes, supuestos estos que se justifican por la aplicación del principio de economía procesal a los vicios que no han afectado la corrección jurídica de la decisión final, tema este sobre el cual volveremos más adelante.

En efecto, NIETO[127] sostiene que el Derecho administrativo admite ilegalidades no invalidantes: en unos casos porque la irregularidad es leve, y en otros porque el acto está tan enérgicamente protegido por la norma que es inmune a ilegalidades graves.

§51. Técnicas de declaración.— Sostiene, también, el autor NIETO[128] que las categorías de nulidad no son meros grados de invalidez. Independientemente de lo que suceda en el Derecho civil, en el Derecho administrativo la nulidad absoluta y la nulidad relativa son técnicas -y técnicas rigurosamente

---

126 ARAUJO-JUÁREZ, J., Ob. cit., nota 39, p. 14.
127 NIETO, A., Ob. cit., nota 48, p. 10 y 11.
128 *Ibidem*, p. 16.

procedimentales, no materiales- de declaración de nulidad. Los actos administrativos no son nulos por sí mismos, sino porque así lo declara un órgano -administrativo o jurisdiccional-- que tiene competencia para ello. Y mientras no tenga lugar esta declaración, son válidos por muy graves que sean sus vicios. Es por ello que el principio de que los actos administrativos se presumen legítimos debe entenderse así:» Mientras un órgano competente para ello no declare lo contrario, los actos administrativos, cualesquiera que sean sus vicios de ilegalidad, son válidos y, además, deben ser conservados siempre que sea posible».[129]

§52. Derecho positivo. — En el Derecho positivo, el tema de las nulidades y el proceso de identificación de los vicios del acto administrativo y las diferentes sanciones a que dan lugar ha ocupado la atención de la jurisdicción contencioso-administrativa desde vieja data, aun antes de existir texto legal expreso que la regulara. En efecto, cabe distinguir en su evolución dos etapas:

La primera etapa, según la jurisprudencia,[130] se caracteriza porque, en sus inicios, la metodología que sigue la jurisprudencia es casuística, con prudencia y cautela especialmente cuando se trataba de consagrar principios y crear doctrina en materias con escasa legislación general como era en sus comienzos el Derecho administrativo. En efecto, el juez va a determinar, caso por caso, si procede o no declarar la nulidad, de acuerdo con la gravedad y trascendencia de la ilegalidad que afecta al acto administrativo examinado, lo que determina que los criterios sean variados, y estos incluyen: la violación directa de la Constitución, la falta de elementos esenciales, la infracción grosera de la ley, la incompetencia manifiesta, la transgresión de normas establecedoras de conductas prohibidas, la vulneración del orden público y otros tantos más.

Luego, la segunda etapa comienza a partir de la entrada en vigencia de Ley Orgánica de Procedimientos Administrativos (LOPA),[131] cuando, por primera vez, se recepta en el Derecho positivo una regulación sistemática de la teoría de la nulidad del acto administrativo. Y es que en todo caso, como muy bien señala la Exposición de Motivos,[132]

> obliga a sostener que en él se recogen los diversos y variados **principios, normas y preceptos que nuestra práctica administrativa, nuestra Jurisprudencia y nuestra Doctrina han elaborado durante largos años** sobre las instituciones del Derecho Administrativo en él reguladas. (Resaltado nuestro)

En el mismo sentido, la jurisprudencia[133], luego de un examen interpretativo y concatenado de las normas pertinentes del texto de la LOPA, sostuvo que:

---

[129] *Ibidem*, p. 12.

[130] Vid. Sent. de la CSJ/SPA (210), de fecha 26 de julio de 1984, caso *Despachos Los Teques, C. A.*, Magistrado Ponente: Domingo A. Coronil, *RDP*, N° 19, p. 130.

[131] Vid. publicación en la GO N° 2.828 Extr., de fecha 1 de julio de 1981.

[132] Vid. Exposición de Motivos de la LOPA.

[133] Vid. Sent. de la CPCA, de fecha 17 de noviembre de 1986, Magistrado Ponente: Armida Quintana Matos, RDP N° 15, p. 148.

los principios que la LOPA desarrolla han integrado siempre el Ordenamiento jurídico-administrativo, de manera que los elementos o requisitos que integran el acto administrativo y la ilegalidad que afecta a éste por carecer de uno o varios de ellos, configuran bases fundamentales del Ordenamiento administrativo que han desarrollado tanto la doctrina como la jurisprudencia administrativa. (Resaltado nuestro)

Ello consta en numerosísimos fallos líderes o de principios que -insistimos- se hace ineludible rescatar para rendirles un merecido homenaje a los magistrados ponentes quienes, a través de ellos forjaron también la construcción del Derecho administrativo venezolano.

C. CLASIFICACIÓN

§53. Planteamiento.— Ahora bien, cuando se ha comprobado la existencia de un vicio jurídico susceptible de afectar la legalidad de alguno de los elementos estructurales del acto administrativo, ¿qué efectos produce la presencia de tal ilegalidad? En forma semejante a lo que ocurre en el Derecho privado, la doctrina y la jurisprudencia han ido elaborando una teoría específica de la nulidad del acto administrativo que responde a las características y exigencias propias del Derecho administrativo.

Ahora, la construcción, en el Derecho positivo, de una teoría de la nulidad del acto administrativo es en buena medida tributaria de las enseñanzas del Maestro FARÍAS MATA quien, a partir de la promulgación de la LOPA postula una nueva concepción con fundamento en los Arts. 18, 19 y 20 de la mencionada LOPA y en la jurisprudencia administrativa. En tal virtud, se construye una suerte de triángulo de legalidad donde se correlacionan cada *elemento estructural* del acto administrativo con el respectivo *vicio jurídico* que pudiera afectarle, y a su vez, este con la *sanción jurídica* de nulidad en sus diferentes modalidades.[134]

Existe, pues, una relación de causa a efecto entre los elementos, los vicios y las nulidades, consistiendo estas en las consecuencias o sanciones jurídicas que se imponen ante la transgresión o contrariedad al Ordenamiento jurídico, para lo cual hay que estar en disposición a lo que disponga expresamente la LOPA. Este es el principio general.

En este orden de ideas, el gran motivo de anulación que es la «contrariedad a Derecho» se manifiesta mediante categorías muy concretas. En efecto, la LOPA hizo, por primera vez, una regulación sistemática de la teoría de la nulidad del acto administrativo contentiva de los diversos vicios de anulación, siempre en relación con la intensidad o grado del vicio jurídico que el acto administrativo contenga en uno o varios de sus elementos, según la trilogía: *elemento-vicio-nulidad*, y la cual ciertamente se ha vista confirmada por la doctrina y la jurisprudencia contemporánea.

---

134 Vid. Sent. de la CPCA de fecha 22 de abril de 1985.

§54. Consecuencias.— De acuerdo con la doctrina (Hernández-Mendible)[135] y la jurisprudencia,[136] se trata de dos modalidades de la teoría de la nulidad del acto administrativo, pues denunciadas ambas adecuadamente producen la misma consecuencia: la extinción del acto administrativo afectado por una contrariedad al Derecho.

Sin embargo, ambas categorías están sometidas, también, a un régimen jurídico diferente cuya conceptualización se ha ido logrando de manera más técnica y ajustada a los principios que rigen nuestro Derecho positivo según analizaremos a continuación.

D. TEORÍA DE LA BIPARTICIÓN DE LA NULIDAD

§55. Origen jurisprudencial.— Antes de la entrada en vigencia de la LOPA, y en el momento histórico en que la doctrina administrativa[137] dominante en el Derecho comparado postulaba la reconducción de la teoría de la nulidad en el Derecho administrativo a la tripartición *inexistencia-nulidad absoluta-nulidad relativa,* la jurisprudencia[138] adoptaba claramente la clasificación bipartita que distingue solo entre la nulidad absoluta y la nulidad relativa, en razón «de que **nada distingue necesariamente la inexistencia de la nulidad absoluta**: un acto al cual falta elemento esencial está tan afectado de nulidad absoluta como de inexistencia». (Resaltado nuestro)

El otro reproche consiste en que tanto «el acto inexistente como el viciado de nulidad absoluta, requieren indispensablemente la intervención del magistrado judicial para su anulación o supresión».

En razón de lo cual concluye otra sentencia,[139] en que «siempre existiría una apariencia que es necesario destruir».

§56. Origen normativo.— Posteriormente, el Derecho positivo, a partir de la entrada en vigencia de la LOPA, procedió a consagrar normativamente la tesis de la bipartición de la nulidad del acto administrativo, y ya no se plantea el problema de la inexistencia vistos los claros términos de la LOPA, al distinguir las categorías siguientes.

Por un lado, los vicios de *nulidad absoluta* establecidos mediante el sistema de lista (Art. 19, nums. 1 al 4 de la LOPA), y que en definitiva se refieren a los vicios más importantes que pueden afectar a un acto administrativo y que se transcriben a continuación:

---

135 HERNÁNDEZ-MENDIBLE, V., *Estudio jurisprudencial de las nulidades, potestades de la Administración y poderes del juez en el Derecho Administrativo (1930-2011)*, 2a. Ed., Funeda, Caracas, 2013, p.97.

136 Vid. Sent. de la CPCA, de fecha 22 de abril de 1985, caso *Bethzaida C. Velázquez G.*, Magistrado Ponente: Hildegard Rondón de Sanso, RDP N° 22, p. 163.

137 ALCINDOR, L., *Essai d'une théorie des nullités en droit administratif,* M. Girard et E. Brière Libraires-Editeurs, París, 1912, pp. 8 y 9.

138 Vid. Sent. de la CFC/SF, de fecha 4 de abril de 1938, M. 1939, p. 490.

139 Vid. Sent. de la CSJ/SPA, de fecha 26 de julio de1984, caso *Despachos Los Teques, C.A.*, Magistrado Ponente: Domingo A. Coronil, *RDP,* N° 19, p. 130.

Artículo. 19. Los actos de la administración serán absolutamente nulos en los siguientes casos:

1. Cuando así esté expresamente determinado por una norma constitucional o legal;
2. Cuando resuelvan un caso precedentemente decidido con carácter definitivo y que haya creado derechos particulares, salvo autorización expresa de la ley;
3. Cuando su contenido sea de imposible o ilegal ejecución; y
4. Cuando hubieren sido dictados por autoridades manifiestamente incompetentes, o con prescindencia total y absoluta del procedimiento legalmente establecido.

Y por otro lado, los vicios de *nulidad relativa* establecidos mediante el sistema de cláusula residual contenida en el Art. 20 de la LOPA que dice:

Artículo 20. Los vicios de los actos administrativos que no llegaren a producir la nulidad de conformidad con el artículo anterior, los harán anulables.

Esta última disposición se ha convertido en la regla general al establecer que los vicios jurídicos de los actos administrativos que no lleguen a producir su nulidad absoluta, solo los harán anulables o de nulidad relativa.

Es así como en el Derecho administrativo positivo, los vicios del acto administrativo se manifiestan de dos maneras:

- Por un lado, los *vicios invalidantes* que se dividen a su vez en: la nulidad absoluta y la nulidad relativa, «dejando así desterrada la figura de la inexistencia», vistos los claros términos de los Arts. 19 y 20 de la LOPA según sostuvo la jurisprudencia.[140]
- Por el otro, tal y como sostiene HERNÁNDEZ-MENDIBLE,[141] por obra de la jurisprudencia[142] se introduce en nuestro país la teoría de los *vicios intrascendentes* al margen de la regulación de la LOPA y con evidente inspiración en el Derecho comparado.

En definitiva, de acuerdo con la jurisprudencia,[143] los vicios producen, según la gravedad de los mismos, ya sea la nulidad absoluta -denominada también radical o de pleno derecho- o ~~ya~~ la nulidad relativa - denominada también simple o anulabilidad-, si bien ambas producen el mismo efecto: «la extinción del acto afectado». Sin embargo, tanto la doctrina como la jurisprudencia se han encargado de establecer las diferencias fundamentales.

---

140 Vid. Sent. de la CSJ/SPA, de fecha 12 de octubre de1986, caso *Juan Briceño*, Magistrado Ponente: Luis H. Farias Mata, RDP N° 28, p. 96.

141 HERNÁNDEZ-MENDIBLE, V., Ob. cit., nota 135, p. 96.

142 Vid. Sent. de la CPCA, de fecha 2 de octubre de 1986.

143 Vid. Sent. de la CPCA, de fecha 22 de abril de 1985, caso *Bethzaida C. Velázquez G.*, Magistrado Ponente: Hildegard Rondón de Sansó, RDP N° 22, p. 163.

Luego, son varios los problemas que surgen de la mencionada dicotomía de la teoría de la nulidad en el Derecho administrativo, así: el primero de ellos es resolver la delimitación de los vicios que dan lugar a la nulidad absoluta o a la nulidad relativa, según sea el caso; y el segundo concierne a señalar cuáles son los efectos o, más propiamente, el régimen jurídico que rige para cada uno de las categorías mencionadas.

§57. Características.— De acuerdo con la doctrina (Hernández-Mendible)[144] y la jurisprudencia,[145] las características que distinguen, fundamentalmente, a ambas categorías de nulidad del acto administrativo son:

- En el caso de la nulidad absoluta se estaría en presencia de un vicio jurídico que conduce a una ineficacia intrínseca e inmediata.
- En el caso del vicio de nulidad relativa, se estaría frente a un vicio que supone una ineficacia extrínseca y potencial.

E. RÉGIMEN JURÍDICO

§58. Planteamiento de la cuestión.— El autor español De castro y Bravo[146] sostiene que el interés por la diferenciación de los tipos de nulidad del acto o negocio jurídico se advierte ya en el Derecho romano. De este se recibe, en el Derecho común, la contraposición entre los actos o negocios jurídicos condenados *ipso iure* a la nulidad (*negotia nulla*) y aquellos respecto de los que ciertos interesados tienen la facultad de anularlos (*negotia qui rescindi possunt*). Sin embargo, la claridad de la distinción se ha visto turbada gravemente, hasta el punto que la doctrina civilista francesa llegó a sostener que la teoría de las nulidades es una de las más oscuras del Derecho civil.[147]

Por su parte, un sector de la doctrina administrativa española (Santamaria Pastor)[148] cree, por el contrario, que la distinción entre las categorías de nulidad absoluta y nulidad relativa debería ser, relativizada o la negación de la diferenciación sobre la base de criterios materiales. Sin embargo, no nos parece correcta esta posición. Por el contrario, nos adherimos a otro sector que ha pretendido distinguir y definir las categorías de la nulidad en que puede incurrir el acto administrativo, para clasificar en los moldes así establecidos todos los casos que se presenten en la práctica para diferenciarlos sobre la base de criterios materiales de diferente naturaleza.

En este sentido, la existencia legal de causas diferenciadas de nulidad absoluta y nulidad relativa obliga a atribuir consecuencias distintas. Así el autor alemán A. Merk[149] cuestionaba la tesis del autor austríaco H. Kelsen,

---

144 HERNÁNDEZ-MENDIBLE, V., Ob. cit., nota 135, p. 59.

145 Vid. Sent. de la CFC/SPA, de fecha 11 de diciembre de 1935.

146 DE CASTRO y BRAVO, F., *El Negocio Jurídico*, Civitas, Madrid, 1985, p. 466.

147 PLANIOL, M., y RIPERT, G., *Traité élementaire de droit civil*, ed. 1932, t. I, §328, p. 133.

148 SANTAMARÍA PASTOR, J, *Derecho Administrativo*, Primera Edición, Vol. II, Iustel, Madrid, pp. 133 y ss.

149 MERK, A., *Teoría General del Derecho Administrativo*, Comares, Granada, p. 256-257.

quien equiparaba a todos los defectos jurídicos en ausencia de una diferenciación de su importancia por el Derecho positivo. Y es que como NIETO[150] señala en Derecho, como es sabido, lo que importa no son tanto las categorías sino los regímenes jurídicos. Las normas, en principio, no clasifican -o en todo caso no es su fin- sino que establecen el régimen de los fenómenos reales. Es la doctrina la que, siguiendo la estela de las normas, agrupa fenómenos que tienen el mismo régimen y, con ellos *-a posteriori-*, crea los conceptos.

Pues bien, precisado lo anterior, interesa que pasemos a referirnos al régimen jurídico de las dos categorías de nulidades del acto administrativo, a las características y consecuencias de cada una de ellas y que constituyen el eje básico de la cuestión: nulidad absoluta y nulidad relativa.

§59. Régimen jurídico diferenciado.— La doctrina nacional ha ensayado establecer las diferencias entre ambas categorías jurídicas de nulidad del acto administrativo.

Así, el autor G. URDANETA TROCONIS[151] sostiene que, en nuestro Derecho administrativo, solo pocas consecuencias diferenciarían la nulidad absoluta de la nulidad relativa; en realidad no son más que tres (3): las dos primeras se relacionarían con la potestad de revisión de la Administración Pública: la potestad convalidatoria reservada a los actos anulables y la potestad anulatoria reservada a los actos nulos absolutamente; y la tercera consecuencia vinculada a la potestad anulatoria del juez contencioso administrativo. Por su parte, tanto la doctrina MEIER [152] y HERNÁNDEZ-MENDIBLE[153] como la propia jurisprudencia,[154] se refieren a un número mayor de diferencias.

Al respecto nos permitimos afirmar que la nulidad del acto administrativo, la cual puede provenir de un vicio de nulidad absoluta o de uno de nulidad relativa, plantea diferencias fundamentales que, en definitiva, van a poner de relieve los diferentes regímenes jurídicos.

Pues bien, cuenta tenida de esta enseñanza, nos encontramos con que en el Derecho administrativo la dicotomía *nulidad absoluta-nulidad relativa* del acto administrativo se caracteriza, fundamentalmente, por las diferencias siguientes:

---

150 NIETO, A., Ob. cit., nota 48, p. 13.

151 URDANETA TROCONIS, G., «Avances Jurisprudenciales sobre los Motivos de impugnación en el Contencioso-Administrativo Venezolano», en *Avances Jurisprudenciales del Contencioso Administrativo en Venezuela*, XIII Jornadas «J.M. Domínguez Escobar, T. I, pp. 18 y 19; y «Los motivos de Impugnación en la Jurisprudencia Contencioso Administrativas Venezolana de las Tres últimas Décadas», en *Derecho Contencioso Administrativo, libro Homenaje al Profesor Luis Henrique Farías Mata*, CAEL-IEJEL, Barquisimeto, 2006, p. 113.

152 MEIER E., H. Ob. cit., nota 70, p. 170.

153 HERNÁNDEZ-MENDIBLE, V., Ob. cit., nota135, p. 62.

154 Vid. Sent. de la CPCA, de fecha 22 de abril de 1985, caso *Bethzaida C. Velázquez G.*, Magistrado Ponente: Hildegard Rondón de Sanso, RDP N° 22, p. 163.

§60. Excepcionalidad. – El carácter *excepcional* que «se deduce de la máxima que explica que las nulidades absolutas son excepcionales», frente a la regla de la *común* anulabilidad que surge de la ilegalidad que afecte a los actos administrativos (Arts. 19 y 20 de la LOPA).[155]

§61. Presunción de legitimidad. – Los actos administrativos están investidos o gozan de la *presunción de legitimidad* que se les atribuye en el sistema jurídico administrativo venezolano,[156] y cuyo fundamento es la preocupación y necesidad de evitar todo retardo en el desempeño de la actividad de la Administración Pública.[157] Este beneficio de la presunción de legalidad tiene el carácter de *iuris tantum,*[158] y en cuanto a su alcance «la legitimidad del acto alude al contenido mismo de la decisión, a la certeza de su existencia y a su obligatorio reconocimiento por parte de la comunidad a la cual va dirigida».[159]

Por otra parte, esta presunción ampara, en rigor, solo al acto administrativo:

(i) Que es «firme y definitivo». [160]

(ii) Y según la jurisprudencia,[161] hay que tomar en cuenta que «dicha presunción *juris tantum* ampara sólo los actos que hayan sido cumplidos por funcionarios competentes y en ejercicio de sus atribuciones legales, no por aquellos otros cuya identidad y competencia han sido precisamente cuestionados en juicio. esto es, según otra sentencia,[162] (...) por haber sido dictado por una legítima autoridad, en ejercicio de su competencia y sobre materia que forma parte de su ámbito, mediante el procedimiento que la ley exige».

Por tanto, de acuerdo con la jurisprudencia,[163] el acto administrativo viciado de nulidad absoluta carece de presunción de legitimidad, efecto que no tiene el viciado de nulidad relativa.

§62. Orden público. – El vicio de nulidad absoluta es según la jurisprudencia,[164] de *orden público,* mientras que este carácter no lo tiene la nulidad relativa.

---

155 Vid. Sent. de la CSJ/SPA, de fecha 26 de junio de1984, caso *Despachos Los Teques, C.A.,* Magistrado Ponente: Domingo A. Coronil, *RDP,* N° 19, p. 130.

156 Vid. Sent. de la CSJ/SPA, de fecha 4 de febrero de 1980, RDP N° 1, p. 140.

157 Vid. Sents. de la CF, de fecha 9 de agosto de 1957, GF N° 17, p. 134.

158 Vid. Sent. de la CSJ/SPA, de fecha 10 de junio de 1980, Magistrado Ponente: Pedro Miguel Reyes, RDP N° 3, p. 130.

159 Vid. Sent. de la CPCA, de fecha 9 de agosto de 1984, RDP N° 20, p. 139.

160 Vid. Sent. de la CPCA, de fecha 7 de junio de 1983, RDP N° 15, p. 147.

161 Vid. Sents. de la CSJ/SPA, de fechas 19 de junio de 1980, Magistrado Ponente: René de Sola, RDP N° 4, p. 143.

162 Vid. Sent. de la CPCA, de fecha 26 de mayo de 1983, Magistrado Ponente: Hildegard Rondón de Sanso, RDP N° 15, p. 146.

163 Vid. Sents. de la CSJ/SPA, de fecha 18 de septiembre de 1980, RDP N° 4, p. 143.

164 Vid. Sent. de la CSJ/SPA, de fecha 5 de diciembre de 1985, RDP N° 25, p. 1.

Consecuencia de ello es que:

i) El *alegato* de la *nulidad absoluta* se admite «en cualquier estado y grado de la causa, inclusive en alzada».[165]

ii) La *declaración* de la nulidad absoluta puede ser: tanto a solicitud de parte como «reconocida» de oficio por la Administración Pública en sede administrativa (Art. 83 de la LOPA);[166] y también en sede judicial por el juez, tanto a solicitud de parte como de oficio, aunque no haya sido denunciada, o incluso denunciada posteriormente a la demanda de nulidad;[167] a diferencia del vicio de nulidad relativa donde siempre «debe mediar petición de parte interesada».[168]

§63. Efectos jurídicos.— Si el acto administrativo es nulo, de nulidad absoluta, no puede ser fundamento de ningún *efecto jurídico -quod nullum est, nullum efectum producit-*, y arrastra todo aquello que en él tenga su fundamento, todo lo que se apoya en él o de él se derivase; por consiguiente, de él no pueden derivarse derechos, ya que no se pueden originar derechos contra la ley;[169] mientras que si es simplemente anulable, los derechos se considerarán en situación de eventualidad o pendencia, pues durarán en tanto no sea declarada su nulidad por la autoridad competente.

§64. Firmeza.— El acto administrativo es *firme* cuando no se ha impugnado en «el término que para el caso ha establecido la ley reguladora de la materia»,[170] o también «cuando han sido agotados, tanto en vía administrativa como jurisdiccional, los recursos para impugnarlos, o se ha dejado transcurrir el lapso para su ejercicio».[171]

Sin embargo, el acto administrativo viciado de nulidad absoluta nunca puede adquirir *firmeza,*[172] por lo que los interesados pueden solicitar siempre en vía administrativa, «aun cuando hubieren precluido los diferentes recursos», su declaración por vía administrativa a través de la acción de nulidad en cualquier tiempo (Art. 83 de la LOPA), «y de serles negada tal anulación pueden aún ejercer jurisdiccionalmente el correspondiente recurso de anulación, no contra el acto primitivo pero si contra la negativa de la Administración Pública de declarar la nulidad de un acto nulo absolutamente».[173]

---

165 Vid. Sent. de la CSJ/SPA, de fecha 6 de diciembre de 1979, caso *Eduardo Tamayo Rivero.*

166 Vid. Sent. de la CPCA, de fecha 22 de abril de 1985, caso *Bethzaida C. Velázquez G.*, Magistrado Ponente: Hildegard Rondón de Sanso, RDP N° 22, p. 163.

167 Vid. Sent. de la CSJ/SPA, de fecha 6 de diciembre de 1979, caso *Eduardo Tamayo Rivero.*

168 Vid. Sent. de la CSJ/SPA, de fecha 9 de agosto de 1990, caso *Maraven*, S.A., RDP N° 43, p. 68.

169 Vid. Sent. de la CPCA, de fecha 29 de marzo de 1984, RDP, N° 18, p. 173.

170 Vid. Sent. de la CF, de fecha 24 de noviembre de 1953, GF N° 2, p. 189.

171 Vid. Sent. N° 503 de la CSJ/SPA, de fecha 3 de octubre de 1990, caso *Ramón José Riera Paredes.*

172 Vid. Sent. de la CPCA, de fecha 14 de febrero de 1985, caso *Gisela Belmonte*, Magistrado Ponente: Hildegard Rondón de Sansó, RDP N° 21, p. 150.

173 Vid. Sent. de la CSJ/SPA, de fecha 14 de agosto de 1991, caso *Armando F. Melo*, Magistrado Ponente: Román J. Duque Corredor, RDP° 47, p. 112.

§65. Suspendibilidad de los efectos.– Con respecto a la *suspensión de los efectos*, el alegato de la nulidad absoluta en sede administrativa, según la jurisprudencia,[174] «puede solicitarse en base a (sic) ello la suspensión de los efectos del acto» (Art. 87 de la LOPA), mientras que en sede jurisdiccional, según la jurisprudencia,[175] la solicitud es independiente de la modalidad del vicio que se denuncie, pues procede para evitar perjuicios irreparables o de difícil reparación por la definitiva.

§66. Cualidad.– Si se considera el resultado, es decir la *cualidad* de la nulidad, la nulidad absoluta según su concepto mismo es definitiva e insanable, y por ende «no puede ser convalidada» (Art. 81 de las LOPA),[176] pues no desparece ni «por ningún acto posterior de confirmación, ratificación o ejecución voluntaria»;[177] «ni por el consentimiento de la Administración, ni por los interesados, ni por el transcurso del tiempo».[178] Mientras «que la nulidad relativa sí puede serlo», en sede administrativa en cualquier momento, de conformidad con el Art. 81 de la LOPA:[179]

(i) Por «convalidación o enmienda» por el superior que conozca del recurso jerárquico.[180]

(ii) El propio «administrado puede convalidarlos cuando con su conducta, por ejemplo, allana o subsana el error formal».[181] Sin embargo, la jurisprudencia[182] señala que además de los vicios señalados en el Art. 19 de la LOPA, se presentan otros en donde la convalidación no es permisible: «Ello puede decirse de la desviación de poder, vicio no incluido como de nulidad absoluta -de difícil constatación- en la enumeración del artículo 19 *ejusdem*».

§67. Potestad revocatoria.– En cuanto a la *potestad revocatoria*, su ejercicio ha sido delimitado por jurisprudencia[183] en los términos siguientes: «forzoso es reconocer que tal poder queda circunscrito a aquellos casos en los cuales la revocatoria no afecta derechos adquiridos».

---

174 Vid. Sent. de la CPCA, de fecha 22 de abril de 1985, caso *Bethzaida C. Velázquez G.*, Magistrado Ponente: Hildegard Rondón de Sansó, RDP N° 22, p. 163.

175 Vid. Sent. de la CPCA, de fecha 22 de abril de 1985.

176 Vid. Sent. de la CPCA, de fecha 22 de abril de 1985, *caso Bethzaida C. Velázquez G.*, Magistrado Ponente: Hildegard Rondón de Sansó, RDP N° 22, p. 163.

177 Vid. Sent. de la CFC/SF, de fecha 11-12-1935, M. 1936, p. 220.

178 Vid. Sent. de la CPCA, de fecha 29 de marzo de1984, Magistrado Ponente: Román J. Duque Corredor, RDP N° 18, p. 163.

179 Vid. Sent. de la CPCA, de fecha 22 de abril de 1985, *caso Bethzaida C. Velázquez G.*, Magistrado Ponente: Hildegard Rondón de Sansó, RDP N° 22, p. 163.

180 Vid. Sent. de la CSJ/SPA, de fecha 10 de mayo de 1985, caso *María G. Núñez*, Magistrado Ponente: Pedro Alí Zoppi, RDP N° 23, p. 143.

181 Vid. Sent. de la CSJ/SPA, de fecha 12 de noviembre de 1991, caso *Ford Motors de Venezuela, S.A.*, Magistrado Ponente: Román J. Duque Corredor, RDP N° 48, p. 129.

182 Vid. Sent. de la CSJ/SPA, de fecha 31 de enero de 1999, caso *Farmacia Unicentro, C.A.*, Magistrado Ponente: Cecilia Sosa Gómez, RDP N° 41, p. 89.

183 Vid. Sent. de la CSJ/SPA, de fecha 26 de agosto de 1984, Magistrado Ponente: Luis H. Farias Mata, RDP n° 19, p. 128.

Es procedente en los dos supuestos siguientes:

(i) El primero, sostiene la jurisprudencia,[184] «reconoce, como principio general, de oficio o a solicitud de parte, procede en cualquier tiempo cuando sus actos se encuentran afectados de nulidad absoluta», en sede administrativa de conformidad con el Art. 83 de la LOPA.

(ii) El segundo cuando se trata de «actos viciados de nulidad relativa pueden también ser revocados en cualquier momento por la Administración»; pero se exceptúan de esta posibilidad «los actos administrativos afectados de nulidad relativa que hayan originado derechos subjetivos o interese legítimos, personales y directos para un particular» por argumento en contrario del Art. 82 de la LOPA.[185]

Mientras que el ejercicio de la potestad revocatoria es improcedente en los casos del acto administrativo afectado de nulidad relativa si:[186]

(i) El mismo «crea derechos a favor de los particulares» (Art. 82 de la LOPA).

(ii) Si «ha quedado firme» por haber vencido los lapsos para impugnarlo en vía administrativa o judicial.

§68. Extensión.— En cuanto a la *extensión* del vicio, «la nulidad absoluta afecta a la totalidad del acto; en cuanto que la nulidad relativa puede ser tanto parcial como total»,[187] según una parte resulte conforme y otra contraria a Derecho (Art. 21 de la LOPA). Esto es, «si el vicio afectare sólo una parte del acto administrativo, el resto del mismo en lo que sea independiente, tendrá plena validez».[188]

Sin embargo, se hubo planteado en la jurisprudencia[189] en un caso, si bien aislado y sin trascendencia, la posibilidad de actos administrativos afectados solo de nulidad absoluta parcial, pero sin pronunciamiento expreso al respecto.

§69. Oponibilidad.— En cuanto al ámbito de su trascendencia u *oponibilidad*, se precisa que la sanción de nulidad absoluta es más amplia que la nulidad relativa, «traduciéndose ambas en un grado de ineficacia proporcional a la gravedad del vicio» (VILLAR PALAZI).[190] En efecto la declaratoria de la

[184] Vid. Sent. de la CSJ/SPA, de fecha 14 de mayo de 1985, caso *Freddy Martin Rojas*, Magistrado Ponente: Josefina Calcaño de Temeltas, RDP N° 23, p. 143.

[185] *Idem*.

[186] *Idem*.

[187] Vid. Sent. de la CPCA, de fecha 22 de abril de 1985, caso *Bethzaida C. Velázquez G.*, Magistrado Ponente: Hildegard Rondón de Sansó, RDP N° 22, p. 163.

[188] Vid. Sent. de la CSJ/SPA, de fecha 14 de agosto de 1991, caso *Antonio Cardozo*, RDP N° 47, p. 115.

[189] Vid. Sent. del Juzgado Superior Primero en lo Civil, Mercantil y Contencioso Administrativo de la Región Capital, de fecha 30 de junio de 1988, caso Desarrollos Tercera Avenida, C.A.

[190] VILLAR PALASI, J.L., *Principios de Derecho Administrativo*, t. II, Madrid, p. 180 y 181.

nulidad absoluta tiene efectos respecto de todos, *erga omnes*, y de ahí la denominación de absoluta; mientras que en la declaratoria de nulidad relativa sus efectos son relativos, esto es solo *inter partes* (Brewer-Carías).[191]

§70. Efectos temporales. – Por último, mención aparte nos merece el criterio jurisprudencial[192] sobre los *efectos temporales* al señalar que:

> la verificación de la existencia de cualquiera de ellas [nulidades absolutas] tiene efectos declarativos, esto es, *ex tunc*, (hacia el pasado), por cuanto significa la constatación de que el acto adolece desde sus orígenes de un vicio que afecta su validez,

por oposición al supuesto de la nulidad relativa donde los efectos serían hacia el futuro, *ex nunc*.[193]

Al respecto se observa que, a partir de la entrada en vigencia del hoy derogado Art. 131 de la LOCSJ,[194] la distinción había dejado de tener sentido, puesto que el juez, al declarar la nulidad del acto impugnado, no quedaba comprometido con las tradicionales fórmulas de nulidad y anulabilidad, pudiendo determinar, en cada caso, los efectos de su decisión en el tiempo, independientemente del vicio, con efectos hacia el pasado (*ex tunc*),[195] o hacia el futuro (*ex nunc*).[196]

Sin embargo, la doctrina jurisprudencial[197] más reciente ha sostenido que, en los casos de nulidad absoluta, la invalidez es originaria y, por tanto, solo en casos excepcionales se modifican los efectos en el tiempo de la nulidad absoluta, para lo cual se requería que así se declarara expresamente a tenor del derogado Art. 139 de la LOCSJ.

Así las cosas, en vista del repertorio de diferencias fundamentales que venimos de exponer, se puede comprobar que la diferencia del régimen jurídico de la enfática dicotomía de las categorías de las nulidades absoluta y relativa, tiene mucha mayor trascendencia de la que a simple vista aparece.

§71. Régimen jurídico común. – Por último, debemos señalar que en las vías de impugnación (sede administrativa o sede jurisdiccional) ninguna diferencia surge, desde el punto de vista de la nulidad del acto administrativo, como consecuencia de la naturaleza del vicio invalidante, en el sentido en que existe, también, un régimen jurídico común que consiste en que en ambos

---

191 BREWER-CARÍAS, A.R., *El Derecho Administrativo y la Ley Orgánica de Procedimientos Administrativos*, Col. Estudios Jurídicos N° 6, EJV, Caracas, 2003, pp. 185 y ss. En el mismo sentido, Sent. de la CSJ/SPA, de fecha 15 de marzo de 1967.

192 Vid. Sent. de la CPCA, de fecha 22 de abril de 1985, caso *Bethzaida C. Velázquez G.*, Magistrado Ponente: Hildegard Rondón de Sansó, RDP n° 22, p. 163.

193 Vid. Sent. de la CPCA, de fecha 9 de diciembre de 1985.

194 Vid. Sent. de la CPCA, de fecha 13 de abril de 1989, RDP N° 38, p. 137.

195 Vid. Sent. de la CSJ/SPA, de fecha 3 de junio de 1982,

196 Vid. Sent. de la CSJ/SPA, de fecha 7 de junio de 1982.

197 Vid. Sent. de la CPCA, de fecha 13 de abril de 1989, RDP N° 38, p. 137.

supuestos de nulidad «absoluta o relativa», esta no es automática, sino que debe ser declarada formalmente: o bien por la Administración Pública (en vía de recurso administrativo, de revisión de oficio o en fin la acción de nulidad), o bien por el juez contencioso administrativo y hasta entonces, el acto administrativo se presume válido (BELADIEZ ROJO).[198]

En efecto, ningún acto administrativo puede considerarse como nulo *ipso iure*, por sí mismo y sin necesidad, en última instancia, de la intervención del órgano administrativo o judicial competente, pues aun estando afectado del vicio más grave, requiere, indispensablemente, que se lo haya declarado tal, ya sea que se trate de nulidad absoluta,[199] o de nulidad relativa.[200]

Finalmente, y por cuanto el ejercicio del Poder Público acarrea responsabilidad individual por abuso o desviación de poder o por violación de la Constitución o de las leyes, de acuerdo con el Art. 139 de la C, los funcionarios que dicten un acto administrativo nulo o anulable deben responder por los daños y perjuicios que causen.

---

198 BELADIEZ ROJO, M., Ob. cit., nota 97, p. 13.
199 Vid. Sent. de la CFC/SF, de fecha 4 de abril de 1938.
200 Vid. Sent. de la CSJ/SPA, de fecha 15 de diciembre de 1967, GF N °55, p. 70.

CUARTA PARTE:

LA TEORÍA DE LOS VICIOS DE NULIDAD ABSOLUTA DEL ACTO ADMINISTRATIVO

LOS VICIOS DE NULIDAD ABSOLUTA DEL ACTO ADMINISTRATIVO

§72. Plan. – En el desarrollo de esta parte de la obra no observaremos el orden que impone la distinción entre los elementos estructurales indispensables para la existencia y validez de los actos administrativos, sino que para facilitar la inteligencia de los variados temas que aquí se conjugan, trataremos de ellos en varios bloques atendiendo a la jerarquía que les corresponde con respecto a los distintos vicios, en razón del grado de las sanciones jurídicas; así:

- Los vicios de nulidad absoluta
- Los vicios de nulidad relativa
- Los vicios intrascendentes

§73. Planteamiento. – Un sector mayoritario de la doctrina nacional (BREWER-CARÍAS, HERNÁNDEZ-MENDIBLE, URDANETA TROCONIS)[201] junto con la jurisprudencia,[202] sostienen que el Art. 19 de la LOPA permite poner fin a las dubitaciones observadas en la jurisprudencia nacional en la materia cuando «señala en forma clara, categórica y taxativa cuáles son los vicios que afectan de nulidad absoluta el acto administrativo» (Art. 19).

En este orden de ideas, la jurisprudencia[203] ha sostenido, también, que se trata de un número cerrado que en principio no podría ser objeto de interpretación, en los términos que se transcriben a continuación:

> Se impone aquí a la Sala la necesidad de reiterar que a partir de la entrada en vigencia de la Ley Orgánica de Procedimientos Administrativos el 1° de enero de 1982, los vicios que hacen a los actos administrativos «absolutamente nulos», se encuentran limitativamente consagra-

---

201 BREWER-CARÍAS, A.R., Ob. cit., nota 191, pp. 185 y ss.; HERNÁNDEZ-MENDIBLE, Ob. cit., nota 135, p.31; y URDANETA TROCONIS, G., Ob. cit., nota 151, p. 214.

202 Vid. Sent. de la CSJ/SPA, de fecha 14 de mayo de 1985, caso *Freddy M. Rojas*, Magistrado Ponente: Josefina Calcaño de Temeltas, *RDP N° 23, p. 143.*

203 Vid. Sent. de la *CSJ-SPA* (73), de fecha 5 de mayo de 1992, caso *Ángel R. Villegas*, Magistrado Ponente: Luis H. Farías Mata, en *RDP* N° 50, p. 144.

dos en ésta (artículo 19 de dicha ley), por lo que tal grado de invalidez no puede ser determinado libremente ni por las partes ni por el intérprete: ya lo ha hecho la ley.

Finalmente la jurisprudencia[204] sostiene que «la rigurosidad de tal interpretación se deduce de la máxima que explica que las nulidades absolutas son excepcionales».

En conclusión, el carácter tasado y limitativo de los vicios de nulidad absoluta ha sido una constante jurisprudencial hasta el presente, donde pareciera no existir hipótesis alguna de nulidad absoluta fuera de los supuestos enumerados en el Art. 19 de la LOPA.

Sin embargo, se debe mencionar que existe la posición de algunos autores (Meier, M. Monaco G. y C. Pelegrino Pacera)[205] que han cuestionado el carácter tasado de los vicios de nulidad absoluta, fundamentándose en atendibles razones del carácter de nulidad absoluta de otros vicios, tales como el del falso supuesto que, como veremos en su oportunidad, ha obtenido el respaldo jurisprudencial hasta el presente, sin que ello signifique receptar la denominada teoría de las nulidades implícitas que defiende el autor argentino J. ESCOLA[206]. En esta línea de pensamiento también la jurisprudencia[207] sostuvo, en una sentencia aislada, lo siguiente:

> Los supuestos del artículo 19 de la ley Orgánica de Procedimientos Administrativos son los que producen la nulidad absoluta del acto; pero no agotan la posibilidad de otros vicios capaces de afectar igualmente al acto de nulidad.

Veamos, pues, a continuación el estudio particularizado de los vicios de nulidad absoluta, atendiendo a la correlación de cada elemento estructural del acto administrativo con la ilegalidad y la sanción de nulidad absoluta, considerándolos separadamente en cada caso.

LOS VICIOS DE NULIDAD ABSOLUTA DEL ELEMENTO SUBJETIVO

§74. Planteamiento de la cuestión.— En primer lugar, debemos señalar que el elemento subjetivo del acto administrativo tiene que ver con la pregunta *¿quién?* o el autor del acto administrativo. Este elemento estructural de acto administrativo se encuentra regulado en los Arts. 18, nums. 1, 2, 7 y 8; 19,

---

[204] Vid. Sent. de la CSJ/SPA, de fecha 31 de enero de 1990, caso *Farmacia Unicentro, C.A.*, agistrado Ponente: Cecilia Sosa Gómez, RDP N° 41, p. 84.

[205] MEIER, E., Ob. cit., nota 70, p. 249; MÓNACO GÓMEZ, M., «El falso supuesto», en *V jornadas Internacionales de Derecho Administrativo «Allan Randolph Brewer Carías». Los requisitos y vicios de los actos administrativos*, Funeda, Caracas, 2000, p. 322; y PELLEGRINO PACERA, C.G., Ob. cit., nota 108, pp. 42 y 43.

[206] ESCOLA, J., *Compendio de Derecho Administrativo*, Vol. I, De Palma, Buenos Aires, 1984, p. 530.

[207] Vid. Sent. de la CPCA, de fecha 22 de abril de 1985, caso *Bethzaida C. Velázquez G.*, Magistrado Ponente: Hildegard Rondón de Sansó, RDP N° 22, p. 163.

num. 4 de la LOPA, y en concatenación con el Art. 26 de la LOAP.[208] En principio, es el sujeto de la Administración Pública, el autor del acto administrativo, esto es, el órgano o ente que emite el acto administrativo y que actúa dentro de la esfera de competencias que le han sido atribuidas, las cuales está llamado a ejercer.

§75. Clases.— La doctrina de la PGR[209] ha sostenido que no hay, ni puede haber, ejercicio de funciones públicas que no reúnan los requisitos legales de validez ya sea en cuanto a su origen (nombramiento, elección, etc.), o en cuanto a las condiciones personales y formalidades que se deben llenar para ocupar el cargo. De ahí que, entre los requisitos relacionados con el elemento estructural referido al autor del acto administrativo, se encuentran los siguientes:

- La investidura.
- La competencia.
- La imparcialidad.

A. INVESTIDURA

§76. Antecedentes.— En la Constitución de 1830, el Art. 220 del Título XXVII «Del Juramento de los empleados» disponía que ningún empleado podía entrar en el ejercicio de sus funciones sin prestar antes el juramento de sostener y defender la Constitución y de cumplir fiel y exactamente los deberes de su empleo. Esta disposición fue posteriormente eliminada de los Textos Fundamentales.

§77. Investidura.— La cuestión de la legalidad de la investidura está relacionada con la titularidad legal del órgano administrativo de que se trate. Por tanto, la idoneidad frente al órgano se produce siempre que exista:

(i) Un acto administrativo de nombramiento o designación legal previo que representa la adquisición abstracta de la titularidad formal.

(ii) La juramentación del cargo.

(iii) La toma de posesión funcionarial o asunción concreta de las funciones.

Es solo con el cumplimiento riguroso de los requisitos mencionados que la persona física se convierte en titular o funcionario de derecho (*de iure*).

§78. Nombramiento.— El nombramiento consiste en la forma jurídica de ingreso a los cargos o empleos públicos. Se puede definir como el acto administrativo emitido por la autoridad competente mediante el cual se designa a la persona física seleccionada para actuar como funcionario público en el ejercicio de un cargo o empleo público concreto.

---

208 Vid. publicación en la GO N° 5.890 Extr., de fecha 31 de julio de 2008.

209 Vid. Dictamen de Asesoría del Estado, de fecha 7 de agosto de 1972, en *20 años de doctrina de la Procuraduría General de la República 1962-1981*, t. II, Caracas, 1984, p. 65.

§79. Juramento.— La condición de funcionario público no se adquiere, sin embargo, por el simple nombramiento como tal, que si bien es necesario no es suficiente, pues se requiere, además, cumplir con el sometimiento a la Constitución y a las leyes mediante el juramento.

El juramento es, pues, un requisito esencial que consiste en una afirmación solemne de que se cumplirán los deberes funcionariales o de servicio. Y en el caso de los funcionarios públicos, es la promesa solemne que hace quien ingresa en el servicio del Estado, de servir legalmente en el cargo y de ser fiel a las instituciones fundamentales del país (DPGR).[210]

§80. Toma de posesión del cargo.— Finalmente, el requisito posterior de la toma de posesión del cargo perfecciona la investidura de la persona designada para el ejercicio de la función pública.

El requisito mencionado tiene una importancia fundamental porque. efectivamente, no se es funcionario público hasta que este requisito se cumple, esto es, la condición de funcionario público no se adquiere plenamente hasta que se lleva a cabo la toma de posesión del cargo que, en algunos casos, se realiza uniéndose este acto con la juramentación (por ejemplo, el Presidente de la República).

§81. Ilegalidad de la investidura.— El primer vicio del acto administrativo que hace referencia al elemento subjetivo es el vicio de ilegalidad de la investidura que implica incompetencia manifiesta, por diversas causas:

- La ausencia de investidura.
- La investidura irregular.
- La investidura extinguida (renuncia, destitución, retiro, expiración del mandato, etc.).

En este orden de ideas, en la jurisprudencia[211] se puede citar el ejemplo en que la Administración Pública no puede aportar prueba alguna del Movimiento de Personal correspondiente, ni de la respectiva Acta de Toma de Posesión y Juramentación donde se pueda verificar la identidad y competencia del funcionario autor del acto administrativo, en tales casos se estaría en presencia de un vicio de incompetencia manifiesta que, en consecuencia, acarrea la nulidad absoluta.

B. COMPETENCIA

I. Concepto

§82. Planteamiento.— A partir de la Constitución de 1858 (Art. 155) se empezó a prohibir, a toda corporación pública o empleado, el ejercicio de cualquier función o autoridad que no le hubiese sido conferida por la Consti-

---

210 *Ibidem*, p. 63.

211 Vid. Sent. de la CSJ/SPA-ET, de fecha 7 de febrero de 1991, caso *Reencauchadora Trasandina*, Magistrado Ponente: Alejandro Osorio, RDP N° 45, p. 102.

tución o las leyes. Asimismo, se dispuso que ningún funcionario podía expedir, obedecer ni ejecutar órdenes que hayan sido expedidas por autoridades manifiestamente incompetentes (Art. 156 *eiusdem*). Tal prohibición se ha mantenido en todas las Constituciones hasta la vigente de 1999.

Por su parte, la jurisprudencia[212] procedió a definir a la autoridad como la «potestad o facultad para ejercer determinadas funciones públicas».

En tal sentido, el Art. 137 de la C vigente consagra, también, un elemento esencial del Derecho público como lo es el principio de la competencia de los órganos y entes públicos, precepto según el cual:

> **Artículo 137**. La Constitución y las leyes definen las atribuciones de los órganos que ejercen el Poder Público, a las cuales deben sujetarse las actividades que realicen.

Por tanto, la nulidad es la consecuencia o, más propiamente, la sanción jurídica de la inobservancia del aludido principio de rango constitucional.[213]

Por su parte, el principio de la competencia aparece, expresamente regulado, también en los Arts. 18, ords. 1°, 2° y 7° de la LOPA, ratificado en el Art. 26 de la LOAP, y se traduce en la figura que la jurisprudencia[214] denomina competencia legal o administrativa.

Finalmente, el Derecho positivo define el principio de legalidad en el Art. 4 de la LOAP en los términos siguientes:

> **Principio de legalidad**
>
> **Artículo 4.** La Administración Pública se organiza y actúa de conformidad con el principio de legalidad, por el cual la asignación, distribución y ejercicio de sus competencias se sujeta a la Constitución de la República Bolivariana de Venezuela, a las leyes y a los actos administrativos de carácter normativo, dictados formal y previamente conforme a la ley, en garantía y protección de las libertades públicas que consagra el régimen democrático a los particulares.

§83. Concepto.— El acto administrativo debe ser dictado, en principio, por órgano administrativo con competencia, por consiguiente, para que sea válido se requiere, según la jurisprudencia[215], que:

- Esté comprendido dentro del círculo de *materias* atribuidas a la respectiva persona pública estatal (República, estado, municipio, instituto autónomo).
- Esté incluido en las *atribuciones* del órgano de la persona pública estatal que lo ha dictado.

212 Vid. Sent. de la CFC/CP, de fecha 23 de octubre de 1951, GF N° 9, p. 22.
213 Vid. Sent. N° 3255 del TSJ/SC, de fecha 18 de noviembre de 2003, RDP N° 93-96, p. 314.
214 Vid. Sent. de la CSJ/SPA, de fecha 15 de diciembre de 1980, RDP N°5, p. 116.
215 Vid. Sent. CSJ/SPA, de fecha 28 de enero de1964, GO N° 27367.

Así las cosas, la competencia administrativa se ha definido jurisprudencialmente[216] como «la aptitud legal de los órganos de la administración», o también como «la medida de una potestad atribuida por la Ley a cada órgano»[217] de la Administración Pública, de modo que no habrá competencia ni, desde luego, actuación administrativa válida, si no hay previamente el otorgamiento, por norma legal expresa, de la atribución que se reconoce al ente u órgano y de los límites que la condicionan.

Por tanto, la competencia administrativa no se presume *ex lege*, sino que debe emerger del texto expreso de una regla de derecho o norma atributiva de competencia del Ordenamiento jurídico pues, a falta de disposición expresa, la autoridad carece de cualidad para dictar el acto.

Es por ello que el Máximo Tribunal también afirmó que «el legislador no puede conceder atribuciones indeterminadas»,[218] por ejemplo, disponer que las atribuciones son las que el funcionario considere conveniente o necesario ejercer. Al contrario, ha sostenido enfáticamente que el legislador «está obligado a señalarlas de manera precisa, concreta, so pena de violar la Constitución y viciar de nulidad la ley en cuanto otorga facultades ilimitadas». [219]

Por ello, en otra sentencia[220], concluye también que «el funcionario no puede arrogarse facultades indefinidas, y a ello equivale desempeñar funciones no señaladas, ejercer autoridad que no se tiene».

En consecuencia, de acuerdo con la jurisprudencia,[221] la atribución de competencia no se presume sino que «debe constar expresamente por imperativo de la norma legal y de los actos administrativos de carácter normativo, dictados formalmente con carácter previo conforme a la ley».

Finalmente, debemos señalar que no obstante lo expuesto, la jurisprudencia[222] ha reconocido lo que se ha denominado el principio de paralelismo de competencias que lo enuncia de la manera siguiente: «Cuando una autoridad es competente para dictar un acto, esta misma autoridad es competente para dictar un acto contrario».

Asimismo, sostiene que, de igual forma doctrina y jurisprudencia, se pronuncian a favor de las llamadas «competencias implícitas» que son definidas como «aquellas que pueden ser ejercidas por una autoridad pública, aunque no le sean expresamente atribuidas por las disposiciones de un texto normati-

---

216 Vid. Sent. CSJ/SPA, de fecha 28 de enero de1964, GO N° 27367.

217 Vid. Sent. de la *CSJ/SPA*, de fecha 25 de julio de 1990, caso *Compagnie Généra1 Maritime (CGM)*, Magistrado Ponente: Josefina Calcaño de Telmeltas, *RDP* N° 43, p, 65; y del TSJ/SPA, Sent. N° 1115, de fecha 10 de agosto de 2011, caso *C.A. Sucesora de José Puig & Cía.*

218 Vid. Sent. CSJ/SPA, de fecha 28 de enero de 1964, GO N° 27367.

219 *Idem.*

220 Vid. Sent. de la CFC/CP, de fecha 12 de junio de 1951, GF N° 8, p. 33.

221 Vid. Sent. N° 570 del TSJ/SPA, de fecha 10 de marzo de 2005, caso *Hyundai Consorcio*, Magistrado Ponente: Hadel Mostafá Paolini, RDP N° 101, p. 160.

222 Vid. Sent. de la CSJ/SPA, de fecha 12 de diciembre de 1996, RDP N° 76-68, p. 202.

vo, porque ellas están necesariamente ligadas a disposiciones formales y deben presumirse incluidas en aquellas».

§84. Caracteres. — Por su parte, el Art. 26 de la LOAP define el principio de la competencia a través de sus elementos característicos, así:

- Es de «obligatorio cumplimiento y ejercida bajo las condiciones, límites y procedimientos establecidos legalmente».
- Es «irrenunciable, indelegable e improrrogable» y «Este principio sólo se quiebra a través de las figuras de la delegación y avocación, que suponen traslados de competencia de unos órganos a otros, siempre por una norma expresa que así lo permita».[223]
- Por último, la LOAP «no podrá ser relajada por convención alguna», salvo los casos expresamente previstos en las leyes y demás actos normativos.

En efecto, como lo hemos sostenido en una obra anterior,[224] la competencia no puede ser renunciada, ni extendida por acuerdo de partes, bien sea entre administrados o entre estos y la Administración Pública (principio de la irrenunciabilidad).

Junto al principio de irrenunciabilidad se formula otro principio distinto, como lo es el del ejercicio directo de la competencia por su titular, por tal razón no puede delegarse, salvo autorización de texto expreso, el cual a su vez es de interpretación estricta (principio del ejercicio directo). Tampoco la competencia puede ser ampliada o extendida (principio de la improrrogabilidad).

Por último, la competencia no podrá ser derogada por acuerdo de partes, bien sea entre administrados, o entre estos y la Administración Pública, salvo en los casos expresamente previstos en las leyes y demás actos normativos (principio de la inderogabilidad).

§ 85. Plan. — Así las cosas, dentro de los vicios de nulidad absoluta, en el elemento sujeto se distinguen:

- El vicio de incompetencia.
- El vicio de falta de legitimación.

II. VICIO DE INCOMPETENCIA

a. Concepto

§86. Vicio de incompetencia. — El segundo vicio que hace referencia al elemento subjetivo es el vicio de incompetencia,[225] el cual afecta al autor del acto,

223 Vid. Sent. de la CPCA, de fecha 12 de agosto de1993, caso *Nereo Márquez*, Magistrado Ponente: Belén Ramírez Landaeta, RDP N° 55-56, p. 212.

224 ARAUJO-JUÁREZ, J., Ob. cit., nota 29, p. 60.

225 Sobre este tema consúltese en nuestra doctrina con gran provecho la monografía de FRAGA PITALUGA, L., *La Incompetencia en el Derecho Administrativo*, 2ª Ed. (ampliada, corregida y puesta al día), Funeda, Caracas, 2007.

esto es, al órgano al cual le es imputable. Por tanto, de acuerdo con un interesante voto salvado,[226] sería «la falta de aptitud legal de una autoridad para resolver una cuestión, o ejecutar un acto no comprendido en sus atribuciones».

Más propiamente, según la jurisprudencia,[227] «se configura cuando una autoridad administrativa determinada dicta un acto para el cual no estaba legalmente autorizada»; o en fin, un vicio de ilegalidad «por el cual un funcionario dicta un acto administrativo careciendo de la atribución expresa para tal fin».[228]

Esto es, en sentido amplio:[229]

(i) «Bien por haber ejercido funciones que no le corresponden».

(ii) «Bien por haberse excedido en el ejercicio de las que expresamente le han sido acordadas».

b. Distinción

§87. Planteamiento.— Ahora, si bien es cierto que la premisa es que toda incompetencia es un vicio, no todo vicio de incompetencia produce las mismas consecuencias.

De ahí que el vicio de incompetencia admite la distinción siguiente:

- La incompetencia manifiesta.
- La incompetencia relativa.

En mérito a lo anterior, el problema cardinal se centra en determinar cuándo es manifiesta la incompetencia, lo que no permite generalizaciones, debiendo ser analizada caso por caso, «por lo que determinar lo manifiesto de la incompetencia se presenta como una cuestión de hecho y de interpretación».[230]

§88. Incompetencia manifiesta.— En un primer momento, la jurisprudencia llegó a considerar de manera indiscriminada cualquier vicio de incompetencia como generador de la nulidad absoluta, con prescindencia de que fuera o no manifiesta. Posteriormente, con ocasión de la entrada en vigencia de la LOPA hubo experimentado en esta materia un cambio o rectificación de criterio al señalar que, para que se configure el supuesto del Art. 19, ord. 4 *eiusdem*, es necesario que la competencia sea manifiesta.

En este sentido, la jurisprudencia acude al criterio básico para identificarlo como es el de la notoriedad, donde lo que importa no es el tipo ni el

---

[226] Vid. Voto salvado del Magistrado Rafael Ángel Camejo en la Sent. de la CFC/CP, de fecha 12 de junio de 1951 GF N° 8, p. 33.

[227] Vid. Sent. N° 401 del TSJ/SPA, de fecha 25 de marzo de 2009, caso *Cliffs Drilling Company*, Magistrado Ponente: Levis Ignacio Zerpa.

[228] Vid. Sent. de la CPCA, de fecha 16 de junio de 1983, Magistrado Ponente: Pedro Miguel Reyes, RDP N° 15, p. 148.

[229] Vid. Sent. de la CPCA, de fecha 26 de junio de 1986, caso *Francisco Hernández*, Magistrado Hildegard Rondón de Sansó, RDP N° 27, p. 99.

[230] Vid. Sent. de la CSJ/SPA, de fecha 31-1-1990, RDP N° 41, p. 84.

grado del vicio de incompetencia, sino el «grado de ostensibilidad» cuando diferencia entre:

(i) El vicio de incompetencia «manifiesta», es decir: «notoria y patente»;[231] «flagrante y ostensible»;[232] «notoria, clara, evidente, patente,»[233] o «notoria, clara, evidente o grosera»[234].

(ii) El vicio de incompetencia «no manifiesta» o relativa[235].

Diferencia que la doctrina y la jurisprudencia se ha encargado de establecer.

Así las cosas, según la jurisprudencia,[236] solo el vicio de incompetencia manifiesta comporta la nulidad absoluta de conformidad con el Art. 19, num. 4 de la LOPA; por el contrario, en los casos donde la incompetencia no es manifiesta se sanciona la ilegalidad con la nulidad relativa, de acuerdo con la cláusula residual del Art. 20 de la LOPA.

c. Clasificación

§ 89. Plan. — La clasificación inicial de los vicios de incompetencia en la doctrina nacional fue formulada por el Maestro Brewer-Carías[237] y luego adoptada por la jurisprudencia,[238] al señalar que se distinguen las categorías siguientes:

- El vicio de usurpación de autoridad.
- El vicio de usurpación de funciones.
- El vicio de extralimitación de funciones.
- Y por último, además de los supuestos señalados, un sector de la doctrina y la jurisprudencia, según veremos más adelante, distingue también la categoría del vicio de *abuso o exceso de poder*.

En los 2 primeros supuestos (usurpación de autoridad y usurpación de funciones), el acto administrativo viola directa e inmediatamente el Ordena-

---

231 Vid. Sent. de la CSJ /SPA, de fecha 19-10-1989, caso *Edgard G. Lugo*, Magistrado Ponente: Cecilia Sosa Gómez, RDP N° 40, p. 85.

232 Vid. Sent. de la CSJ/SPA, de fecha 31 de enero de 1990, caso *Farmacia Unicentro, C.A.*, Magistrado Ponente: Cecilia Sosa Gómez, RDP, N° 41, p. 84.

233 Vid. Sent. de la CSJ/SPA, de fecha 9 de septiembre de 1990, caso *Shell Química de Venezuela - Maraven, JCSJ*, N° 8/9, p. 136.

234 Vid. Sent. de la CPCA, de fecha 6 de agosto de 1992, caso *Luis E, Rincón*, Magistrado Ponente: José A. Catalá, RDP N° 51, p. 121; y Sent. N° 633, del TSJ/SPA, de fecha 12 de mayo de 2011, caso *Globovisión*.

235 Vid. Sent. de la CSJ/SPA, de fecha 9 de agosto de 1990.

236 Vid. Sent. de la CSJ /SPA, de fecha 19 de octubre de 1989, caso *Edgard G. Lugo*, Magistrado Ponente: Cecilia Sosa Gómez, RDP N° 40, p. 85; y Sent. N° 2141 del TSJ/SPA, de fecha 21 de abril de 2005, caso *Costa de Oro C.A.*

237 BREWER-CARÍAS, A.R., Ob. cit., nota 42, pp. 62 y 63.

238 Vid. Sent. de la CSJ /SPA, de fecha 19 de octubre de1989, caso *Edgard G. Lugo*, Magistrado Ponente: Cecilia Sosa Gómez, RDP N° 40, p. 85; y Sent. del TSJ/SPA, de fecha 1 de junio de 2004.

miento constitucional de las competencias (vicios de incompetencia constitucional);[239] mientras que en los dos últimos supuestos (extralimitación de funciones y abuso de poder), el acto administrativo viola el Ordenamiento legal o administrativo de las competencias (vicios de incompetencia legal propiamente dicha).

1) *Vicio de usurpación de autoridad*

§90. Concepto.— Es tradición del Ordenamiento constitucional venezolano consagrar la distribución de competencias de los órganos que ejercen el Poder Público conforme al clásico principio de la separación de los Poderes Públicos.[240]

En tal sentido, el denominado *vicio de usurpación de autoridad* tiene su antecedente más remoto en el Art. 104 de la Constitución de 1864 cuando se señalaba lo siguiente:

> **Artículo 104.**Toda autoridad usurpada es ineficaz; sus actos son nulos. Toda decisión acordada por requisición directa o indirecta de la fuerza armada o de reunión de pueblo en actitud subversiva es nula de derecho y carece de eficacia.

La disposición transcrita ha sido recogida en los mismos o similares términos en las Constituciones posteriores hasta su consagración en el vigente Art. 138 de la C que, a texto expreso, dispone:

> **Artículo 138.** Toda autoridad usurpada es ineficaz y sus actos son nulos.

Así las cosas, según la jurisprudencia[241],

> [...] el vicio de usurpación de autoridad se configura cuando se está en presencia de la asunción de funciones públicas por parte de quien no es un funcionario público.

Por tanto, nos encontramos en el supuesto extremo de la persona que no es, ni siquiera, un funcionario público con algunas facultades que se extralimitó en el ejercicio de ellas

> [...] sino más propiamente una persona que sin atribución o facultad alguna (...) se usurpó la potestad, la autoridad o función dada a otra de manera privativa y excluyente.

En conclusión, se da cuando una persona que no tiene autoridad actúa como si la tuviera; esto es, «supone el ejercicio del Poder Público por quien no sea órgano o agente del Estado».[242]

---

239 Vid. Sent. de la CPCA, de fecha 26 de marzo de1984, Magistrado Ponente: Román J. Duque Corredor, RDP N° 18, p. 154.

240 Vid. Sent. de la CF, de fecha 30 de julio de 1957, GF N° 17, p. 61.

241 Vid. Sent. de la CFC/CP, de fecha 12 de junio de 1957, GF N° 8, 1951, p. 33.

242 Vid. Sent. de la CSJ/SPA, de fecha 27 de enero de 1971, GO N° 147 Extr., de fecha 11 de junio de 1971, p. 1.

§91. Nulidad absoluta.— La jurisprudencia[243] del Máximo Tribunal, al referirse a la distribución de competencias de los órganos que ejercen el Poder Público conforme al clásico principio de la separación de los Poderes Públicos, sostiene que:

> [...] semejante tradición constitucional, no puede constituir simple advertencia o insinuación, cuyo desacato no produce consecuencias ni acarrea sanciones constitucionales.

Y es que según el Máximo Tribunal:

> Ha sido pues preocupación constante del Constituyente mantener a raya, dentro de los límites señalados, insalvables, a los funcionarios públicos, seguramente que tomando en cuenta nuestra índole, nuestra inclinación al abuso y la violencia; en ningún momento ha olvidado oponer diques constitucionales a la extralimitación de facultades o usurpación de autoridad.

Concluyendo en los términos siguientes:

> Fue pues la mente o intención del Constituyente considerar nulos los actos realizados con menosprecio del principio de limitación estricta de las facultades de los Poderes Públicos. Para vigorizar este principio, para no dar cabida a posible discusión, exteriorizó aquella intención incluyendo el mencionado artículo 42 de la Constitución de 1925, mantenido hasta la de 1936.

En consecuencia, concluye un voto salvado de la jurisprudencia,[244] en el supuesto de la usurpación de autoridad; «su calificación misma lo dice 'Usurpación de Poder' que se resuelve en autoridad ilegítima».

Por tanto, el acto administrativo es dictado por quien «carece en absoluto de investidura pública» para ejercer las competencias atribuidas a la autoridad pública, y que se la califica de incompetencia manifiesta, cuando «sin particulares esfuerzos interpretativos se compruebe que otro órgano sea el realmente competente para dictarlo, o que se pueda determinar que el ente que la dictó no estaba facultado para ello, la nulidad será absoluta» (ordinal 4° del artículo 19 de la Ley Orgánica de Procedimientos Administrativos).[245]

2) *Vicio de usurpación de funciones*

§ 92. Concepto.— El vicio de usurpación de funciones (o usurpación de poder en la terminología de E. LAFERRIÈRE), es también según la jurisprudencia[246]

> un vicio de incompetencia que se produce en aquellos casos en que un órgano de una de las ramas del Poder Público ejerce una función que, de

243 Vid. Sent. de la CFC/CP, de fecha 12 de junio de 1957, GF N° 8, 1951, p. 33.

244 Vid. Sent. de la CFC/SF (voto salvado) GF, N° 8, 1951, p. 227.

245 Vid. Sent. de la *CSJ/SPA,* de fecha 31 de enero de 1990, caso *Farmacia Unicentro,* C.A., Magistrado Ponente: Cecilia Sosa Gómez, *RDP* N° 41, p. 84; y Sent. N° 1017 del TSJ/SPA, de fecha 21 de octubre de 2010, caso *Jesús Ramón Villafañe Hernández*.

246 Vid. Sent. de la CSJ/SPA, de fecha 8 de agosto de 1989, RDP N° 39, p. 123.

acuerdo con la Constitución y las leyes, está atribuida a otra de las ramas del Poder Público.

Se trata, a diferencia del anterior supuesto, de usurpación de autoridad, de un órgano con investidura pública pero que ejerce funciones o invade la esfera de competencias que la Constitución atribuye directamente a un órgano perteneciente a otra rama del Poder Público. La particularidad de esta situación consiste en que la competencia usurpada no pertenece a ninguna autoridad administrativa pues se trata, según la jurisprudencia,[247] de actos administrativos que salen totalmente del dominio de la Administración Pública porque pertenecen a autoridades públicas no administrativas, o incluso a personas privadas, sobre las cuales el autor del acto administrativo ha cometido una invasión.

§ 93. Clases.— El vicio de usurpación de funciones puede clasificarse según las modalidades siguientes:

En primer lugar, en sentido horizontal, se produce cuando una autoridad legítima invade la esfera de competencias de las restantes ramas del Poder Público dentro de la penta división de la Constitución vigente. Se pueden mencionar los casos siguientes: cuando hay una usurpación de la función legislativa, por ejemplo, el Poder Ejecutivo por vía reglamentaria invade las materias reservadas al Poder Legislativo al establecer procedimientos judiciales no contemplados en las leyes;[248]o en el caso de usurpación de funciones judiciales como por ejemplo, la revisión de la sentencia judicial que corresponde, exclusivamente, al Poder Judicial, pero hay una interferencia por parte de un órgano distinto como lo sería el Poder Ejecutivo;[249] o en fin, el caso de la nulidad de las actas de escrutinio que es función propia del Poder Judicial por parte del Poder Electoral.[250] En tales casos, se «infringe el orden de asignación y distribución de la competencias o poderes jurídicos de actuación de los órganos públicos administrativos, consagrados en el ordenamiento jurídico»;[251] criterio jurisprudencial que fuera ratificado posteriormente.[252]

Y en segundo lugar, en sentido vertical, cuando el órgano administrativo invade las materias reservadas a otra rama distinta del Poder Público territorial.[253]

§ 94. Nulidad absoluta.— Finalmente, el vicio de usurpación de funciones es también un vicio de inconstitucionalidad, por cuanto se atenta contra el

---

247 Vid. Sent. N° 1915 del TSJ/SPA, de fecha 28 de noviembre de 2004, RDP N° 112, 560.

248 Vid. Sent. de la CPCA, de fecha 26 de marzo de 1984, Magistrado Ponente: Román J. Duque Corredor, RDP N° 18, p. 154.

249 Vid. Sent. de la CSJ/SPA, de fecha 15 de diciembre de 1992, RDP N° 52, p. 124.

250 Vid. Sent. de la CSJ/SPA, de fecha 30 de marzo de 1993, RDP N° 53-54, p. 205.

251 Vid. Sent. N° 539 del TSJ/SPA, de fecha 1 de junio de 2004, caso *Rafael Celestino Rangel Vargas*, Magistrado Ponente: Hadel Mostafá Paolini.

252 Vid. Sent. N° 401, del TSJ/SPA, de fecha 25 de marzo de 2009, caso *Cliffs Drilling Company*, Magistrado Ponente: Levis Ignacio Zerpa.

253 *Idem.*

principio de separación de los Poderes Públicos;[254] o, más propiamente, un vicio grave de incompetencia constitucional por cuanto infringe:

- El principio de separación de poderes (Art. 136 de la C)
- El principio de legalidad (el Art. 137 de la C)
- La norma constitucional específica que atribuye la «función usurpada» al órgano del Poder Público de que se trate. Por tanto acarrea la nulidad absoluta.[255]

En efecto, la jurisprudencia[256] sostiene que el vicio de usurpación de autoridad o de poder es una incompetencia manifiesta y, por tanto reitera, determina la nulidad absoluta.[257] Es por ello que no compartimos, por no ser lógico el criterio jurisprudencial[258] del Máximo Tribunal, cuando empezó a equiparar el vicio de usurpación de funciones con el vicio de extralimitación de funciones al afirmar:

> Tanto los casos de usurpación de funciones como de extralimitación de funciones, no aparejan por sí la nulidad absoluta del acto, ya que ello dependerá del grado de ostensibilidad con que se presente el vicio de incompetencia en el acto.

Finalmente, la jurisprudencia[259] agrega que para que el vicio de usurpación de funciones se configure como un vicio de inconstitucionalidad,

> se requiere que la autoridad usurpada tenga igualmente rango constitucional; de no ser así, el vicio es de ilegalidad.

3) *Vicio de extralimitación de funciones*

§ 95. Concepto. — El vicio de extralimitación de funciones o, más propiamente, extralimitación de atribuciones, es la situación que algunos autores califican de incompetencia propiamente dicha por oposición a los casos precedentes, y donde el autor del acto administrativo invade las atribuciones de otra autoridad administrativa.

En tal sentido, la jurisprudencia[260] lo califica como «el clásico vicio de incompetencia», el cual consiste fundamentalmente en

---

254 Vid. Sent. de la CPCA, de fecha 10 de junio de 1983, RDP N° 15, p. 149.

255 Vid. Sent. de la CSJ/SPA, de fecha 23 de febrero de 1994.

26 Vid. Sent. de la CSJ/SPA, de fecha 23 de febrero de 1994, RDP N° 57-58, p. 234.

257 Vid. Sent. de la 31 de enero de 1990, caso *Farmacia Unicentro, C.A.*, Magistrado Ponente: Cecilia Sosa Gómez, RDP N° 41, p. 84.

258 Vid. Sent. de la CSJ/SPA, de fecha 31 d enero de 1990, caso *Farmacia Unicentro, C.A.*, Magistrado Ponente: Cecilia Sosa Gómez, RDP N° 41, p. 84; y N° 1211 de la TSJ/SPA, de fecha 11 de mayo de 2006, caso *Ángel Yrigoyen López*, Magistrado Ponente: Emiro García Rosas.

259 Vid. Sent. de la CPCA, de fecha 16 de junio de 1983, Magistrado Ponente: Pedro Miguel Reyes, RDP N° 15, p. 149.

260 Vid. Sent. de la CPCA, de fecha 5 de abril de 1984, Magistrado Ponente: Hildegard Rondón de Sansó, RDP N° 18, p. 170.

> la invasión o interferencia de un funcionario en atribuciones que no le corresponden y que le están específicamente señaladas a otro.[261]

Es, pues, una ilegalidad al interior de la misma rama del Poder Público, y consiste, fundamentalmente, en

> la realización por parte de un órgano de un acto administrativo para el cual no tiene competencia legal expresa;[262]

a través de la cual «se produce una interferencia de un funcionario administrativo en atribuciones que no le corresponden y que están conferidas, específicamente a otra autoridad administrativa».[263]

Por tanto, es fundamentalmente un vicio de incompetencia legal o administrativa,

> por cuanto incurre en el mismo el órgano administrativo que ejerce poderes que no le han sido expresamente atribuidos por una norma expresa ni que pueden deducirse de la atribución legal de un poder discrecional. La autoridad que actúa fuera de la norma atributiva de competencia se excede o extralimita en la esfera en la cual ha sido ubicada y crea con ello un desajuste del sistema organizativo, por cuanto irrumpe en un campo ajeno a sus poderes legales.[264]

§ 96. Nulidad absoluta. – En el supuesto del vicio de extralimitación de funciones, el Máximo Tribunal[265] sostiene que, para determinar el grado de invalidez, es necesario atender a la manera en que la misma se presenta, y que solo es manifiesta, en los casos siguientes:

- Cuando «sin particulares esfuerzos interpretativos se compruebe que otro órgano sea el realmente competente para dictarlo».
- Y «que se pueda determinar que el ente que lo dictó no estaba facultado para ello», solo en esos casos concluye la nulidad será absoluta.

En definitiva, según criterio de la jurisprudencia[266], es evidente que para determinar el grado de invalidez de un acto administrativo viciado de incompetencia es necesario atender a la manera en que la misma se presenta.

---

261 Vid. Sent. de la CF, de fecha 2 de junio de 1958, GF N° 20, p. 98.

262 Vid. Sent. de la *CSJ/SPA*, de fecha 19 de octubre de 1989, caso *Edgard G. Lugo*, Magistrado Ponente: Cecilia Sosa Gómez, RDP N° 40, p. 85.

263 Vid. Sent. de la CSJ/SPA, de fecha 8 de julio de 1980, Magistrado Ponente: Julio Ramírez Borges, RDP N° 3, p. 132.

264 Vid. Sent. de la CPCA, de fecha 16 de diciembre de1982, Magistrado Ponente: Hildegard Rondón de Sanso, RDP N° 13, p. 118.

265 Vid. Sent.de la CSJ/SPJ, de fecha 19 de octubre de 1989, caso *Edgard G. Lugo*, Magistrado Ponente: Cecilia Sosa Gómez, RDP N° 40, p. 85.

266 *Idem.* p. 85.

§ 97. Clasificación.— La doctrina española (L. PAREJO ALFONZO)[267] partiendo de uno los criterios normativos con arreglo a los cuales se asignan las competencias, distingue entre: los criterios primarios que comprenden la competencia funcional (o en razón de la materia) y la competencia territorial (o en razón del territorio); y por otro lado los criterios secundarios que comprenden, a su vez, la competencia jerárquica (o en razón del grado) y la competencia temporal (o en razón del tiempo).

Ahora bien, la presencia del vicio de incompetencia en cada uno de los supuestos, da lugar a la distinción de las nulidades. En efecto, los criterios primarios dan lugar a una determinación competencial de orden público, cuya infracción siempre vicia de nulidad absoluta el acto administrativo; mientras que los criterios secundarios, esto es, la incompetencia jerárquica y la incompetencia temporal solo darían lugar a la nulidad relativa o a una simple irregularidad.

La anterior clasificación ha sido receptada por el Derecho positivo.[268] En efecto, de acuerdo con la doctrina[269] y la jurisprudencia,[270] la extralimitación de funciones es, pues, un vicio de incompetencia de orden legal que proviene de la actividad administrativa, y puede ser en razón de:

- La materia.
- El territorio.

En efecto, según la jurisprudencia[271] los vicios de incompetencia manifiesta que darían lugar a una determinación competencial de orden público, cuya infracción siempre vicia de nulidad absoluta el acto administrativo, son fundamentalmente los siguientes:

- El vicio de incompetencia en razón de la materia (incompetencia material).
- El vicio de incompetencia en razón del territorio (incompetencia territorial).

§98. Competencia en razón de la materia.— De acuerdo con el principio de la división racional del trabajo, cada uno de los órganos y entes que integran la Administración Pública tiene asignada una competencia en razón de la materia (*ratione materiae*) que lo distingue de los demás, y que comprende las áreas siguientes:

---

267 PAREJO ALFONZO, L., *Manual de derecho administrativo*, Vol. I, Ariel Derecho, 4a Ed. corregida, Madrid, p. 582.

268 Vid. Sent. de la CPCA, de fecha 16 de junio de 1983, Magistrado Ponente: Pedro Miguel Reyes, RDP N° 15, p. 148.

269 BREWER-CARÍAS, A. R., *Ob. cit.*, nota 102, p. 34.

270 Vid. Sent. de la CPCA, de fecha 16 de junio de 1983, Magistrado Ponente: Pedro Miguel Reyes, RDP N° 15, p. 148.

271 Vid. Sent. de la CPCA, de fecha 30 de enero de 1986, caso *Nancy Becerra Rivera*, Magistrado Ponente: Hildegard Rondón de Sansó, RDP N° 25, p. 109.

- Función administrativa activa, por ejemplo, un Ministerio.
- Función administrativa consultiva, por ejemplo, la Procuraduría General de la República.
- Función administrativa de control, por ejemplo, la Contraloría General de la República.

§99. Vicio de incompetencia material.— Al respecto, sostiene la jurisprudencia[272] que el vicio de incompetencia material es una incompetencia, absoluta o manifiesta, que se da «en los casos en los cuales el órgano administrativo se pronuncia sobre materias evidentemente ajenas a la esfera de sus poderes legales».

Asimismo, la jurisprudencia[273], citando doctrina nacional, sostiene que la incompetencia es absoluta o manifiesta

> en los casos en que un órgano administrativo ejecuta actos sobre materias confiadas a otro órgano de igual naturaleza (administrativa), pero tan distintas al campo de su competencia y tan lejana a ellas (las funciones), que resulta evidente la invasión de funciones.

En consecuencia, concluye la jurisprudencia[274] que por ser una forma grave de incompetencia manifiesta vicia el acto de nulidad absoluta al señalar:

> la incompetencia por la materia que configura la extralimitación de atribuciones, vicia el acto de nulidad absoluta, lo que determina la imposibilidad de subsanar el acto o su convalidación, pues tiene efectos *erga omnes, ex tunc* y *ex nunc*, para el pasado y para el futuro, como si el acto nunca hubiera tenido existencia, y la posibilidad para el juez de pronunciar dicha nulidad absoluta, aun de oficio.

§ 100. Competencia en razón del territorio.— El criterio de la competencia territorial o en razón del territorio o lugar (*ratione loci*) se refiere a la distribución de las competencias en circunscripciones administrativas dentro del Ordenamiento jurídico: por ejemplo, las competencias de orden nacional, regional, estatal o municipal.

§ 101. Vicio de incompetencia territorial.— En cuanto al vicio de incompetencia territorial de las personas públicas territoriales (República, estados y municipios), la jurisprudencia[275] ha sostenido que

> la competencia por el territorio constituye un requisito de validez de los actos administrativos que dicten, dado que jurisdiccionalmente sólo le

---

272 *Idem*.

273 Vid. Sent. de la CSJ/SPA, de fecha 9 de agosto de 1990, caso *Maraven, S.A.*, Conjuez Ponente: Alejandro Osorio, RDP N° 43, p. 68.

274 Vid. Sent. de la CSJ-SPA Acc (330), de fecha 9 de diciembre de 1985, Magistrado Ponente: Aníbal Rueda, *RDP*, N° 25, p. 108.

275 Vid. Sent. de la CPCA, de fecha 29 de marzo de 1984, Magistrado Ponente: Román J. Duque Corredor, RDP N° 18, p. 163.

corresponde ejercer sus funciones dentro de los límites de sus respectiva jurisdicción [sic] territorial, (...) de forma que los actos que adolezcan de tal vicio son nulos absolutamente.

§ 102. Delegación administrativa.— Bajo el nombre de delegación, hemos sostenido en otra obra,[276] se cobijan figuras jurídicas muy diversas a partir de la idea matriz de que se trate; a través de la delegación una persona jurídica, pública o privada, puede ejercer derivativamente poderes que, originariamente, corresponden a otra. A través de la delegación se trata de cubrir aquellos ámbitos que el delegante no quiere o no puede abarcar, satisfacer ciertas necesidades del tráfico jurídico y conseguir una mayor agilidad y eficacia en la gestión pública.

En el ámbito del Derecho administrativo, la delegación administrativa es una modalidad de transferencia del ejercicio de competencias en virtud de la cual, en los casos previstos por la norma jurídica, se faculta a un ente u órgano (delegante) para que, por un acto administrativo dictado exclusivamente por razones de oportunidad, confiera a otro ente u órgano inferior (delegado) una nueva competencia que materialmente es idéntica a la del delegante.

§ 103. Delegación de atribuciones y de firma.— Ahora bien, en atención al contenido de la delegación administrativa, ella puede consistir en:

- La delegación de atribuciones (Art. 34 de la LOAP).
- La delegación de firma (Art. 34 de la LOAP).

Con la expresión delegación de atribuciones, tanto en doctrina como en legislación, se quiere significar una verdadera y propia delegación del ejercicio de competencias; esto es, se produce la transferencia del ejercicio de una competencia nueva al órgano delegado, conservando la titularidad el ente u órgano delegante.

Por su parte, la denominada delegación de firma no constituye una delegación en sentido técnico. A diferencia de lo que ocurre en aquella, en la delegación de firma no hay transferencia del ejercicio de la competencia. Lo único que se transfiere es la materialidad de la firma de los documentos, adoptándose la decisión en forma verbal por el titular de la competencia ejercida. El funcionario público que tenga delegada la firma despachará con el titular de la competencia el o los asuntos tipo de que se trate y procederá luego a firmar las correspondientes decisiones individualizadas, lo que se constituye, así, en una importante herramienta para descongestionar los asuntos de la Administración Pública.

§ 104. Vicios de la delegación administrativa.— El respeto de las condiciones de validez de las figuras de la delegación mencionadas, hacen referencia a:

---

[276] ARAUJO-JUÁREZ, J., Ob. cit., nota 29, pp. 60 y ss.

- El acto administrativo que confiere la delegación administrativa.
- Los actos administrativos del delegatario en ejecución de la delegación, y cuyo incumplimiento comporta la nulidad de los mencionados actos, según sea el caso.

En tal sentido, según la jurisprudencia,[277] en ningún caso puede un funcionario que actúa por delegación de competencia ir más allá del alcance que la delegación le permite (delegación insuficiente). Asimismo, sostiene la jurisprudencia[278] que los actos administrativos adoptados en ejercicio de la delegación de atribuciones, ilegalmente otorgada, son nulos por un supuesto de doble incompetencia: la incompetencia del funcionario delegante y la incompetencia del funcionario delegatario.

Finalmente, se menciona el caso de la delegación de firmas donde, por no comportar una transferencia de facultades de decisión en tanto no configure una delegación de competencias sino de firmas, el acto delegatario constituye un vicio de incompetencia manifiesta, por lo que es igualmente de nulidad absoluta. En efecto, sostuvo la jurisprudencia[279] que:

> cuando un órgano administrativo actúa en virtud de una delegación de competencia que estaba prohibida o para la que no estaba autorizado el órgano delegante. Aquí hay una doble incompetencia: la del órgano que delegó lo que no podía delegar y la del que actuó en virtud de esta delegación ilegal. No obstante, hay que entender, que el vicio es de simple anulabilidad, por la apariencia jurídica que la delegación produjo.

4) *Vicio de abuso de poder*

§ 105. Concepto.— En sus orígenes, en el Derecho positivo la jurisprudencia[280] emplea el término abuso de poder para sancionar con la nulidad los actos administrativos que contengan ciertos vicios, diferentes a la transgresión de normas constitucionales o legales, al distinguir netamente entre ilegalidad y abuso de poder, siendo que este último podía revestir diversas formas tales como el vicio de exceso por desviación, o también el vicio de falso supuesto (o *travisamento dei facto* del Derecho italiano) en el Derecho administrativo.[281]

Luego, dentro del vicio extralimitación de funciones o de atribuciones, como quedó expuesto, la jurisprudencia[282] lo estima como un vicio genérico

---

277 Vid. Sent. de la CPCA, de fecha 10 de diciembre de 1992, caso *José A. Ferrer*, Magistrado Ponente: Belén Ramírez Landaeta, RDP N° 2, p. 116.

278 Vid. Sent. de la CSJ/SPA, de fecha 2 de julio de 1992, caso *Rafael Fernández H.*, Magistrado Ponente: Josefina Calcaño de Temeltas, RDP N° 51, p. 116.

279 Vid. Sent. de la CPCA, de fecha 25 de abril de 1985, caso *Rafael A. Villalón*, Magistrado Ponente: Romás J. Duque Corredor, RDP N° 22, p. 162.

280 Vid. Sent. de la CF, de fecha 9 de agosto de 1957, GF N° 17, p. 132.

281 Vid. Sent. de CF, de fecha 24 de noviembre de 1953, GF N° 2, p. 185.

282 Vid. Sent. de la CPCA, de fecha 28 de noviembre de 1983, Magistrado Ponente: Hildegard Rondón de Sansó, RDP N° 16, p. 157.

frente a otro vicio diferente, como es el abuso o exceso de poder, y según la cual «el mismo implica el exceso en el cual incurre un órgano administrativo en el uso de sus atribuciones legales».

Y lo describe como:

> el desmedido uso de las atribuciones que han sido conferidas, lo cual equivaldría al excesivo celo, a la aplicación desmesurada, esto es, a todo aquello que rebasa los límites del correcto y buen ejercicio de los poderes recibidos por la norma atributiva de competencia y funciones.[283]

En consecuencia, el órgano administrativo actúa dentro de su esfera de competencias, pero va más allá de la misma porque la ejerce en forma excesiva, arbitraria, especialmente cuando lesiona derechos garantizados.

En ambos casos hay incompetencia y forman parte de la misma categoría, pero se trata de matices de un mismo orden de irregularidades orgánicas. En efecto, en el supuesto de la extralimitación de funciones dice la sentencia:[284]

El órgano administrativo ejerce poderes que no le han sido expresamente atribuidos por una norma expresa ni pueden deducirse de la atribución legal de un poder discrecional.

Por tanto, en la extralimitación de funciones:

> falta la norma atributiva que si existe en la hipótesis del exceso de poder, en la cual la misma ha sido rebasada, superada por la autoridad que actúa. [285]

Por lo cual concluye, obviamente, que la autoridad administrativa no tiene facultad alguna en la que pueda excederse y «por carecer de ella, realiza una actuación que está fuera de la órbita o del ámbito de sus poderes legales».[286]

Mientras que en la hipótesis del vicio de abuso o exceso de poder, la norma atributiva de la competencia sí existe, pero «la misma ha sido rebasada, superada por la autoridad que actúa»[287] y, por tanto, se está en presencia de un desmedido uso por parte de

> una autoridad investida legalmente de funciones públicas, dicta un acto que constituye un exceso en las atribuciones que le han sido conferidas.[288]

---

283 Vid. Sent. de la CPCA, de fecha 16 de diciembre de 1982, Magistrado Ponente: Hildegard Rondón de Sansó, RDP N° 13, p. 119.

284 *Idem.*

285 *Idem.*

286 Vid. Sent. de la CPCA, de fecha 5 de abril de 1984, Magistrado Ponente: Hildegard Rondón de Sansó, RDP N° 18, p. 170.

287 Vid. Sent. de la CPCA, de fecha 16 de diciembre de 1982, Magistrado Ponente: Hildegard Rondón de Sansó, RDP N° 13, p. 118.

288 Vid. Sent. de la CPCA, de fecha 11 de agosto de 1983, Magistrado Ponente: Pedro Miguel Reyes, RDP N° 16, p. 158; y Sent. N° 1017 del TSJ/SPA, de fecha 21 de octubre de 2010, caso *Jesús Ramón Villafañe Hernández,* Magistrado Ponente: Evelyn Marrero Ortiz.

§ 106. Incompatibilidad. — Por último, tanto la doctrina (Fraga Pitaluga y Pellegrino Pacera)[289] como la jurisprudencia[290] han puesto de manifiesto la contradicción que existiría al alegarse, simultáneamente, los vicios de usurpación de funciones y de extralimitación de funciones, toda vez que la extralimitación presupone que el órgano ostenta la facultad que ejerce a través del acto (aunque se excede en su ejercicio), mientras que la usurpación alude a la inexistencia de la competencia que se atribuye el órgano para emitir el acto administrativo de que se trate por corresponderle a uno distinto.

e. Efectos jurídicos

§ 107. Enumeración. — Del alegato del vicio de incompetencia manifiesta derivan, según la jurisprudencia,[291] los efectos jurídicos siguientes:

a) El interesado puede alegar la incompetencia, por ser de orden público:

(i) En cualquier estado y grado de la causa, inclusive en alzada.[292]

(ii) En la oportunidad del acto de informes.[293]

(iii) Por vía de la excepción de ilegalidad.[294]

b) Cuando el interesado alega la incompetencia del funcionario se invierte la carga de la prueba, y entonces «es a la Administración a quien le corresponde probar la competencia de ese órgano o persona, no siendo esa inversión probatoria contraria a la presunción de legitimidad».[295]

c) Alegada la incompetencia, por ser de orden público, «el juez no puede ignorarla aun cuando no haya sido ni siquiera invocada por el interesado en el curso del proceso».[296]

d) Finalmente, sostiene la jurisprudencia[297] que «el juez debe conocer y decidir en primer término la incompetencia del funcionario» alegada, por el carácter de orden público, ya que si encuentra que esta existe sería ocioso entrar a conocer los demás alegatos de fondo.

---

289 FRAGA PITALUGA, L., Ob. cit., nota 225, p. 70; PELLEGRINO PACERA, C.G., Ob. cit., nota 108, p. 31.

290 Vid. Sent. de la CSJ/SPA, de fecha 21 de septiembre de 1999, caso *Velco, C.A.*, Exp. N° 12.622; y Sent. N° 385 del TSJ/SPA, de fecha 30 de marzo de 2011, caso *Gobernador del Estado Nueva Esparta,* Magistrado Ponente: Trina Omaira Zurita.

291 Vid. Sents. de la CSJ-SPA Acc (330), de fecha 9 de diciembre de 1985, caso *Cervecería de Oriente, C.A.*, Magistrado Ponente: Aníbal Rueda, RDP N° 25, p. 108.

292 Vid. Sent. de la CSJ-SPA, de fecha 6 de diciembre de 1979, caso *Eduardo Tamayo Rivero.*

293 Vid. Sents. de la CSJ-SPA Acc (330), de fecha 9 de diciembre de 1985, caso *Cervecería de Oriente, C.A.*, Magistrado Ponente: Aníbal Rueda, *RDP,* N° 25, p. 108.

294 Vid. Sent. de la CSJ/SPA Acc, de fecha 27 de marzo de 1984, caso *Vioca, C.A.*,Magistrado Ponente: José Luis Albornoz, RDP N° 18, p. 179.

295 Vid. Sent. de la *CSJ-SPA,* de fecha 6 de diciembre de 1979, caso *Eduardo Tamayo Rivero.*

296 Vid. Sent. de la CSJ/SPA Acc, de fecha 27 de marzo de 1984, caso *Vioca, C.A.*, Magistrado Ponente: José Luis Albornoz, RDP N° 18, p. 179.

297 Vid. Sents. de la CSJ-SPA Acc (330), de fecha 9 de diciembre de 1985, caso *Cervecería de Oriente, C.A.*, Magistrado Ponente: Aníbal Rueda, RDP, N° 25, p. 108.

III. Vicio de falta de legitimación

§ 108. Legitimación.— El autor URDANETA TROCONIS[298] incluye dentro del elemento subjetivo del acto administrativo, además de la competencia, a la legitimación. Asimismo, siguiendo al autor italiano M.S. GIANNINI[299] quien define la legitimación como referida a la presencia de hechos habilitantes para el ejercicio del poder, y considerar como hechos de habilitación todas las circunstancias que sujetan al órganos administrativo a su competencia, la jurisprudencia[300] procede a definir la noción de legitimación como «una cierta cualidad del órgano administrativo que lo habilita para actuar válidamente en casos determinados para los cuales es competente».

§ 109. Vicio de falta de legitimación.— El otro vicio del acto administrativo que hace referencia al elemento estructural subjetivo es el vicio de falta de legitimación que no implica incompetencia.

En efecto, en el supuesto de falta de legitimación no es la competencia del órgano lo que está faltando, pues se trata siempre del órgano competente; el defecto se encuentra en esa otra circunstancia habilitante para ejercer dicha competencia en un determinado caso.

§ 110. Clases.— Dentro del vicio de falta de legitimación, la jurisprudencia[301] menciona la ausencia de ciertas circunstancias habilitantes tales como la falta de quórum de deliberación del órgano colegiado, la incompatibilidad para decidir el caso específico y la falta necesaria intervención de otro órgano dotado de potestad de control, a través del otorgamiento de autorizaciones o aprobaciones administrativas. Sería el caso de un acto administrativo complejo, con la intervención concurrente de varios órganos administrativos cuyas voluntades se funden en una sola y persiguen un único fin, y al no constar una de ellas, el acto de que se trate estará viciado y carecerá de toda eficacia, como sería la ausencia de aprobación del Consejo de Ministros para la medida de reducción de personal.[302]

En tales casos, concluye URDANETA TROCONIS,[303] el vicio no es la incompetencia sino la falta de la circunstancia habilitante legalmente exigida.

C. IMPARCIALIDAD

§ 111. Concepto.— Y por último, además de la investidura legal y la competencia del titular del órgano de que se trate, se exige la idoneidad o imparcialidad frente a los interesados, la cual se da siempre que no concurran

298 URDANETA TROCONIS, G., Ob. cit., nota 151, p. 126.

299 GIANNINI, M. S., Voz «Atto amministrativo», en *Enciclopedia del Diritto*, 1960, p. 62.

300 Vid. Sent. de la CPCA, de fecha 14 de mayo de 1993, caso *Elisa Etritton*, Magistrado Ponente: Gustavo Urdaneta Troconis, RDP N° 53-54, p. 206.

301 *Idem*.

302 Vid. Sent. de la CPCA, de fecha 9 de junio de 1983, RDP N° 15, p. 81.

303 URDANETA TROCONIS, Ob. cit., nota 151, p. 126.

en el titular del órgano ninguna de las causales de inhibición a que se refieren los Arts. 36 de la LOPA y 33, num. 10, letras a) a la d) de la LEFP.[304]

Ahora bien, ha sostenido la jurisprudencia[305] que si bien es cierto que la LOPA no consagra «la figura de la recusación destinada a garantizar el principio de imparcialidad, que a su vez configura una manifestación del derecho a la defensa y su aplicación en el procedimiento administrativo».

Sin embargo, contiene una norma específica que establece la obligación del funcionario de separarse del conocimiento de un asunto en los casos previstos en la ley, lo cual, además, puede ordenárselo el funcionario de mayor jerarquía, de oficio o a instancia de los interesados, de conformidad con los Arts. 36 a 39 de la LOPA.

LOS VICIOS DE NULIDAD ABSOLUTA DEL ELEMENTO CAUSA

A. ANTECEDENTES

§ 112. Causa.— El segundo de los elementos estructurales está constituido por la causa o los motivos del acto administrativo. La determinación del elemento causa viene dada por la respuesta a la pregunta: «¿Por qué?», se dicta el acto administrativo. Y es que los actos administrativos, como todos los emanados del Poder Público, sostiene la jurisprudencia,[306] deben tener una razón de ser, causa o motivación que les sirva en última instancia de justificación intrínseca.

Sin embargo, incorrectamente, a veces se identifica la causa con la voluntad del acto, según el autor italiano G. Zanobini,[307] o con el fin de interés público que tiene el acto administrativo como sostiene también el autor argentino M.M. Diez.[308]

En consecuencia, la causa del acto administrativo vendrían a ser los antecedentes o presupuestos de hecho y de derecho según el autor francés M. Waline,[309] que son los que sirven de fundamento a la aplicación de la norma jurídica y, en ese sentido, la causa sería una causa objetiva. Por tanto, la causa del acto administrativo estaría prevista y predeterminada por la ley y es la razón justificadora del acto administrativo.[310]

---

304 Vid. publicación en la GO N° 39.046, de fecha 28 de octubre de 2008.
305 Vid. Sent. de la CPCA, de fecha 17 de febrero de 1995, RDP N° 61-62, p. 175
306 Vid. Sent. de la CSJ/SPA, de fecha 13 de junio de 1967, GF N° 56, p. 216.
307 ZANOBINI, G., *Corso di diritto amministrativo*, Vol. I, Principi generali, 8ª. ed., Milano, 1958, p.190.
308 DIEZ, M.M. *Derecho Administrativo*, T. II, Ed. Plus Ultra, Buenos Aires, 1974/1979, p. 257.
309 WALINE, M., *Précis de Droit Administratif*, Vol. I, Ed. Monchrestien, París, 1969, pp. 395 y ss.
310 Vid. Sent. del TSJ/SPA (157), de fecha 17 de febrero de 2000, caso *Juan Carlos Pareja Perdomo*, Magistrado Ponente: Carlos Escarrá Malavé, RDP, N° 81, p. 207.

§ 113. Vicios en la causa.— Un de los vicios en la causa aparece consagrado en el Art. 19, num. 2 de la LOPA al disponer que los actos administrativos serán absolutamente nulos «cuando resuelvan un caso precedentemente decidido con carácter definitivo y que haya creado derechos particulares, salvo autorización expresa de la Ley».

Ahora bien, el vicio en el elemento causa del acto administrativo se da en los supuestos siguientes:

- El vicio de violación de la cosa decidida administrativa
- El vicio de falso supuesto

Sin embargo, tanto la doctrina (Urdaneta Troconis)[311] como la jurisprudencia[312] sostienen que, por cuanto el Art. 19, num. 2 de la LOPA solo regula el supuesto de violación de la cosa decidida administrativa que la doctrina considera como una modalidad específica de vicio en la causa del acto administrativo, los demás vicios en la causa solo ocasionarían la nulidad relativa, aspecto este sobre el cual volveremos más adelante.

I. Violación de la cosa decidida administrativa

§ 114. Cosa decidida administrativa.— El acto administrativo se dicta con vocación de tener una cierta duración en el tiempo. Mucho se ha discutido, en doctrina, respecto a este carácter del acto administrativo y su denominación: estabilidad, inamovilidad, inmutabilidad, irrevocabilidad, cosa juzgada[313] o también cosa juzgada administrativa, expresión muy difundida en la doctrina y que hubo adquirido carta de ciudadanía en la jurisprudencia venezolana,[314] hasta el extremo de reconocérsele el carácter de principio de inviolabilidad de la cosa juzgada administrativa,[315] por oposición a la cosa juzgada judicial.[316]

En consecuencia, ambas nociones son bien distintas, según criterio de la propia jurisprudencia[317] cuando sostiene lo siguiente:

> En criterio de esta Corte, la noción de la cosa juzgada administrativa es distinta a la noción de la cosa juzgada judicial. En el ámbito del Derecho Administrativo, las decisiones administrativas no son inmutables, salvo que hayan creado derechos subjetivos a los particulares, como lo estable-

---

311 URDANETA TROCONIS, G., Ob. cit., nota 151, pp. 164 a 166.

312 Vid. Sent. N° 19 del TSJ/SPA, de fecha 12 de enero de 2011, caso *Javier Villarroel Rodríguez*, Magistrado Ponente: Levis Ignacio Zerpa.

313 Vid. Sent. de la CF, de fecha 15 de junio de1956, GF N° 12, p. 123.

314 Vid. Sent. de la CPCA, de fecha 11 de julio de 1982, *RDP*, N° 11, p. 160.

315 Vid. Sent. de la CSJ/SPA, de fecha 26 de agosto de 1984, RDP, N° 19, p. 128.

316 Vid. Sent. de la CPCA, de fecha 20 de mayo de 1994, caso *Varios*, Magistrado Ponente: Gustavo Urdaneta Troconis, RDP N° 57/58, p. 254.

317 Vid. Sent. de CPCA, de fecha 20 de mayo de 1994, caso *Varios*, Magistrado Ponente: Gustavo Urdaneta Troconis RDP N° 57/58, p. 254.

ce la propia Ley Orgánica de Procedimientos Administrativos cuando, si bien dispone en un ordinal 2° del artículo 19 como causal de nulidad absoluta de los actos administrativos la resolución de un caso procedentemente decidido con carácter definitivo y que haya creado derechos particulares, al mismo tiempo dispone el artículo 82 la posibilidad de la revocación en cualquier momento de los actos administrativos que no originen derechos subjetivos o intereses legítimos, personales y directos para un particular y el artículo 83 otorga la facultad a la administración para que en cualquier momento, de oficio o a solicitud de particulares, reconozca la nulidad absoluta de los actos dictados por ella.

Sin embargo, en el Derecho comparado el autor francés G. Vedel propuso sustituir la terminología por la más correcta de «cosa decidida administrativa», a la que nosotros nos adherimos,[318] y luego, también, fue receptada por la jurisprudencia,[319] queriendo significarse con ello la fuerza jurídica de las decisiones ejecutivas.

La distinción señalada fue receptada por la jurisprudencia[320] con los argumentos siguientes:

> Los conceptos de cosa juzgada y **cosa decidida administrativa** no puede ser empleados como sinónimos, la primera encuentra su fundamento en el ordinal 8 del artículo 60 de la Constitución, norma ésta que consagra un principio general del derecho aplicable a las sentencias de todos los órganos jurisdiccionales (civil, penal, laboral, contencioso-administrativo, de amparo); mientras que la segunda tiene un fundamento de rango legal, desarrollado en los artículos 19 ordinal 2 y 83 de la Ley Orgánica de Procedimientos Administrativos, y es aplicable solamente a los actos administrativos. (Resaltado nuestro)

§ 115. Requisitos.— Son requisitos esenciales que hacen a la existencia de la cosa decidida administrativa que el acto administrativo:

(i) Haber decidido un asunto con carácter de *definitivo.*

(ii) Haber adquirido *firmeza.*

(iii) Haber creado *derechos subjetivos.*

(iv) Que no esté viciado de *nulidad absoluta;* esto es, que «sea, en verdad, un acto administrativo válido y, no, a su vez, una decisión administrativa que también se haya viciado de nulidad absoluta».[321]

---

318 ARAUJO JUÁREZ, J., Ob. cit., nota 74, p. 453.

319 Vid. Sent. de la CPCA, de fecha 2 de septiembre de 1994, caso *Granja Rancho La California*, RDP, N° 56/60, p. 202.

320 Vid. Sent. de la *CPCA*, de fecha 4 de agosto de 1994, caso *Félix Miralles C.*, Magistrado . Ponente: Teresa García de Cornet, RDP, N° 59/60, p. 201.

321 Vid. Sent. de la CPCA, de fecha 29 de marzo de 1984, RDP N° 18, P. 173.

(v) Que no exista *autorización* expresa de la ley para su extinción o modificación.[322]

(vi) Haber sido emitido por un órgano *competente.*[323]

§ 116. Vicio de violación de la cosa decidida administrativa. – Según la jurisprudencia,[324] el vicio de la violación de la cosa decidida administrativa consiste en el desconocimiento, por parte de la autoridad administrativa, de una situación jurídica anterior de carácter definitivo, creadora de derechos subjetivos a favor del administrado (Art. 19, ord. 2° de la LOPA).

En consecuencia, un acto administrativo viola la cosa decidida administrativa, «al resolver de manera diferente lo ya decidido por aquellos ya definitivos, creadores y declarativos de un derecho particular»[325], lo cual pugnaría con «el respeto e intangibilidad de los derechos adquiridos».[326]

§ 117. Nulidad. – La violación de la cosa decidida administrativamente, sostiene igualmente la jurisprudencia,[327] trae como consecuencia la nulidad absoluta de los actos administrativos.

Finalmente, la jurisprudencia[328] exige, para que opere esta causal de nulidad, que «debe haber identidad en el objeto del acto, en la causa de éste y en el destinatario del mismo».

LOS VICIOS DE NULIDAD ABSOLUTA DEL ELEMENTO OBJETIVO

A. ANTECEDENTES

§ 118. Concepto. – El tercer supuesto de nulidad absoluta tiene que ver con otro elemento estructural del acto administrativo como lo es el objeto, contenido o materia del acto administrativo que responde a la pregunta: ¿Qué? del acto administrativo. En tal sentido la jurisprudencia[329] ha afirmado que «el objeto o contenido del acto administrativo es el efecto que se quiere obtener con el mismo».

Por su parte, ZANOBINI[330] nos enseña que el objeto del acto administrativo es la cosa, la actividad, la relación, aquello de lo que se ocupa y para lo que

322 Vid. Sent. de la CSJ/SPA, de fecha 9 de agosto de 1990.
323 Vid. Sent. de la CSJ/SPA, d fecha 9 de agosto de 1990, RDP N° 44, p. 130.
324 Vid. Sent. de la CPCA, 11 de agosto de 1989, RDP N° 16, p. 155.
325 Vid. Sent. de la CPCA, de fecha 7 de diciembre de 1982, *RDP,* N° 13, p. 122.
326 Vid. Sent. de la CSJ/SPA, de fecha 14 de mayo de 1985, caso *Freddy M. Rojas,* Magistrado Ponente: Josefina Calcaño de Temeltas, RDP N° 23, p. 143.
327 Vid. Sent. de la CPCA, de fecha 11 de julio de 1982, *RDP,* N° 11, p. 160; Sent. de la CSJ/SPA, de fecha 14 de abril de 1985.
328 Vid. Sent. de la CPCA, de fecha 18 de mayo de 1995, caso *Antonio J. Varela,* RDP N° 61/62, p. 200.
329 Vid. Sent. de la CSJ/SPA, de fecha 22 de julio de 1993, caso *Lourdes Vargas de Trujillo,* Magistrado Ponente: Josefina Calcaño de Temeltas, RDP N° 55/56, p. 225.
330 ZANOBINI, G., Ob. cit., nota 307, t. I, p. 189.

dispone jurídicamente, lo que resulta de su contenido; en fin, todo aquello que puede ser objeto de las relaciones de Derecho público puede serlo de los actos administrativos.

Por su parte, la jurisprudencia[331] sostiene que el «objeto» o «contenido» «que son expresiones equivalentes» consiste en

> la declaración de conocimiento, voluntad o juicio en que el acto consiste, o al decir de Garrido, el efecto práctico que con dicho acto se pretende obtener, o, en fin, lo que la autoridad ha querido disponer, autoriza u ordenar.

Ahora bien, este elemento estructural se regula en el Art. 18, ord. 6° de la LOPA, entendiéndose en el sentido más técnico que el objeto se confunde con el contenido o la materia de la decisión misma, el cual debe ser, según la jurisprudencia:[332]

- Posible (criterio material).
- Lícito (criterio jurídico).
- Determinado o determinable (criterio jurídico).

B. CLASIFICACIÓN

§ 119. Planteamiento.— Los vicios que pueden afectar al objeto o contenido del acto administrativo, de acuerdo con el Art. 19, ord. 4 de la LOPA, son los siguientes:

- Vicio por imposible ejecución
- Vicio por ilegal ejecución

Fuera de los supuestos mencionados, cualquier otro vicio que presente el objeto constituye un vicio de nulidad relativa (Hernández-Mendible).[333] En efecto, por cuanto solo los vicios mencionados están incluidos en el Art. 19, ord. 3 de la LOPA, la doctrina (Urdaneta Troconis)[334] sostiene que el vicio de indeterminación del objeto solo originaría la nulidad relativa de conformidad con la cláusula residual del Art. 20 de la LOPA.

§ 120. Vicio por imposible ejecución.— Con respecto al vicio por imposible ejecución, la jurisprudencia[335] sostiene que

> la interpretación más común es que un acto de contenido imposible es que el mismo por su contenido material no jurídico, es decir sin que tenga vicio

[331] Vid. Sent. de la CSJ/SPA, de fecha 7 de abril de 1988, caso *Distribuidora Continental, S.A.*, Magistrado Ponente: Josefina Calcaño de Temeltas, RDP N° 34, p. 97.

[332] Vid. Sent. de la CSJ/SPA, de fecha 13 de agosto de 1991, caso *Banco del Caribe, C. A.*, Magistrado Ponente: Josefina Calcaño de Temeltas, RDP N° 47, p. 90.

[333] HERNÁNDEZ-MENDIBLE, V., Ob. cit., nota 135, p. 33.

[334] URDANETA TROCONIS, G., Ob. cit., nota 151, pp. 145 y 146.

[335] Vid. Sent. de la CSJ/SPA, de fecha 7 de abril de 1988, caso *Distribuidora Continental, S.A.*, Magistrado Ponente: Josefina Calcaño de Temeltas, RDP, N° 34, p. 97.

jurídico alguno, se hace inejecutable por cuanto el acto es ineficaz en sí mismo, así como por ejemplo la muerte de un funcionario sancionado, o la destrucción de un edificio que se había ordenado restaurar.

En consecuencia, concluye que «tiene un contenido material o físico preciso. La ilegalidad se encuentra referida exclusivamente -en nuestro ordenamiento jurídico- a la ejecución del contenido del acto, pero no al acto mismo».

Por tanto, el supuesto del vicio por imposible ejecución «se refiere a una imposibilidad física en su ejecución: puede ser que el objeto del acto sea lícito pero su ejecución imposible por razones de impedimentos físicos».[336]

En efecto, puede ser que el objeto sea lícito pero es de tal naturaleza que no puede ser ejecutado, esto es, «el supuesto no entraña ningún vicio de ilegalidad, sino simplemente la ineficacia del acto»;[337]por ejemplo, una sanción disciplinaria contra un funcionario renunciado o fallecido, o un decreto de la expropiación sobre un bien destruido.

§ 121. Vicio por ilegal ejecución. – Por su parte, el vicio por ilegal ejecución se refiere a la imposibilidad jurídica de cumplir con el acto administrativo, y según la jurisprudencia[338] sería

> aquel cuyo objeto es ilícito *per se*, es decir, que tiene un vicio de ilegalidad en sentido objetivo, como conducta prohibida por la ley o ilegalidad en abstracto; por ejemplo, un decreto de expropiación sobre un bien declarado por la ley inexpropiable o un acto que imponga una sanción a un funcionario público, no contemplado por la ley.

En consecuencia,

> si hubiera imposibilidad jurídica de cumplir con el acto administrativo, ello equivaldría a la ilegalidad del acto por vicios en el mismo, con lo quedaría afectado entonces no por su ineficacia como en el caso anterior, sino una imposibilidad de cumplimiento que entra dentro del tipo legal.[339]

En mérito a lo expuesto, se concluye que no es propiamente la ejecución del acto administrativo lo que resulta ilegal o imposible, sino el objeto o contenido del mismo, lo cual equivale a ilegalidad del acto administrativo por vicios en el mismo.[340]

---

336 Vid. Sent. de la CSJ/SPA, de fecha 22 de julio de 1993, caso *Lourdes Vargas de Trujillo*, Magistrado Ponente: Josefina Calcaño de Temeltas, RDP N° 55/56, p. 225.

337 Vid. Sent. de la CSJ/SPA, de fecha 28 de enero de 1988, caso *Uraplast, C.A.*, Magistrado Ponente: Cecilia Sosa Gómez, RDP N° 33, p. 99.

338 Vid. Sent. de la CSJ/SPA, de fecha 22 de julio de 1993, caso *Lourdes Vargas de Trujillo*, Magistrado Ponente: Josefina Calcaño de Temeltas, RDP N° 55/56, p. 225.

339 Vid. Sent. de la CSJ/SPA, de fecha 28 de enero de 1988, caso *Uraplast, C.A.*, Magistrado Ponente: Cecilia Sosa Gómez, RDP N° 33, p. 99.

340 Vid. Sent. de la CSJ/SPA, de fecha 7 de abril de 1988, caso *Distribuidora Continental, S.A.*, Magistrado Ponente: Josefina Calcaño de Temeltas, RDP, N° 34, p. 97.

Es, por ejemplo, cuando el objeto del acto administrativo está prohibido legalmente o constituye un delito, como lo sería la expedición ilegal de permisos o licencias en contravención de una norma que establece conductas prohibitivas.[341]

Finalmente, la jurisprudencia[342] ha sostenido que cuando se denuncian los vicios previstos en el Art. 19, ord. 3° de la LOPA, resulta imperativo que se «exponga con precisión las razones que configuran la imposibilidad o ilegal ejecución del mismo».

§ 122. Nulidad.— De acuerdo con la jurisprudencia,[343] el Art. 19, ord. 3 de la LOPA ha de interpretarse «como lo que son en realidad dos supuestos que conducen a la misma consecuencia, es decir nulos de pleno derecho».

Y es que, como también sostiene la jurisprudencia,[344] cuando se trata de un acto administrativo cuyo contenido es de imposible ejecución, la acción querida y manifestada en el mismo no puede ser realizada pues es fácticamente imposible y, por tanto,

> la imposibilidad física de dar cumplimiento al acto administrativo, constituye un vicio que determina su nulidad absoluta, pues, la presunción de legitimidad que apareja el acto administrativo no puede prevalecer contra la lógica y, por eso, el ordinal 3 del artículo 109 de la Ley Orgánica de Procedimientos Administrativos sanciona con la nulidad absoluta a los actos cuyo contenido sea de imposible o ilegal ejecución.

En consecuencia, la LOPA sanciona con nulidad absoluta a los actos administrativos cuyo objeto o contenido sea de imposible o de ilegal ejecución.[345]

LOS VICIOS DE NULIDAD ABSOLUTA DEL ELEMENTO FIN

A. ANTECEDENTES

§ 123. Fin.— El otro elemento estructural del acto administrativo es el fin y es la respuesta a la pregunta: «¿Para qué?» del acto administrativo.

El acto administrativo persigue, siempre, una finalidad objetivamente determinada por el legislador: el interés público y, por ende, todo fin tiene que

---

341 Vid. Sent. de la CSJ/SPA, de fecha 26 de julio de 1984, caso *Despachos Los Teques, C.A.*, Magistrado Ponente: Domingo A. Coronil, *RDP,* N° 19, p. 130.

342 Vid. Sent. de la CPCA, de fecha 28 de febrero de 1991, caso *Lor Down S.R.L.*, Magistrado Ponente: Hildegard Rondón de Sansó, RDP N° 45, p. 106.

343 Vid. Sent. de la CSJ/SPA, de fecha 28 de enero de 1988, caso *Uraplast, C.A.*, Magistrado Ponente: Cecilia Sosa Gómez, RDP N° 33, p. 99.

344 Vid. Sent. de la CSJ/SPA, de fecha 13 de agosto de 1991, caso *Banco del Caribe, C. A.*, Magistrado Ponente: Josefina Calcaño de Temeltas, *RDP* N° 47, p. 90.

345 Vid. Sent. de la CSJ/SPA, de fecha 26 de julio de 1984, caso *Despachos Los Teques, C.A.*, Magistrado Ponente: Domingo A. Coronil, *RDP,* N° 19, p. 130.

ser necesariamente un fin de interés público específico previsto en la norma, por lo que el fin legal viene a condicionar la validez del acto administrativo.

Por tanto, como señala el autor mexicano L.J. BÉJAR RIVERA,[346] es responsabilidad, en primera instancia, del legislador establecer claramente el elemento teleológico del acto administrativo en la norma habilitante, de manera que la Administración Pública cuente con elementos suficientes para hacer que la interpretación y traducción del fin perseguido por el legislador, en las distintas formas de actuación, sea vía reglamentaria o mediante actos administrativos.

En tal sentido, el fin del acto administrativo aparece enunciado en el Art. 259 de la C y en el Art. 12 de la LOPA, y está relacionado con el elemento teleológico, esto es, el fin específico fijado por la ley, el cual no puede ser desviado por ningún motivo, así este sea plausible.[347] En tal sentido, la Administración Pública tiene la obligación, al momento de emitir el acto administrativo, de velar que se cumpla la finalidad para la cual la norma habilitante le confirió una determinada competencia, que se constituye así en un elemento esencial o requisito de validez, de modo que si no existe la conformidad del fin del acto administrativo con la norma habilitante, el mismo incurrirá en el vicio de desviación de poder.

B. VICIO DE DESVIACIÓN DE PODER

§ 124. Concepto.— El vicio de desviación de poder aparece normativamente enunciado, por primera vez, en el Art. 206 de la C de 1961, y ratificado tanto en el Art. 259 de la C vigente como en el Art. 12 de la LOPA, y ocurre cuando la autoridad administrativa, si bien legalmente investida con la facultad de dictar el acto administrativo, utiliza sus potestades con un objeto diferente del que la ley le ha asignado; esto es, según la jurisprudencia,[348] «surge cuando la administración usa sus poderes con finalidades distintas a aquellas determinadas en la ley».

De acuerdo con la jurisprudencia,[349] no hay duda de que

> la ley atribuye a la autoridad administrativa el ejercicio de cierta facultad, pero se le atribuye para obtener un fin determinado, si la autoridad administrativa se sirve de tal poder, que efectivamente le ha sido conferido -como en el caso de autos- para obtener un fin distinto de aquel buscado por la ley, desvía la finalidad de ésta, y por ello se dice que hay «desviación de poder.

[346] BÉJAR RIVERA, L-J., *El acto administrativo y su finalidad*, Editorial Porrúa, México, 2011, p. 55.

[347] Vid. Sent. de la CF, de fecha 24 de noviembre de 1953, GF N°2, p. 185.

[348] Vid. Sent. de la CF, de fecha 2 de junio de 1958, GF N° 20, p. 9.

[349] Vid. Sent. de la CF, de fecha 28 de septiembre de 1954, GF N° 5, p. 217.

Por tanto, sostiene el Alto Tribunal, que[350]

los actos administrativos se encuentran afectados del vicio de desviación de poder, cuando la Administración, al emanarlos, actúa con fines distintos de aquellos para los cuales, explícita o implícitamente, le Ley confirió a la Administración la facultad o el deber de dictarlos;

o en otras palabras,

para que se tipifique no requiere ni siquiera que el fin distinto perseguido sea contrario a la ley, basta con que sea contrario al objetivo con que el acto específico que se dicta se trata de conseguir.[351]

Es, pues, un vicio que afecta el fin del acto administrativo, constitutivo según la jurisprudencia[352] de «un vicio de ilegalidad teleológica, de violación del fin del acto previsto por el legislador».

En mérito a lo antes expuesto, el vicio de desviación de poder aparece cuando la Administración Pública:

- Se «sirve del poder que efectivamente tiene pero con miras a una finalidad distinta de aquella para la cual le fue otorgado»[353] por la ley, o más propiamente por el Ordenamiento jurídico.[354]
- Actúa «con fines distintos de aquellos para los cuales, explícita o implícitamente, la Ley confirió a la Administración la facultad o el deber de dictarlos».[355]
- «No persigue con ello el fin a cuyo logro le fue acordada la facultad para hacerlo, sino un fin distinto».
- Según la jurisprudencia[356], persigue «un objetivo torcido, desviado, distinto al que tuvo en miras el legislador cuando le otorgó al órgano facultad de actuar».

§ 125. Control jurisdiccional. — Ahora bien, no hay duda de que través del vicio de desviación de poder, la jurisprudencia que lo concibió y posteriormente la doctrina que delineó sus modalidades, y finalmente la norma que le otorgó rango constitucional, «tienden a establecer un control sobre la intención de la Administración, algo que va más allá del simple examen de la

350 Vid. Sent. de la CSJ/SPA, de fecha 17 de junio de 1980, Magistrado Ponente: Josefina Calcaño de Temeltas, RDP N° 3, p. 131.

351 Vid. Sent. de la CPCA, de fecha 14 de junio de 1982, Magistrado Ponente: Josefina Calcaño de Temeltas, RDP N° 11, p. 134.

352 Vid. Sent. de la CPCA, de fecha 16 de diciembre de 1982, Magistrado Ponente: Hildegard Rondón de Sansó, RDP N° 13, p. 118; y Sent. N°1722 del TSJ/SPA, de fecha 20 de julio de 2000, caso *José Macario Sánchez Sánchez*.

353 Vid. Sent. de la CF, de fecha 24 de noviembre de 1953, GF N°2, p. 185.

354 Vid. Sent. de la CSJ/SPA, de fecha 2 de noviembre de 1982, y 19 de marzo de 1996.

355 Vid. Sent. de la CPCA, de fecha 17 de junio de 1980, RDP N° 3, p. 131.

356 Vid. Sent. de la CPCA, de fecha 27 de enero de 1983, RDP N° 13, p. 120.

apariencia del acto paran permitir que se escudriñe en los motivos reales y concretos que tuvo su autor».[357]

En consecuencia,

> el vicio de desviación de poder es un vicio de estricta legalidad, a través del cual se permite el control, mediante criterios jurídicos rigurosos, el cumplimiento del fin que señala la norma habilitante.[358]

Finalmente, la jurisprudencia[359] también ha sostenido que a través del vicio de desviación de poder

> se permite el control jurisdiccional de la regularidad de la acción administrativa discrecional, ya que la misma sólo podrá considerarse legítima cuando se ciña a los elementos que la ley ha previsto para condicionar el ejercicio de la nombrada atribución. En consecuencia, la libertad de decisión conferida al órgano administrativo no lo autoriza en modo alguno a apartarse del fin en virtud del cual le ha sido otorgada la correspondiente facultad.

§ 126. Presupuestos.— La jurisprudencia[360] sostiene que la configuración del vicio de desviación de poder requiere la presencia de varios presupuestos. En tal sentido podemos mencionar los requisitos de fondo y de forma siguientes:

(i) La autoridad que dicta el acto administrativo denunciado actúa «dentro» de su atribución legal de competencias.[361]

(ii) El interesado en la denuncia debe señalar cuál es el fin recóndito, distinto o desviado que la autoridad pública persigue al dictar el acto administrativo.[362]

(iii) El interesado debe, además, señalar expresamente la ley cuyo fin ha sido alterado por el acto administrativo impugnado.

(iv) Por último, «La desviación de poder no se presume, sino que es necesaria su demostración».[363]

§ 127. Clasificación.— El vicio de desviación de poder se manifiesta de dos maneras:

---

357 Vid. Sent. de la CPCA, de fecha 14 de junio de 1982, Magistrado Ponente: Hildegard Rondón de Sansó, RDP N° 11, p. 134.

358 Vid. Sent. de la CSJ/SPA, de fecha 15 de noviembre de 1982, Magistrado Ponente: Josefina Calcaño de Temeltas, RDP N° p. 134.

359 Vid. Sent. de la CSJ/SPA, de fecha 11 de diciembre de 1983, Josefina Calcaño de Temeltas, RDP N°16, p. 158.

360 Vid. Sent. N° 1210 del TSJ/SPA, de fecha 25 de noviembre de 2010, caso *Gloria Torrellas*, Magistrado Ponente: Emiro García Rosas.

361 Vid. Sent. de la CPCA, de fecha 26 de mayo de 1983, RDP N° 13, p. 118..

362 *Idem.*

363 Vid. Sent. de la CPCA, de fecha 14 de junio de 1982, RDP N° 11, p. 134.

(i) *Subjetiva*: cuando a través del acto administrativo no solo el fin perseguido no coincide con el previsto por la norma atributiva de competencia, esto es, por consideraciones ajenas al interés general,[364] sino que se persigue «un fin privado o un interés particular»,[365] tales como los «fines particulares del autor del acto de índole personal o partidista».[366]

(ii) *Objetiva*: cuando a través del acto administrativo «el fin perseguido por él [órgano administrativo] no coincide con el previsto por la norma atributiva de competencia que, en todo caso, atiende siempre al interés público o al bien del servicio»;[367] y también cuando persigue fines «que bien pueden ser propios de la administración; pero no previstos en relación con el acto concreto».[368]

§ 128. Prueba.— En los supuestos mencionados, el vicio de desviación de poder busca descubrir los motivos reales que llevaron a la autoridad administrativa a dictar el acto administrativo, lo cual «implica para su procedencia, la demostración de los hechos que prueban el fin torcido o desviado que efectivamente el órgano persiguiera»; [369] esto es, obtener un fin distinto de aquel buscado explícita o implícitamente,[370] por la ley[371] ineludiblemente mediante «la prueba de la divergencia que se impute a la acción administrativa, en cuya virtud, no bastarán apreciaciones subjetivas o suspicaces de quien invoque la desviación si no se presentan hechos concretos que conduzcan a su plena comprobación»[372]; o lo que es lo mismo, «hechos concretos que conduzcan a la plena comprobación de que el fin que se obtuvo es distinto del fijado por el Ordenamiento jurídico».[373]

En definitiva, «es por ello necesario que el interesado demuestre que el fin desviado fue el determinante para dictar el acto administrativo».[374]

En tal sentido, según la jurisprudencia,[375] el interesado tiene la posibilidad de hacer valer «un cúmulo de indicios» que, unidos, pueden revelar una situa-

364 Vid. Sents. de la CSJ/SPA, de fecha 24 de mayo de 1995.

365 Vid. Sent. de la CSJ/SPA, de fecha 11 de diciembre de 1983, Josefina Calcaño de Temeltas, RDP N° 16, p. 158.

366 Vid. Sent. de la CSJ/SPA Acc., de fecha 14 de febrero de 1991, RDP N° 45, p. 102.

367 Vid. Sent. de la CPCA, de fecha 15 de noviembre de 1982, Josefina Calcaño de Temeltas, *RDP* N° 12, p. 134.

368 Vid. Sent. de la CSJ/SPA Acc., de fecha 14 de febrero de 1991, RDP N° 45, p. 102.

369 Vid. Sent. de la CPCA, de fecha 28 de noviembre de 1983, Magistrado Ponente: Hildegard Rondón de Sansó, RDP N° 16, p. 158.

370 Vid. Sent. de la CFC, de fecha 28 de septiembre de 1954; y de la CSJ/SPA, de fecha 17 de junio de 1980,

371 Vid. Sent. de la CSJ/SPA, de fecha 29 de mayo de 1984.

372 Vid. Sent. de la CSJ/SPA, de fecha 15 de noviembre de 1982, Josefina Calcaño de Temeltas, RDP N° 12, p. 134.

373 Vid. Sent. de la CSJ/SPA, de fecha 6 de abril de 1995.

374 Vid. Sent. de la CPCA, de fecha 14 de junio de 1982, RDP N° 11, p. 134;

375 Vid. Sent. de la CSJ/SPA Acc., de fecha 14 de febrero de 1991, Magistrado Ponente: Hildegard Rondón de Sansó, RDP N° 45, p. 102.

ción que podría encajar en la denuncia de la figura del vicio de desviación de poder, «y que conduzcan al juez a la convicción razonable de que el órgano administrativo se apartó del fin jurídico que estaba obligado a seguir».[376]

En consecuencia, según la jurisprudencia,[377] el vicio de desviación de poder «para que se tipifique, no requiere ni siquiera que el fin distinto perseguido por el acto administrativo sea contrario a la Ley; tan sólo basta que sea contrario al objetivo que con el acto específico que se dicta, se trata de conseguir», y, por tanto,

> la desviación de poder requiere por ende ineludiblemente de la prueba de la divergencia que se impute a la actividad administrativa en cuya virtud, no bastarán apreciaciones subjetivas o suspicaces de quien invoque la desviación si no se presentan hechos concretos que conduzcan a su plena comprobación.

En atención a ello se concluye que la desviación de poder exige, necesariamente, la prueba de la intención del funcionario o del órgano autor del acto de obtener un fin diferente al asignado en la ley; por ejemplo, «la asunción de medidas retaliativas» que encubren «una venganza de las autoridades»;[378] como también la remoción del funcionario público castigando una presunto ilícito disciplinario, sin seguir el procedimiento administrativo debido de destitución.[379]

§ 129. Nulidad.— Finalmente, el vicio de desviación de poder en el que se persigue «un fin distinto que es por sí mismo contrario a derecho»,[380] y que según la jurisprudencia,[381] «consiste en la ausencia de coincidencia entre el fin fijado por la norma y el que se desprende del acto administrativo conduce a la anulación».

En consecuencia, es una figura que tanto el derogado Art. 206 de la C de 1961 como el vigente 258 de la C vigente, «sanciona como un vicio capaz de acarrear la nulidad del acto».[382]

Sin embargo, por cuanto en el Art. 19 de la LOPA no se hace mención alguna del vicio de desviación de poder, tanto la doctrina (Urdaneta Troconis y Hernández-Mendible) como la jurisprudencia[383] sostienen que el mismo no

---

376 Vid. Sent. de la CSJ/SPA, de fecha 24 de mayo de 1995.

377 Vid. Sent. del TSJ/SPA (1002), de fecha 5 de agosto de 2004, caso *DHL Fletes Aéreos*, Magistrado Ponente: Octavio Sisco Ricciardi, *RDP* N° 99-100, p. 223.

378 Vid. Sent. de la CPCA, de fecha 13 de agosto de 1986, caso *Juan F. Ramirez*, Magistrado Ponente: Hildegard Rondón de Sansó, RDP N° 28, p. 92.

379 Vid. Sent. de la CPCA, de fecha 21 de febrero de 1996, caso *Gabriel A. Mendoza Figueroa*.

380 Vid. Sent. de la CPCA, de fecha 14 de junio de 1982, Magistrado Ponente: Hildegard Rondón de Sansó, RDP N°11, p. 134.

381 Vid. Sent. de la CSJ/SPA, de fecha 13 de agosto de 1997.

382 Vid. Sent. de la CPCA, de fecha 13 de agosto de 1986, Magistrado Ponente: Hildegard Rondón de Sansó, RDP N° 28, p. 92.

383 Vid. Sent. de la CSJ/SPA, de fecha 31 de enero de 1990, caso *Farmacia Unicentro*, C.A., Magistrado Ponente: Cecilia Sosa Gómez, en RDP N° 41, p. 84.

sería causa de nulidad absoluta, sino que su sanción sería la nulidad relativa o anulabilidad (Art. 20 de la LOPA).

En todo caso, a diferencia de los demás vicios de nulidad relativa, el vicio de desviación de poder es inconvalidable e insubsanable,[384] asimilándosele así, en sus efectos, a un supuesto de nulidad absoluta.

§ 130. Incompatibilidad.— Por último, en virtud de que el vicio de desviación de poder según la jurisprudencia,[385] «ocurre cuando la autoridad administrativa si bien legalmente investida con la facultad de ejecutar el acto, se sirve del poder que efectivamente tiene pero con miras a una finalidad distinta de aquella para la cual le fue otorgado».

Tanto la doctrina (Urdaneta Troconis, Hernández-Mendible y PELLEGRINO PACERA)[386] como la jurisprudencia[387] sostienen que la denuncia simultánea o concurrente del vicio de incompetencia y del vicio de desviación de poder es improcedente, en razón de que «un funcionario incompetente mal puede incurrir en desviación de poder, precisamente porque aquel no tiene tal poder».

Mientras que el vicio de desviación de poder, concluye,

> existe cuando se trata de funcionarios que sí tienen competencia para actuar, pero que lo hacen intencionadamente para un fin distinto al permitido. Es decir, que un funcionario incompetente mal puede incurrir en desviación de poder, precisamente porque no tiene tal poder.

LOS VICIOS DE NULIDAD ABSOLUTA DEL PROCEDIMIENTO ADMINISTRATIVO

A. ANTECEDENTES

§ 131. Teoría de la forma.— En el Derecho administrativo formal, el respeto del procedimiento administrativo ha desempeñado tradicionalmente una innegable función de garantía, tanto a favor de las personas, como en favor del interés público (J. ARAUJO-JUÁREZ, M.Marienhoff),[388] pero más contemporáneamente se sostiene que también persigue garantizar, a través del mismo, el novedoso principio de buena Administración (J. Ponce Solé).[389]

---

384 Vid. Sent. de la CSJ/SPA, de fecha 31 de enero de 1990, caso *Farmacia Unicentro*, C.A., Magistrado Ponente: Cecilia Sosa Gómez, RDP N° 41, p. 84.

385 Vid. Sent. de la CF, de fecha 24 de noviembre de 1953, GF N°2, p. 185.

386 URDANETA TROCONIS, G., Ob. cit, nota 151, p. 175; HERNÁNDEZ-MENDIBLE, V., Ob. cit., nota 135, p. 52; y PELLEGRINO PACERA, C, Ob. cit., nota 108, p. 51.

387 Vid. Sent. de la CPCA de fecha 26 de mayo de 1983, RDP N° 15, p. 151.

388 ARAUJO-JUÁREZ, J. Ob. cit., nota 35, pp. 38-46; y MARIENHOFF, M., *Tratado de Derecho Administrativo*, T. II, Abeledo-Perrot, Buenos Aires, 1975, p. 299.

389 POCE SOLÉ, J., *Deber de buena administración y derecho al procedimiento administrativo debido. Las bases constitucionales del procedimiento administrativo y el ejercicio de la discrecionalidad*, LexNova, Valladolid, 2001.

De ahí que el acto administrativo no puede ser producido de cualquier manera, sino que ha de seguir un debido procedimiento administrativo, que se constituye en uno de sus elementos fundamentales (J. L. VILLAR PALASÍ).[390] Es, pues, el cauce obligatorio para la producción del acto administrativo, elevándose así al rango de condición de su validez (E. GARCÍA DE ENTERRÍA).[391]

B. VICIO PROCEDIMENTAL

§ 132. Autonomía.— El vocabulario jurídico corriente tiende, en sus orígenes, a dar al término «forma» una acepción extensiva que englobaría, además del cuerpo del acto administrativo (forma externa), también al procedimiento administrativo (forma interna). Empero, la distinción debe ser hecha, puesto que las formalidades corresponden al procedimiento administrativo, y las ilegalidades que le conciernen constituyen, entonces, un vicio jurídico autónomo: el vicio procedimental.

En este sentido, la jurisprudencia[392] sostiene que la emanación de todo acto administrativo requiere del cumplimiento de una serie de requisitos, en cuanto a lo que se refiere a:

- El modo de expresión del mismo (acto administrativo).
- El proceso de formación (procedimiento administrativo).

Sin embargo, el término utilizado con carácter preferente por la doctrina y la jurisprudencia, como denominación genérica de todo defecto o infracción formal, ha sido el de vicio de forma. Por tanto, se opone al vicio de fondo y comprendería toda cuestión que no se refiera al problema objeto de la actividad, debate o discusión. Si bien son frecuentemente confundidas conviene, sin embargo, distinguir la forma de las formalidades del acto administrativo, pues ellas se distinguen muy claramente.

En efecto, sostiene R. CHAPUS[393] que, mientras que las formalidades están constituidas por las diversas actuaciones relativas a la operación normada (el *negotium*), el proceso mismo de elaboración que condiciona la validez del acto administrativo; la forma concierne a la presentación externa, la expresión del contenido del acto jurídico (el *intrumentum*) que traduce expresamente las condiciones de regularidad o validez del acto jurídico (el autor, el objeto, la motivación, el fin, etc.).

En conclusión, si bien la forma y las formalidades tienen efectivamente puntos comunes, a la vez porque ambas conciernen a la elaboración del acto y su régimen contencioso es idéntico, no por ello debe dejarse de hacer la distin-

390 VILLAR PALASI, J.L., *Apuntes de Derecho Administrativo, Parte General*, T. II, Madrid, 1.977, p.
391 GARCÍA DE ENTERRÍA, E., Ob. cit., nota 47, Vol. I, p. 565.
392 Vid. Sent. de la CPCA, de fecha 22 de junio de 1981, Magistrado Ponente: Armida Quintana M., RDP N° 7, p. 155.
393 CHAPUS, R., Ob. cit., nota 83, p. 1.037.

ción, puesto que las formalidades son las operaciones que preceden al acto, mientras que la forma se vincula al acto administrativo en sí mismo considerado (P. Delvolvé).[394]

Así, el vicio procedimental se debe distinguir esencialmente del vicio de forma, por la diferencia de objeto de las reglas que son invocadas y sancionadas por la autoridad llamada a conocer de las mismas. En el vicio de forma, las normas conciernen a la expresión de la declaración jurídica, a su presentación material o a su aspecto externo. Por el contrario, el vicio procedimental es una causa de nulidad que puede afectar al acto administrativo por violación de las normas que regulan el debido procedimiento administrativo.

En efecto, una simple interpretación sistemática del Ordenamiento jurídico procedimental nos revela que la forma y el procedimiento administrativo son distintos y, por tanto, el régimen de las consecuencias de sus irregularidades también deben serlo (Ponce Solé).[395] De ahí que el esclarecimiento sobre el desarrollo de la actividad administrativa impone la distinción de la forma como manifestación definitiva exterior o modo de expresión del acto administrativo (Arts 9 y 18 de la LOPA), de la llamada forma de la voluntad creadora o proceso de formación del acto administrativo (Arts 48 y 55 de la LOPA).[396]

En conclusión, el vicio procedimental presenta hoy día una gran autonomía con relación al vicio de forma, por lo que puede y debe distinguirse del vicio de forma, por lo cual se justifica un estudio separado (J. M. Auby, y R. Drago).[397]

§ 133. Importancia. – Como ha sido puesto de manifiesto por la doctrina española contemporánea (Ponce Solé),[398] el procedimiento administrativo tiene relevancia por sí mismo, relevancia de rango constitucional, siendo una institución que persigue no solo el servicio más adecuado al interés público, sino el respeto debido a los derechos e intereses de las personas.

En tal sentido, Ponce Solé sostiene que el efectivo control de los vicios procedimentales va a lanzar el mensaje a la Administración Pública de la necesidad de respetar el debido procedimiento administrativo, evitando así la tentación de omitir el cumplimiento de formalidades o trámites procedimentales indispensables o esenciales, o bien de realizar su cumplimiento de forma aparente, no efectiva. Se tratará, en definitiva, no solo de comprobar y garantizar el seguimiento de un debido procedimiento administrativo o de comprobar que se cumplen rigurosamente los trámites preceptivos establecidos; sino de analizar cómo se realizan esos trámites y, desde una perspectiva sistémica, cómo se desarrolla la entera actividad procedimental, utilizando como parámetros los deberes de comportamiento y los principios procedimentales

394 DELVOLVÉ, P., *L'acte administrtif*, Sirey, París, 1983, p. 152.
395 PONCE SOLÉ, J. Ob. cit., nota 389, p. 678.
396 Vid. Sent. de CPCA, de fecha 22 de junio de 1981, RDP, N° 7, p. 155.
397 AUBY, J.M., y DRAGO, R., Ob. cit., nota 27, Vol. II, pp. 287 y 298.
398 PONCE SOLE, J., Ob. cit., nota 389, p. 704.

que los condensan. Por tanto, no es solo un problema de control jurisdiccional de cantidad (de trámites), sino de control jurisdiccional de calidad en el ejercicio de la función administrativa procedimentalizada. Y, por supuesto, se trata, como aspecto correlativo, de la protección del derecho a un debido procedimiento administrativo.

Después de nosotros mismos haber sostenido el principio de instrumentalidad del procedimiento administrativo, hoy día defendemos, de acuerdo con la doctrina contemporánea, que la significación y trascendencia que tiene el vicio procedimental es muy superior a la que le asigna la doctrina tradicional, siendo un verdadero vicio procedimental con virtualidad invalidante.

Finalmente, la revitalización del procedimiento administrativo pasa por dos vías. En primer lugar, la conceptual, reafirmando la auténtica funcionalidad del procedimiento administrativo y, por tanto, las reales consecuencias de la vulneración de la obligación administrativa del respeto al debido procedimiento administrativo; y en segundo lugar, la de la práctica forense, en el sentido de aprovechar y potenciar los mecanismos de los que se disponen en la LOPA, como es el ejercicio de la tutela cautelar, a fin de evitar que los vicios procedimentales sean controlados, jurisdiccionalmente, a largo tiempo, después de producidos, cuando ya exista una decisión final adoptada, lo que siempre hace más dificultosa la anulación por vía jurisdiccional, por lo que el momento temporal de control de esos vicios, en caso de impugnación, es muy relevante (Ponce Solé).[399]

C. PARTICULARIZACIÓN DEL VICIO PROCEDIMENTAL

§ 134. Planteamiento general. – Con respecto al elemento estructural del procedimiento administrativo, este aparece regulado en los Arts. 47 y ss. de la LOPA.

Ahora bien, en el proceso de formación del acto administrativo, incidiendo directamente en la fase procedimental, pueden surgir una serie de vicios procedimentales que, en mayor o menor medida, inciden en su perfección o validez, tanto por la omisión en que se pueda incurrir como por la alteración respecto de las distintas formalidades, trámites etapas o lapsos, por medio de los cuales se desarrolla el procedimiento administrativo. Específicamente, sostiene la jurisprudencia:[400] «Los vicios en el procedimiento, al igual que los vicios de fondo, pueden ser de nulidad absoluta o relativa».

En tal sentido, la sanción jurídica que corresponde asignar a los diversos vicios procedimentales que afectan al acto administrativo dependerá de la importancia o trascendencia que, en cada caso, tenga el vicio cometido, asunto este que analizaremos a continuación.

---

399 PONCE SOLÉ, J. Ob. cit., nota 389, p. 704.

400 Vid. Sent. de la CPCA, de fecha 29 de agosto de 1987, caso *Francisco Uzcátegui*, Magistrado Ponente: Pedro Miguel Reyes, RDP N° 32, p. 81.

§ 135. Clasificación.— Se ha dicho que la totalidad de las reglas que conciernen al derecho fundamental a la defensa, reconocido en los Arts. 25 y 49 de la C, dentro del debido procedimiento administrativo, convergen en tres distintas modalidades o manifestaciones, lo que implica que la autoridad administrativa no puede decidir sino sobre la base de pruebas, hechos y circunstancias que han sido llevados al conocimiento del interesado y sobre los cuales este ha podido presentar una útil defensa.

Partiendo de la clasificación propuesta por la jurisprudencia,[401] el acto administrativo estará viciado de nulidad absoluta cuando existe infracción del procedimiento administrativo, así:

(i) La carencia total y absoluta del procedimiento administrativo (vicio de ausencia absoluta de procedimiento).

(ii) La aplicación de un procedimiento administrativo distinto al previsto por la ley (vicio de desviación de procedimiento).

(iii) La prescindencia de los principios y reglas generales para la formación de la voluntad administrativa, o la transgresión de etapas o fases del procedimiento administrativo que constituyen garantías esenciales (vicio de indefensión). En este último caso, según la jurisprudencia,[402] la violación de las formas procedimentales puede acarrear la invalidez de los actos. La violación de formalidades puede ser de dos clases: la violación de trámites y formalidades o la violación de los derechos de los particulares en el procedimiento. Veamos.

I. Vicio de ausencia absoluta de procedimiento

§ 136. Concepto.— El Art. 19, ord. 4° de la LOPA señala que el acto administrativo será absolutamente nulo cuando hubiere sido dictado «con prescindencia total y absoluta del procedimiento legalmente establecido». Pudiera pensarse, entonces, que este supuesto no hace referencia a cualquier vicio procedimental, sino al olvido total del procedimiento legalmente establecido.

Es así como de acuerdo a un sector de la doctrina (Urdaneta Troconis)[403] y a la jurisprudencia inicial,[404] para que se dé la nulidad absoluta sería imprescindible, no la infracción de alguno o algunos de los trámites por esenciales que sean (vicio aislado de procedimiento), sino «el olvido total de procedimiento establecido para la emisión de la decisión administrativa» (ausencia absoluta de procedimiento), «conforme a la regla de la no formalidad estricta que rige los procedimientos administrativos».[405]

---

401 Vid. Sent. N° 1996 del TSJ/SPA, de fecha 25 de febrero de 2001, RDP N° 85/88, p. 179.

402 Vid. Sent. del TSJ/SPA (1157), de fecha 18 de mayo de 2000, caso *Mario Castillo*, Magistrado Ponente: Carlos Escarrá Malavé, RDP N° 82, p. 429.

403 URDANETA TROCONIS, G., Ob. cit., nota 151, p. 188.

404 Vid. Sent. de la CPCA, de fecha 22 de junio de 1981, Magistrado Ponente: Armida Quintana M., RDP N° 7, p. 155.

405 Vid. Sent. de la CPCA, de fecha 11 de agosto de 1983, Magistrado Ponente: Román J. Duque Corredor, RDP N° 16, p. 155.

Fuera de este caso, sostiene la jurisprudencia:[406] «Los vicios en el procedimiento administrativo serían de nulidad relativa, respecto de los cuales no existen en nuestro Ordenamiento jurídico reglas generales que regulen su incidencia en la anulación» de los actos administrativos».

Así las cosas, según esta posición sería el incumplimiento total del procedimiento y no el incumplimiento parcial del mismo;[407] por tanto, la arbitrariedad procedimental evidente [408] sería demostrada con la ausencia del expediente administrativo correspondiente.[409]

Consecuentemente, según esta posición restrictiva, solo la prescindencia total y absoluta del procedimiento administrativo daría lugar a la nulidad absoluta;[410] mientras que la falta de un trámite o de varios trámites necesarios para la preparación del acto administrativo solo tendrá por efecto la nulidad relativa.

§ 137. Criterio de la esencialidad.— Por su parte, otro sector de la doctrina española (García de Enterría)[411] señala que el olvido total y absoluto del procedimiento administrativo no hay que identificarlo solo con la ausencia total del procedimiento administrativo. Ello significaría reducir a la nada el tipo legal ya que, aunque solo sea por exigencias derivadas de la organización, siempre hay ciertas formas, un determinado *iter* procedimental por rudimentario que sea, en el obrar de los órganos administrativos, pues difícilmente puede existir una ausencia total de las reglas de procedimiento administrativo en la producción del acto administrativo. Y es que como sostiene la jurisprudencia,[412] en «las formalidades de los actos hay múltiples grados que van desde el requisito solemne cuya falta afecta definitivamente la validez del acto hasta el simple vicio procedimental que puede ser subsanado en cualquier momento».

Es por ello que se concluye que es «la esencialidad» de la regla (calidad) y no la falta de cumplimiento de todas ellas (cantidad) lo determinante. En tal sentido, de acuerdo con la jurisprudencia,[413] el acto administrativo puede ser o no nulo en virtud de la «esencialidad» que para su emisión revista la forma o la formalidad desconocida. Si el Ordenamiento jurídico exige o requiere el cumpli-

406 Vid. Sent. de la CPCA, de fecha 29 de agosto de 1987, caso *Francisco Uzcátegui*, Magistrado Ponente: Pedro Miguel Reyes, RDP, N° 32, p. 81.

407 Vid. Sent. de la *CPCA*, de fecha 7 de marzo de 1985, RDP N° 21, p. 134.

408 Vid. Sent. de la CPCA, de fecha 15 de diciembre de 1988, caso *Marbella Castillo, RDP*, N° 37, p. 81.

409 Vid. Sent. de la CSJ/SPA, de fecha 5 de junio de 1997, en RDP N° 69-70, p. 233.

410 Vid. Sent. de la CPCA, de fecha 6 de noviembre de 1996, caso *Urbanizadora BHO*, en RDP N°67/68, p. 232.

411 GARCÍA DE ENTERRÍA, E., Ob. cit., nota 47, T. I, pp. 633 y ss.

412 Vid. Sent. de la CPCA, de fecha 13 de diciembre de 1982, Magistrado Ponente: Hildegard Rondón de Sansó, RDP N° 13, p. 123.

413 Vid. Sent. de la CPCA, de fecha 22 de junio de 1981, Magistrado Ponente: Armida Quintana M., RDP N° 7, p. 155.

miento de formalidades determinadas para la formación o expresión del acto administrativo, las mismas ostentarán un carácter «esencial», de modo que su ausencia viciará el acto administrativo. Por ello, la «omisión» de las formas esenciales requeridas por el cuerpo normativo acarrea la nulidad absoluta del acto administrativo, mientras que la anulación solo se produce cuando las formas correspondientes hayan sido observadas pero de manera «irregular».

En efecto la posición dominante de la jurisprudencia[414] es considerar que cuando la ley no declara expresamente nulo el acto por falta de un determinado trámite, la apreciación de si el defecto entraña nulidad depende de:

- La «importancia que reviste el trámite o la forma incumplida».
- El «derecho que afecta».
- El «que produzca indefensión».
- El que con carácter general «prive de algún elemento esencial de conocimiento que incida en fondo o contenido de las actuaciones administrativas, desnaturalizándolas en su esencia».

En tal sentido, concluye el fallo citado:

> La infracción de las mismas [formas] sólo adquiere relieve cuando su inexistencia, como antes lo anotamos, ha supuesto una disminución efectiva, real y trascendente de garantías, incidiendo así en la decisión de fondo y alterando evidentemente su sentido en perjuicio del administrado y aún de la Propia Administración.

En consecuencia, el supuesto legal del Art. 19, ord. 4 de la LOPA hay que referirlo también cuando, aun empleándose el procedimiento administrativo legalmente establecido, hay omisión o cumplimiento irregular de formalidades o trámites esenciales integrantes del mismo;[415] o también cuando no solo se justifica en los casos en los cuales no ha existido procedimiento alguno sino también cuando «han sido violadas fases del mismo que constituyen garantías esenciales del administrado»;[416] o de manera menos exagerada, cuando la falta signifique la omisión de una etapa o fase; [417] o se han omitido los trámites esenciales integrantes de un procedimiento administrativo,[418] sin los cuales el concreto procedimiento administrativo debido es inidentificable,[419] como fue el caso del Consejo Supremo Electoral cuando:

---

414 Vid. Sent. de la CPCA, de fecha 29 de agosto de 1987, caso *Francisco Uzcátegui*, Magistrado Ponente: Pedro Miguel Reyes, *RDP*, N° 32, p. 81.

415 Vid. Sent. de la CSJ/SPA, de fecha 11 de julio de 1996, en RDP N° 67-68, p. 227.

416 Vid. Sent. de la CPCA, de fecha 26 de junio de 1986, Magistrado Ponente: Hildegard Rondón de Sansó, RDP N° 27, p. 101.

417 Vid. Sent. de la CPCA, de fecha 12 de febrero de 1987, RDP N° 29, p. 107.

418 Vid. Sent. de la CSJ/SPA, de fecha 11 de julio de 1996, RDP N° 67-68, p. 227.

419 Vid. Sent. de la CPCA, de fecha 19 de noviembre de 1987, caso *José A. Urdaneta, RDP,* N° 32, p. 75.

incumplió el trámite contemplado en el artículo 83 de la Ley orgánica de Procedimientos Administrativos, de reconocimiento o declaratoria de la nulidad absoluta de los actos administrativos, al negarse a practicar la experticia promovida en dicho trámite por el interesado.

§ 138. Convalidación.— Mención especial nos merece el pretendido criterio jurisprudencial de la «relativización» del vicio de ausencia absoluta de procedimiento por el ejercicio posterior de la vía administrativa y de los recursos contenciosos administrativos.

En efecto, debemos observar que tan cuestionable posición tiene un antecedente jurisprudencial[420] cuando se sostuvo que el vicio de indefensión referido a la falta de audiencia del interesado era un concepto relativo cuya valoración exigía colocarse en una perspectiva dinámica o funcional, de modo que permitiera contemplar el procedimiento administrativo en su conjunto, dado que el particular tendría oportunidades continuas de defenderse a lo largo del mismo.

En tal sentido, no es de extrañar que la jurisprudencia[421] haya concluido que el vicio de indefensión

> puede ser convalidado por la presencia de los administrados en el procedimiento mediante el ejercicio oportuno de los recursos administrativos a que haya lugar, si aún puede alegar en contra de determinada decisión sus vicios de ilegalidad, o incluso la misma indefensión, para que el órgano revisor examine si en verdad hubo lesión a la garantía de la defensa.

De la misma manera ha sostenido la jurisprudencia,[422] que el vicio de indefensión habría de apreciarse en cada instancia, pues la existencia de una segunda instancia supone un desarrollo complementario de las posibilidades de defensa; no bastaría, pues, una indefensión inicial, lo cual contribuye a reducir la trascendencia inicial de la infracción o vicio procedimental, al afirmar:

> El procedimiento administrativo y la vía del recurso ofrecen al particular oportunidades continuas de defenderse y hacer vales sus puntos de vista, lo cual contribuye a reducir progresivamente la trascendencia inicial de un vicio de forma o de una infracción procedimental. Si el interesado, por ejemplo, no fue oído en el expediente original, tal omisión puede corregirse con la interposición del recurso, cuya propia tramitación incluye un nuevo período de audiencia y examen del expediente. En tal caso **la falta de audiencia del interesado es subsanada a través de la revisión y actuación del órgano de alzada**, pero si éste no pone remedio

420 Vid. Sent. de la CPCA, de fecha 28 de febrero de 1985, caso *Tomás Curry*, Magistrado Ponente: Armida Quintana M., RDP N° 21, p. 137.

421 Vid. Sent. de la CPCA, de fecha 9 de octubre de 1986, caso *Varios*, Magistrado Ponente: Román J. Duque Corredor, RDP, N° 28, p. 90.

422 Vid. Sent. de la CPCA, de fecha 28 de febrero de 1985, caso *Tomás Curry*, Magistrado Ponente: Armida Quintana M., RDP N° 21, p. 137.

a la falta incurre nuevamente en las omisiones que obligaron al administrado a recurrir, parece evidente que el acto que dicte en alzada, que causa estado en la vía administrativa, al ser analizado por el órgano contencioso mostrara aquellas faltas y la ilegalidad que le es inherente. (Resaltado nuestro)

Es por ello que después de estos antecedentes jurisprudenciales, solo restaba sostener el inconstitucional criterio de que el vicio de la ausencia absoluta de procedimiento era convalidable, cuando la jurisprudencia[423] llega a afirmar lo siguiente:

> **el vicio de nulidad de un acto administrativo dictado en ausencia de procedimiento es convalidable** desde la perspectiva del derecho a la defensa si se comprueba que el particular, luego de dictada la decisión que le afecta, pudo ejercer posteriormente los recursos administrativos y contenciosos administrativos, subsanando así cualquier vulneración vinculada a las fallas cometidas por la Administración sobre este aspecto. (Resaltado nuestro)

Al respecto, es pertinente recordar que la Sala Constitucional,[424] se pronunció, a su vez, muy enfáticamente sobre el derecho constitucional a la defensa y el debido procedimiento administrativo, al efectuar la revisión constitucional de una sentencia nula de la Sala Político Administrativa. En efecto, la Sala Constitucional luego de censurar tan inconstitucional argumentación referente a una suerte de convalidación «sobrevenida» por el destinatario de los actos administrativos absolutamente nulos —que tiene un antecedente en una anterior sentencia[425]— reitera, en esta oportunidad, con fundamento en los Arts. 26, 49 de la C y 19, num.4 de la LOPA que:

> el derecho a la defensa y al debido proceso tienen plena prevalencia en todo procedimiento administrativo, sin que pueda entenderse de modo alguno que el retiro de las posibilidades para ejercer esa defensa, y menos, dictar actos en ausencia total de procedimiento, puedan solventarse con la intervención posterior del particular, ante los tribunales de la jurisdicción contencioso de la materia.

Pero la Sala Constitucional no se limita a mencionar la consecuencia jurídica que dispone el Art. 25 de la C, respecto a los actos administrativos que, al afectar derechos constitucionales y legales, quedan viciados de nulidad absoluta, sino que indica la directriz que debe guiar la actuación del órgano jurisdiccional en tal caso. Al respecto, sostiene que la Sala Constitucional:

---

[423] Vid. Sent. N° 01646 del TSJ/SPA, de fecha 30 de noviembre de 2011, caso *Osmar Buitrago Rodríguez y Clemente José Quintero Rojo* (I), Magistrado Ponente: Yolanda Jaimes Guerrero.

[424] Vid. Sent. N° 1316 del TSJ/SC, de fecha 8 de octubre de 2013, caso *Osmar Buitrago Rodríguez y Clemente José Quintero Rojo* (II), Magistrado Ponente: Carmen Zuleta de Merchán.

[425] Vid. Sent. N° 1073 del TSJ/SC, de fecha 31 de julio de 2009, caso *José Manuel Argiz Riocabo y Hjalmar Jesús Gibelli Gómez*, Magistrado Ponente: Pedro Rafael Rondón Haaz.

Debe señalar con base en sus principios jurisprudenciales, que la teoría de la »*convalidación*» de los actos administrativos dictados sin mediación del procedimiento administrativo exigido por la ley, o con plena negación de la intervención del interesado, no se comparecen (*rectius*: compadecen) de modo alguno con los principios fundamentales que condicionan el derecho a la defensa y al debido proceso.

Así las cosas, el

criterio señalado por la Sala Político Administrativa el cual afirma que no resulta válido anular el acto administrativo por ausencia de procedimiento si se han ejercido las vías procesales consecuentes por ser una reposición inútil, debe señalarse que de encontrarse el acto administrativo sometido al control del juez contencioso administrativo, éste no puede reponer el procedimiento nuevamente a la vía administrativa, sino que **debe proceder a declarar la nulidad del acto en sí, sin mayores consideraciones por así requerirlo el artículo 19.4 de la Ley Orgánica de Procedimientos Administrativos**. Por ende, le está vedado emitir órdenes para el reinicio de la vía administrativa, por cuanto no está dentro de sus potestades subsanar las fallas cometidas por la Administración, sino anular éstas cuando se ha generado un daño a los derechos de los administrados.

En atención a ello la Sala Constitucional concluye, afirmando categóricamente que:

el criterio de la *´subsanación´* del vicio de ausencia absoluta de procedimiento por el ejercicio posterior de la vía administrativa y de los recursos contenciosos administrativos **no tiene asidero en los principios procesales previstos en los artículos 26 y 49 de la Constitución**. (Resaltados nuestros)

II. Vicio de desviación de procedimiento

§ 139. Concepto.— El segundo vicio procedimental se refiere a la desviación de procedimiento. La sanción de nulidad absoluta consagrada en el Art. 19, num. 4 de la LOPA hay que entenderla aplicable, también, en todos aquellos casos en que la Administración Pública ha observado, en efecto, un procedimiento administrativo, pero no el debido o fijado por la ley para ese supuesto.

En efecto, el vicio que se conoce como desviación del procedimiento ocurre cuando se aplica un procedimiento distinto al legalmente establecido;[426] se trataría, pues, de dos procedimientos administrativos regulados de modo diferente y teniendo cada uno condiciones propias de aplicación (A. DE LAUBADÈRE).[427]

426 Vid. Sent. de la CSJ/SPA, de fecha 3 de junio de 1982, RDP Nº 11, p. 113; y 28 de febrero de 1991.

427 DE LAUBADERE, A., VENEZIA, J.-P., et GAUDMET, Y., *Traité de droit administratif*, T. I, 14 ed. LGDJ, París, p. 175.

En consecuencia, el vicio de la desviación de procedimiento resulta del hecho de que una autoridad administrativa, para la consecución de sus fines, sigue un procedimiento administrativo desviado, es decir, una vía de derecho diferente de aquella que lo hubiera legalmente permitido lograr el objeto que se proponía (R. Odent).[428] En lugar del debido procedimiento administrativo se emplea otro previsto para distintas situaciones,[429] aunque coincidan parcialmente uno y otro procedimiento, aunque o fuera el que debía seguirse.

§ 140. Nulidad.— El vicio de desviación de procedimiento que, insistimos, «ocurre cuando se aplica un procedimiento administrativo distinto al legalmente fijado», por no ser una simple omisión formal, sino de un elemento estructural esencial, lo afecta de nulidad absoluta por ser un vicio de procedimiento grave, tal y como lo califica la jurisprudencia cuando señala:[430]

> Ahora bien, ciertamente que la Administración no procedió así. Es decir, cumplió un procedimiento, pero que no era el que debía seguirse. Por ello es necesario determinar si, con ello, se configura un caso de nulidad absoluta o de anulabilidad. La doctrina administrativa estima que se está presencia del primer supuesto en todas aquellos casos en que la Administración ha observado, en efecto, un procedimiento, pero no el concreto procedimiento previsto por la Ley para ese supuesto.

Tales serían los casos de otorgamiento de una concesión a través de una adjudicación directa y no de la licitación pública legalmente exigida;[431] o la destitución de un funcionario (sanción) a través del procedimiento de remoción (administración de personal).[432]

En conclusión, el vicio de desviación de procedimiento es un vicio procedimental, por su originalidad y su objetividad, como lo es el empleo del procedimiento administrativo inadecuado jurídicamente, y no es una especie del género desviación de poder como sostiene un autor de la doctrina nacional (URDANETA TROCONIS).[433]

III. Vicio de indefensión

a. Derecho a la defensa

§ 141. Concepto.— La garantía del derecho a la defensa que había sido consagrado expresamente en la Constitución de 1961 para las actuaciones

[428] ODENT, R., Ob. cit., nota 105, p. 1.139.
[429] Vid. ent. de la CSJ/SPA, de fecha 27 de enero de 1981, RDP N° 5, p. 114.
[430] Vid. Sent. de la CSJ/SPA (85), de fecha 28 de febrero de 1991, caso *Libardo Durán*, Magistrado Ponente: Román J. Duque Corredor, RDP N° 45, p. 105.
[431] Vid. Sent. de la CPCA, de fecha 12 de abril de 1983, *RDP*, N° 14, p. 153.
[432] Vid. Sent. de la CPCA, de fecha 21 de febrero de 1996, caso *Gabriel Mendoza*, RDP N° 65-66, p. 225.
[433] URDANETA TROCONIS, G., Ob. cit., nota 151, p.179.

judiciales, fue definido por la jurisprudencia[434] de la Sala Constitucional en los términos siguientes:

> Por lo que atañe al derecho a la defensa, éste es un contenido esencial del debido proceso, y está conformado por la potestad de las personas de salvaguardar efectivamente sus derechos o intereses legítimos en el marco de procedimientos administrativos o de procesos judiciales.

En tal sentido, la jurisprudencia[435] ha sostenido un criterio de forma amplia en los términos siguientes:

> el derecho de defensa debe ser considerado no sólo como la oportunidad para el ciudadano encausado o presunto infractor de hacer oír sus alegatos sino como el derecho de exigir del Estado el cumplimiento previo a la imposición de toda sanción de un conjunto de actos o procedimientos destinados a permitirle conocer con precisión los hechos que se imputan y las disposiciones legales aplicables a los mismos, hacer oportunamente alegatos en su descargo y promover y evacuar las pruebas de obren en su favor. Esta perspectiva del derecho de defensa es equiparable a los que en otro Estados de Derecho ha sido llamado como el principio del «debido proceso.

Finalmente, el derecho a la defensa, consagrado genéricamente en el Art. 68 de la Constitución de 1961, por obra de la jurisprudencia[436], amplió su aplicación a la sede administrativa y, en consecuencia, se sostiene que también «es extensible su aplicación tanto al procedimiento constitutivo del acto administrativo como en los recursos internos consagrados por la ley para depurar aquél».

§ 142. Criterio. — La jurisprudencia[437] sostiene, en presencia de los vicios o defectos procedimentales, la tendencia dominante cuando la ley no declara expresamente nulo el acto, sino que este es anulable:

> La apreciación de si el defecto entraña nulidad, depende de la importancia que revista [el trámite o la forma incumplida], el derecho que afecta, que produzca indefensión o que prive de algún elemento esencial de conocimiento que incida en el fondo o contenido de las actuaciones administrativas, desnaturalizándolas en su esencia.

b. Vicio de indefensión

§ 143. Concepto. — Con relación al procedimiento administrativo, dentro de los vicios que determinan la nulidad de los actos definitivos y de todo lo

434 Vid. Sent. N° 99 del TSJ/SC, de fecha 15 de marzo de 2000, caso *Inversiones 1994, C.A.*, Magistrado Ponente: Jesús Eduardo Cabrera Romero.

435 Vid. Sent. de la CSJ-SPA (220), de fecha 17 de noviembre de 1983, Magistrado Ponente: Josefina Calcaño de Temeltas, RDP, N° 16, p. 150.

436 Vid. Sent. de la CSJ/SPA, de fecha 10 de febrero de 1994.

437 Vid. Sent. de la CPCA, de fecha 2 de octubre de 1986, caso *Belkis Lares*, Magistrado Ponente: Pedro Miguel Reyes, RDP N° 28, p. 96.

actuado, la jurisprudencia[438] ha venido señalando, además, otro vicio procedimental consistente en «la lesión grave del derecho de defensa». En efecto, sostiene que «el otro vicio procedimental que justifica que se considere inútil toda una tramitación administrativa, es el de **la indefensión** grave, o sea, la negativa o la imposibilidad total de que un administrado se defienda». (Resaltado nuestro).

Es por ello que fuera de los anteriores supuestos que venimos de analizar, cuando se está en presencia de un vicio procedimental, se deben ponderar, en cada caso concreto, las consecuencias producidas por el mismo al interesado, la indefensión que ella haya realmente originado y, sobre todo, lo que hubiere podido variar el acto administrativo. En este sentido, la jurisprudencia[439] señala que el órgano competente

> al examinar la relación existente entre el vicio de forma y la decisión de fondo adoptada por el órgano administrativo, ponderará sobre todo, lo que hubiera variado la resolución, *si se hubiera cumplido el trámite omitido,* de modo que si la decisión de fondo hubiera sido la misma no tendría sentido anular por vicios formales, pero si *el vicio procesal ha influido realmente en dicha decisión, al sustraer, como el presente caso, elementos de juicios necesarios para la valoración justa de la solución adoptada, la declaración de nulidad se impone por el Tribunal.* [Cursiva del original]

Por tanto, concluye que:

> el vicio de forma adquiere relieve propio cuando sus existencia supone una *disminución efectiva, real y trascendente* de garantías incidiendo en la decisión de fondo y alterando, eventualmente, su sentido en perjuicio del interesado y de la propia Administración. [Cursiva del original]

y, particularmente del derecho a la defensa.[440]

§ 144. Clasificación.— El derecho a la defensa en tanto que garantía constitucional es un derecho complejo que encierra dentro de sí, a su vez, un conjunto de garantías que se traducen en una diversidad de derechos procedimentales en orden a su ejercicio efectivo y protección real. En tal sentido, el vicio de indefensión existe si el derecho constitucional a la defensa ha sido severamente lesionado o limitado en los supuestos siguientes:

(i) Cuando al interesado «no se le notificó del procedimiento en ninguna forma».[441]

---

438 Vid. Sent. de la CPCA, de fecha 7 de marzo de 1985, caso *Manuel Romero,* Magistrado Ponente: Román J. Duque Corredor, RDP N° 21, p. 134.

439 Vid. Sent. de la CPCA, de fecha 28 de febrero de 1985, caso *Tomas Curry,* Magistrado Ponente: Armida Quintana M., RDP N° 21, p. 137.

440 Vid. Sent. de la CPCA, de fecha 29 de febrero de 1984.

441 Vid. Sent. de la CPCA, de fecha 7 de marzo de 1985, caso *Manuel Romero,* Magistrado Ponente: Román J. Duque Corredor, RDP N° 21, p. 134.

(ii) «Por no ser informado de un procedimiento iniciado en su contra, no concurrieron [los interesados] a exponer sus razones y pruebas, o lo hicieron extemporáneamente».[442]

(iii) «Por defectos de las notificaciones, no conocieron [los interesados] los hechos de los cuales se les responsabiliza».[443]

(iv) «Porque se le impidió [al interesado] ejercer el derecho a defenderse en el procedimiento».[444]

(v) La ausencia de notificaciones obligatorias de los terceros de interés.[445]

(vi) Se le prohíbe o impide el derecho al libre acceso al expediente Administrativo que se encuentra reconocido en el Art. 59 de la LOPA.[446]

(vii) Se le prohíbe o impide el derecho de alegar y probar lo conducente en beneficio de sus derechos e intereses.[447]

(viii) Se le desconoce el derecho a obtener un decisión final sobre el fondo del asunto, a recibir una respuesta sobre su solicitud.

(ix) Se le desconoce el derecho a ser notificado del acto administrativo que le afecta sus derechos e intereses.[448]

(x) También determina una grave indefensión si se impide su derecho a probar,[449] o la falta del acto de descargos.

(xi) Se le desconoce al interesado el derecho a ser informado de los recursos y medios de defensa en vía administrativa o en vía jurisdiccional.[450]

§ 145. Nulidad. – El problema más interesante que se plantea dentro de los vicios procedimentales es el relativo al vicio de indefensión que es, sin duda alguna, «uno de los principales vicios del procedimiento administrativo».[451] En efecto, es un vicio que infringe a la vez los Arts. 25 y 49 de la C, al respecto la jurisprudencia[452] ha concluido que:

---

442 Vid. Sent. de la CPCA, de fecha 9 de octubre de 1986, caso *Varios*, Magistrado Ponente: Román J. Duque Corredor, RDP N° 28, p. 90.

443 Vid. Sent. de la CPCA, de fecha 9 de octubre de 1986, caso Varios, Magistrado Ponente: Román J. Duque Corredor, RDP N° 28, p. 90.

444 Vid. Sent. de la CPCA, de fecha 7 de marzo de 1985, caso *Manuel Romero*, Magistrado Ponente: Román J. Duque Corredor, RDP N° 21, p. 134.

445 Vid. Sent. de la CPCA, de fecha 25 de noviembre de 1980.

446 Vid. Sent. de la CPCA, de fecha 7 de marzo de 1985, 19 de noviembre de 1981, caso *Varios*, Magistrado Ponente: Román J. Duque Corredor, *RDP*, N° 32, p. 73; y Sent. N° 899 del TSJ/SPA, de fecha 13 de abril de 2000, caso *Luis Hernán Maldonado Moscoso*, Magistrado Ponente: Levis Ignacio Zerpa, *RDP* N° 82, p. 401.

447 Vid. Sent. de la CSJ/SPA, de fechas 8 de mayo de 1991.

448 Vid. Sent. de la *CSJ/SPA*, de fecha 9 de mayo de 1991, *RDP*, N° 46, p. 90.

449 Vid. Sent. de la CSJ/SPA, de fecha 14 de agosto de 1991, caso *Armando Melo*, RDP N° 47, p. 9.

450 Vid. Sent. CSJ/SPA, de fecha 1 de diciembre de 1999.

451 Vid. Sent. de la CPCA, de fecha 15 de mayo de 1986, RDP N° 26, p. 110.

452 Vid. Sent. de la CPCA, de fecha 7 de marzo de 1985, caso *Manuel Romero*, Magistrado Ponente: Román J. Duque Corredor, RDP N° 21, p. 134.

> ello en razón de que tratándose tal derecho de una garantía constitucional, que debe respetarse en cualquier proceso, judicial o administrativo, su violación se sanciona con la nulidad absoluta de acuerdo a lo indicado en los artículos 68 y 46 de la Constitución en concordancia con el ordinal 1° del artículo 19 de la Ley Orgánica de Procedimientos Administrativos. (Subrayado nuestro)

Finalmente, el vicio de indefensión, además, puede apreciarlo el juez de oficio, dada su naturaleza de orden público.[453]

c. Clasificación

§ 146. Enumeración.— El vicio de indefensión admite la clasificación siguiente:

- El vicio de la notificación administrativa inicial.
- El vicio por la negativa de argumentos y pruebas.

1) *Vicio de la notificación administrativa inicial*

§ 147. Notificación administrativa.— La LOPA, cuando regula los actos administrativos, establece diversas normas relativas a sus efectos que requieren ser cumplidas para que el acto administrativo sea obligatorio, ejecutable y genere sus respectivos efectos. En el caso de los actos administrativos de efectos particulares, por ser susceptibles de afectar los derechos subjetivos de las personas destinatarias, la ley exige la formalidad de la notificación para que el acto administrativo se considere eficaz y pueda comenzar a surtir sus efectos.

Así las cosas, la notificación del acto administrativo, en tanto requisito esencial para su eficacia, ha sido exigida en forma rigurosa por la jurisprudencia,[454] al sostener esta que

> de conformidad pues, con la doctrina, jurisprudencia y definiciones legales sobre la materia, es absolutamente necesario que exista la notificación del acto, entendida ésta como una acción administrativa, realizada por las autoridades administrativas, para poner en conocimiento de un particular o de un funcionario del contenido de una medida o decisión que le afecta y sin que sea trascendente para los efectos del lapso de caducidad, el conocimiento extraoficial o pasivo que dicho particular o funcionario haya tenido de la medida.

Es por ello que la LOPA establece que la consecuencia de los defectos en la notificación, esto es, tanto la falta de notificación como la notificación defectuosa, es que los actos administrativos de que se traten «no producirán ningún efecto», esto es, se refiere a la eficacia o ejecución y no a la validez.

---

453 Vid. Sent. de la CPCA, de fecha 29 de febrero de 1984, RDP, N° 17, p. 171.

454 Vid. Sent. de la CPCA, de fecha 21 de abril de 1980, Magistrado Ponente: Antonio J. Angrisano, *RDP*, N° 2, p. 117.

En efecto, la jurisprudencia[455] sostiene que

la falta de notificación de un acto administrativo de efectos particulares o la notificación defectuosa del mismo, no afectan la validez intrínseca del acto sino que su ejecución debe quedar en suspenso no puede incidir sobre el núcleo mismo del acto ni puede ser por ello motivo de impugnación por invalidez.

La regla general es que la consecuencia de los vicios en la notificación es no originar la nulidad del acto administrativo, porque no es un extremo de su validez, sino de su eficacia. En este orden de ideas, la jurisprudencia[456] sostiene que la LOPA consagra un conjunto de derechos frente a la Administración Pública, entre los que destaca «**la obligación de notificar** a los interesados cuyos derechos puedan resultar afectados por la acción administrativa». (Resaltado nuestro)

Y es que la importancia es destacada al sostener que:

este derecho es consecuencia de otro fundamental enunciado y consagrado en la Constitución como es **el derecho a la defensa**, toda vez que el ser notificado implica a su vez los derechos a ser oído, a hacerse parte en cualquier procedimiento, a tener acceso al expediente, entre otros. (Resaltado nuestro).

Por tanto,

la notificación constituye, pues, una clara **garantía** en favor de los administrados, especialmente en los procedimientos que se inician de oficio, en los cuales expresamente el artículo 48 de la Ley Orgánica de Procedimientos Administrativos exige que se notifique a los particulares cuyos derechos subjetivos e interese, legítimos personales y directos puedan resultar afectados. (Resaltado nuestro)[457]

Tomando en cuenta la oportunidad procedimental en que interviene la hemos denominado, a efectos didácticos, notificación administrativa inicial.

§ 148. Notificación administrativa inicial. – De conformidad con el Art. 48 de la LOPA, la Administración Pública debe notificar al interesado la iniciación o apertura del procedimiento administrativo del cual es su destinatario. En efecto, el respeto del derecho fundamental a la defensa comporta, entre otras manifestaciones, el derecho del interesado de ser notificado de la medida que pretende dictarse, así como sus motivos, y presentar su alegato de defensa. Por tanto, la Administración Pública debe garantizar el derecho a la defensa a través de la notificación administrativa inicial, y su incumplimiento constituye un vicio procedimental esencial.

---

455 Vid. Sent. de la CPCA, de fecha 20 de mayo de 1985, caso *Inploca*, Magistrado Ponente: Josefina Calcaño de Temeltas, RDP N° 23, p. 139.

456 Vid. Sent. de la CSJ/SPA, de fecha 11 de noviembre de 1992, caso *José O. Ardila*, Magistrado Ponente: Josefina Calcaño de Temeltas, RDP N° 52, p. 121.

457 Vid. Sent. de la CSJ/SPA, de fecha 11 de noviembre de 1992, caso *José O. Ardila*, Magistrado Ponente: Josefina Calcaño de Temeltas, RDP N° 52, p. 121.

En consecuencia, la Administración Pública tiene obligación, bajo pena de nulidad del acto administrativo, de hacer conocer de modo efectivo al interesado el objeto determinante del procedimiento administrativo iniciado de oficio, de tal modo que esté en condiciones de formular alegaciones y las pruebas pertinentes en beneficio de sus derechos e intereses.[458]

§ 149. Requisitos.— La notificación administrativa inicial pretende hacer comunicar, de manera formal, el inicio o apertura del debido procedimiento administrativo en contra del interesado, pero no es menos cierto que su contenido no es cualquiera sino que debe ser lo más completo, de modo que el interesado esté en estado de conocer los hechos que se le imputan y, de una manera general, la totalidad de los elementos y circunstancias sobre los que se basa la Administración Pública, para que pueda asegurar una defensa efectiva en la formulación de los descargos.

Por ello es absolutamente necesario que exista la notificación formal del acto de apertura del procedimiento administrativo, por medio de oficio, cuando no tiene su origen en la solicitud del propio interesado.

§ 150. Clasificación.— De lo expuesto se concluye que la notificación administrativa, en general, es correcta o válida cuando reúne todos los requisitos legales exigidos; y, por el contrario, es defectuosa cuando no los reúne: bien por omisión o por errores.[459]

Ahora bien, la integración de la notificación administrativa inicial, como un requisito esencial, torna necesario averiguar cuál es la sanción jurídica a raíz de un vicio de esta índole. En mérito a la anterior pueden darse diversas situaciones y posibilidades que originan, en la notificación administrativa inicial, los vicios siguientes:

- La falta absoluta de notificación inicial.
- La notificación inicial defectuosa.

§ 151. Vicio de falta absoluta de notificación inicial.— De conformidad con el Art. 48 de la LOPA, la Administración Pública debe notificar al interesado la iniciación o la apertura del procedimiento administrativo del cual es su destinatario. Su incumplimiento constituye un vicio procedimental esencial.

El respeto del derecho fundamental a la defensa comporta, a su vez, el derecho de la persona de ser notificada inicialmente de la medida que pretende dictarse, así como sus motivos y presentar su defensa. Por tanto, hay falta absoluta cuando en la etapa o fase previa del procedimiento administrativo no se le da a la persona la oportunidad de ejercer sus derechos, al no habérseles imputado de manera específica y clara los hechos determinantes de su responsabilidad administrativa; por el contrario, no existe violación del derecho a la defensa cuando «los interesados fueron notificados de los hechos que

---

458 Vid. Sent. de la CSJ/SPA, de fechas 8 de mayo de 1991.

459 Vid. Sent. de la CPCA, de fecha 4 de junio de 1992, *RDP*, N° 50, p. 140.

motivaron el ejercicio de la potestad investigativa así como de los hechos que dentro de la investigación conllevaron al inicio del procedimiento de determinación de responsabilidad administrativa».[460]

§ 152. Nulidad. – La Administración Pública tiene obligación, bajo pena de nulidad del acto administrativo, de hacer conocer de modo efectivo al interesado, el objeto determinante del procedimiento administrativo iniciado de oficio, de tal modo que aquel esté en condiciones de formular alegaciones y las pruebas pertinentes.

Ahora bien, es cierto que, en principio, ~~la~~ el defecto en la notificación solo afecta la eficacia del acto administrativo, sin embargo, de acuerdo con la jurisprudencia,[461] sí existe un supuesto donde la consecuencia de derecho sí sería la nulidad, y es precisamente cuando al interesado «se le causó **indefensión dentro del procedimiento administrativo con la falta de notificación**». (Subrayado nuestro).

Por tanto, se causa el vicio de indefensión al prescindir de la notificación administrativa inicial necesaria para que el interesado tenga noticias de la oportunidad de dar contestación a los cargos, requisito esencial para la validez del acto administrativo.[462]

En consecuencia, será motivo de nulidad absoluta no solo la negativa o imposibilidad total del derecho a la defensa, sino que también existirá indefensión grave en los supuestos siguientes:

(i) Cuando exista falta o ausencia de notificación administrativa en alguna forma de la apertura del procedimiento administrativo.[463]

(ii) Cuando no exista fecha de la recepción de la notificación administrativa.[464]

§ 153. Vicio de notificación inicial defectuosa. – Si la notificación administrativa inicial pretende hacer comunicar de manera formal el inicio o apertura de un procedimiento administrativo en contra del interesado, no es menos cierto que su contenido debe ser lo más completo posible, de modo que esté en estado de conocer los hechos que se le imputan y, de una manera general, la totalidad de los elementos y circunstancias sobre los que se basa la Administración Pública, para que la persona pueda asegurar una defensa efectiva en la formulación de los descargos durante el desarrollo del debido procedimiento administrativo.

---

460 Vid. Sent. N° 00912 del TSJ/SPA, de fecha 6 de agosto de 2008, caso *Eva Elizabeth Ramos Ramírez y otros*, Magistrado Ponente: Evelyn Marrero Ortiz.

461 Vid. Sent. de la CPCA, de fecha 11 de noviembre de 1993, caso *Ramón E. Tovar*, Magistrado Ponente: Jesús Caballero Ortiz, RDP N° 55-56, p. 232.

462 Vid. Sent. de la CPCA, de fecha 12 de julio de 1990, caso *Angel L. Cornieles*, RDP, N° 43, p. 61.

463 Vid. Sent. de la CSJ/SPA, de fecha 3 de agosto de 1995, JCSJ N° 8, 1995, p. 98.

464 Vid. Sent. de la CPCA, de fecha 29 de febrero de 1984.

§ 154. Nulidad. – Como cuestión previa hay que señalar que la jurisprudencia ha sostenido, con carácter general, que el vicio de notificación defectuosa no afecta la validez intrínseca del acto administrativo, sino solo su eficacia [465] que, en todo caso, se podría sancionar con la nulidad relativa.[466]

En mérito a lo que antecede, es por lo que la jurisprudencia[467] ha señalado que:

> el carácter estrictamente formal de la notificación envuelve una consecuencia fundamental: una notificación que no se ha hecho en la forma prescrita por la Ley, no produce efectos (artículo 74 de la Ley Orgánica de Procedimientos Administrativo), de lo cual resulta que tampoco podía producirlos contra el interesado, ya que la notificación demora el comienzo de la eficacia del acto y, desde luego, el inicio de los lapsos para su impugnación. La regla así expuesta no se aplica si el interesado hace manifestación expresa en tal sentido, o interpone el recurso que corresponde (ya que de ser otro diferente al que procede, se darán las consecuencias que señala el artículo 77 *ejusdem*).

En este orden de ideas, la jurisprudencia ha formulado una diferencia sustantiva entre la notificación defectuosa que se relaciona con la eficacia del acto administrativo, por un lado, y la ausencia de notificación, que se vincularía con su validez, equiparando este último supuesto a un acto administrativo inmotivado, que coloca al interesado en un estado de indefensión.[468]

Así las cosas, acarreará la nulidad absoluta el supuesto de que no exista notificación administrativa inicial de los cargos que se le imputan al presunto infractor, pues según la jurisprudencia:[469]

> Para la imposición de sanciones, **es principio general de nuestro ordenamiento jurídico que el presunto infractor debe ser notificado previamente de los cargos que se le imputan y oírsele para que pueda ejercer su derecho de defensa,** antes de ser impuesta la sanción correspondiente, bien sea esta última de naturaleza penal, administrativa o disciplinaria. Tiene base el citado principio en **la garantía individual** consagrada en el ordinal 5° del artículo 60 de la Constitución de la República, a tenor del cual «Nadie podrá ser condenado en causa penal sin antes haber sido notificado personalmente de los cargos y oído en forma que indique la Ley». Igualmente, tiene base **el principio general invocado en la inviolabilidad del derecho de defensa** «en todo estado y grado del proce-

---

465 Vid. Sent. de la CSJ/SPA, de fecha 20 de mayo de 1985, caso *Inploca, RDP*, N° 48, p. 129;

466 Vid. Sent. de la CPCA, de fecha 11 de agosto de 1988, RDP, N° 36, p. 78.

467 Vid. Sent. de la CSJ/SPA, de fecha 14 de noviembre de 1996. Magistrado Ponente: Armida Quintana, RDP N° 24, p. 122.

468 Vid. Sent. de la CPCA, de fecha 20 de mayo de 1985, caso *Inversiones Taburiente, RDP*, N° 34, p. 89.

469 Vid. Sent. de CSJ/SPA (220), de fecha 17 de noviembre de 1983, Magistrado Ponente: Josefina Calcaño de Temeltas, RDP N° 16, p. 150.

so» consagrada en el artículo 68 de la Constitución. La cobertura de estas garantías constitucionales ha sido interpretada ampliamente por la doctrina y la jurisprudencia en nuestro país, a tal punto que la aplicabilidad de los procesos en ella enunciados ha sido extendida a todas las ramas del derecho público, allende los límites del derecho penal y de las normas que protegen exclusivamente la libertad física del individuo, a fin de convertirlas en pautas fundamentales de la genérica potestad sancionadora del Estado. (Resaltado nuestro)

§ 155. Convalidación.— Hemos sostenido más arriba que, como regla general, el Art. 74 de la LOPA dispone que las notificaciones administrativas que no llenen todas las menciones señaladas en el Art. 73 de la LOPA, se considerarán defectuosas y no producirán ningún efecto. Sin embargo, según la jurisprudencia regiría en esta materia el denominado principio del logro del fin, en virtud del cual basta con que la notificación administrativa haya cumplido con su objetivo de aviso y comunicación a los interesados para que sea válida,[470] a menos que una norma expresa establezca lo contrario,[471] y siempre y cuando no haya habido lesión de las esferas de interés de los administrados.[472]

Por tanto, si la formalidad de la notificación administrativa tiene por objeto imponer al destinatario que se produjo determinado acto administrativo y si de cualquier forma el interesado llega a enterarse de la decisión que pueda afectarlo, se logra su eficacia,[473] por ejemplo, a través de la utilización de un medio no contemplado en la ley (telegrama), siempre que se cumpla con la finalidad de poner en conocimiento el interesado de la decisión que le concierne.[474]

En conclusión, según la jurisprudencia[475], no es requisito indispensable que se dé cumplimiento a la formalidad notificatoria cuando los interesados se han dado por notificados voluntariamente, ya que constituiría un trámite inútil. Esta regla, sin embargo, debe ser matizada con relación al vicio en que pueda haber incurrido la notificación administrativa y con la posibilidad de subsanación de dichas notificaciones, según lo afirma también la jurisprudencia, así:[476]

> Quiere esta Corte ratificar en esta oportunidad, que el procedimiento de regulación de alquileres es un procedimiento administrativo, donde las notificaciones no tienen carácter determinante, formal y rígido que detenta la citación en el procedimiento civil y ordinario y; en tal consecuencia, las notificaciones administrativa, de conformidad con nuestra jurispru-

---

470 Vid. Sent. de la CPCA, de fecha 7 de junio de 1984, RDP N° 19, p. 128.
471 Vid. Sent. de la CPCA, de fecha 22 de septiembre de 1983, RDP, N° 16, p. 149.
472 Vid. Sent. de la CPCA, de fecha 26 de abril de 1984, RDP N° 18, p. 158.
473 Vid. Sent. de la CPCA, de fecha 10 de diciembre de 1984, RDP, N° 20, p. 138.
474 Vid. Sent. de la CPCA, de fecha 26 de marzo de 1987, caso *María E. Ferrer, RDP,* N° 30, p. 112.
475 Vid. Sent. de la CPCA, de fecha 27 de noviembre de 1989, RDP, N° 40, p. 72.
476 Vid. Sent. de la CPCA, de fecha 23 de mayo de 1985, caso *Mario Scala,* Magistrado Ponente: Pedro Miguel Reyes, RDP, N° 23, p. 131.

dencia y la Ley Orgánica de Procedimientos Administrativos, son los actos de trámite y preparatorios, subsanables en cuanto a los vicios, se cumpla el cometido procedimental que tienen encomendada.

b. *Vicio de negativa de argumentos y pruebas*

§ 156. Concepto.— Por último, lo realmente esencial del derecho fundamental a la defensa consiste en la posibilidad, para el interesado, de presentar sus alegaciones y pruebas ante la autoridad competente, razón por la cual aquellas deben ser incorporadas al expediente abierto dentro del cual dictará el acto administrativo final.

En tal sentido, el vicio de indefensión con carácter general también existe si el derecho constitucional a la defensa ha sido severamente lesionado o limitado en alguna de las modalidades mencionadas en el parágrafo § 144.

§ 157. Lapso.— En cuanto al lapso que dispone el interesado para presentar sus alegaciones y pruebas, ha de someterse al carácter indicativo del plazo de diez (10) días hábiles que prevé el Art. 48 de la LOPA, pues nada le impide realizar una actividad de alegación y prueba durante todo el curso del procedimiento administrativo, por supuesto antes de que se dicte el acto administrativo final.

Por otro lado, cuando la comparecencia personal es obligatoria en virtud de un requerimiento, la convocatoria del interesado debe comportar un lapso razonable para que pueda, útilmente, preparar su defensa.

LOS VICIOS DEL PROCEDIMIENTO DE CONSULTA ADMINISTRATIVA

A. VICIO EN LA CONSULTA ADMINISTRATIVA

§ 158. Concepto.— El procedimiento de consulta administrativa constituye una suerte de subprocedimiento que se encuentra regulado por los Arts. 54 y 57 de la LOPA. Su naturaleza se diversifica en función del alcance del informe administrativo dado por el órgano administrativo de consulta requerido, así como de la libertad de que dispone la autoridad competente para recurrir a ese procedimiento.

En el caso del informe u opinión administrativa no vinculante, si la autoridad administrativa competente se estima erróneamente vinculada por aquel, incurre en una incompetencia negativa que se analiza en un error de derecho. Por el contrario, puede libremente seguir el contenido del informe o simplemente separarse del mismo.

Por lo que respecta al informe u opinión administrativa vinculante, la consulta al órgano es necesariamente obligatoria. Por tanto, su omisión o la ausencia de conformidad con la decisión final, implica necesariamente la nulidad absoluta de esta última. La omisión del informe u opinión administrativa vinculante o la ausencia de conformidad comporta la ilegalidad del acto administrativo final, la cual solo puede ser invocada al impugnarse esta última.

§ 159. Clasificación. – En el caso del informe u opinión administrativa no vinculante, si la autoridad administrativa competente se estima erróneamente vinculada por aquel, incurre en una incompetencia negativa que se analiza en un vicio en la causa por falso supuesto o error de derecho. Por el contrario, puede libremente seguir el contenido del informe o simplemente separarse del mismo.

En lo que respecta al informe u opinión administrativa vinculante, la consulta al órgano es necesariamente obligatoria. Por tanto, su omisión o la ausencia de conformidad con la decisión final implica necesariamente la nulidad absoluta de esta última.

Finalmente, la omisión del informe u opinión administrativa vinculante o la ausencia de conformidad comporta la invalidez y, por consiguiente, la nulidad absoluta del acto administrativo final, la cual solo puede ser invocada al impugnarse esta última.

B. VICIO EN EL PROCEDIMIEN TO DE CONSULTA O AUDIENCIA PÚBLICA

§ 160. Concepto. – En caso de incumplimiento o cumplimiento irregular del procedimiento administrativo consultivo, de consulta o de audiencia pública establecido en el Art. 139 de la LOAP para la adopción de normas reglamentarias o de otra jerarquía, la norma que sea aprobada o propuesta a otra instancia por parte del órgano o ente público, será nula de nulidad absoluta.

Se trata del vicio procedimental que consiste en la omisión del trámite de consulta o de audiencia pública que, desde el momento en que se comete, afecta a las actuaciones posteriores, en cuanto que impide valorar los puntos de vista de la pluralidad de sujetos a quienes el trámite va dirigido, puntos de vista que la Administración Pública no puede sustituir por sí (FERNÁNDEZ).[477]

§ 161. Nulidad. – En el caso específico de que la omisión del trámite de consulta afecte al ejercicio del derecho de participación ciudadana consagrado en los Arts. 62, 70 y 141 de la C, se entiende que la norma final deberá ser anulada, por vulneración del principio contradictorio y de la obligación jurídica contenida en el Art. 139 de la LOAP. Los trámites dirigidos a posibilitar la participación no son puras formalidades hueras de sentido, sino instrumentos para el logro de los principios democráticos, de transparencia y de buena Administración (PONCE SOLÉ).[478] En efecto, se debe señalar que el valor de la participación es un instrumento posibilitador, aparte de otros principios, el de la buena Administración en la toma de las normas y, por tanto, debe ser equiparable la omisión del necesario trámite de consulta pública imprescindi-

[477] FERNÁNDEZ, T.R., *La doctrina de los vicios de orden público*, IEAL, Madrid, 1970, p. 137.
[478] PONCE SOLÉ, J., Ob. cit., nota 389, p. 728.

ble para resolver con conocimiento de causa, a la ausencia de un auténtico procedimiento administrativo debido.

Fuera de los supuestos enunciados de infracciones o vicios procedimentales cabría hablar, en principio, de nulidad relativa en los demás vicios procedimentales (Art. 20 de la LOPA).

LOS VICIOS DE NULIDAD ABSOLUTA POR DETERMINACIÓN CONSTITUCIONAL O LEGAL

§ 162. Planteamiento general.— La última causal de nulidad absoluta no está referida a elemento estructural alguno del acto administrativo. Es el caso de la sanción de nulidad *ipso iure*, cuando así esté expresamente determinado por una norma constitucional o legal, de acuerdo con lo dispuesto en el Art. 19, núm. 1 de la LOPA. Es, por tanto, la sanción jurídica de nulidad absoluta del acto administrativo que derivaría por expresa disposición de una norma con rango de ley o la propia Constitución (Art. 19, num. 1 de la LOPA), como sucede en los dos casos siguientes: (i) los actos administrativos dictados en ejercicio del Poder Público que violen o menoscaben los derechos garantizados por la Constitución y la ley, según lo establece el Artículo 25 de la C; y los actos administrativos mediante la usurpación de autoridad consagrado en el Art. 138 de la C.

Finalmente, se debe mencionar que, de acuerdo con la jurisprudencia,[479] con carácter general el acto administrativo dictado con violación de algún precepto constitucional produce la nulidad absoluta.

479 Vid. Sent. de la CPCA, de fecha 26 de junio de 1980, Magistrado Ponente: Antonio Angrisano, RDP N° 3, p. 133.

QUINTA PARTE:

LA TEORÍA DE LOS VICIOS DE NULIDAD RELATIVA DEL ACTO ADMINISTRATIVO

VICIOS DE NULIDAD RELATIVA DEL ACTO ADMINISTRATIVO

A. ANTECEDENTES

§ 163. Planteamiento general.— Hemos sostenido más arriba, que la LOPA reconoce, junto al sistema de lista de los vicios que comportan la nulidad absoluta del acto administrativo, una cláusula residual consistente en considerar de nulidad relativa todos los demás vicios no contemplados en el Art. 19 de la mencionada LOPA. Rige, repetimos, la regla de la presunción de nulidad relativa o anulabilidad y solo, excepcionalmente, tiene lugar la nulidad absoluta.

Ahora, respecto de los vicios de nulidad relativa no existe, en nuestro Ordenamiento jurídico, igual que acontece en muchos sistemas jurídicos extranjeros, reglas que regulen su incidencia en la anulación del acto administrativo, y ha sido la propia jurisprudencia[480] la que ha ido estableciendo los criterios para la valoración de este tipo de vicios.

§ 164. Efectos jurídicos.— Los efectos jurídicos de la nulidad relativa son los siguientes:

(i) Puede ser *convalidada* (art. 81 de la LOPA).[481]

(ii) No permite solicitar la *suspensión de los efectos* (Art. 87 de la LOPA).[482]

(iii) En cuanto a la *extensión* puede ser tanto parcial como total (Art. 21 de la LOPA).[483]

---

480 Vid. Sent. de la CPCA, de fecha 2 de octubre de 1986, caso *Belkis Lares*, Magistrado Ponente: Pedro Miguel Reyes, RDP N° 28, p. 96.

481 Vid. Sent. de la CPCA, de fecha 22 de abril de 1985, caso *Bethzaida C. Velázquez*, Magistrado Ponente: Hildegard Rondón de Sansó, RDP N° 22, p. 163.

482 *Idem*.

483 *Idem*.

(iv) No puede ser declarada o reconocida si el acto administrativo creó *derechos subjetivos o intereses jurídicos* (Art. 82 de la LOPA).[484]

(v) Si el acto administrativo adquiere *firmeza* no puede ser revocado, pues se incurre en nulidad absoluta.[485]

(vi) En cuanto a la *oportunidad procesal,* solo puede ser denunciada al iniciarse el procedimiento judicial, por lo que no puede ser solicitada, después, en informes[486]

LOS VICIOS DE NULIDAD RELATIVA DEL ELEMENTO SUBJETIVO

§ 165. Plan.— Dentro de los vicios que hacen referencia al elemento subjetivo y que afectan al autor del acto administrativo, esto es, al órgano al cual le es imputable, hemos analizado más arriba aquellos que originan la nulidad absoluta. Ahora nos ocuparemos de aquellos vicios que comportan la nulidad relativa o anulabilidad.[487]

El vicio de incompetencia relativa o no manifiesta en el supuesto del elemento subjetivo está referido a los casos siguientes:

- El vicio de incompetencia jerárquica.
- El vicio de incompetencia temporal.

A. VICIO DE INCOMPETENCIA JERÁRQUICA

§ 166. Competencia en razón de la jerarquía.— La organización administrativa se integra verticalmente, culminando en un órgano supremo (por ejemplo, el ministro), y por debajo de él existen los órganos de rango inferior (por ejemplo, los viceministros). Lo expuesto da lugar a una competencia estructurada piramidalmente y diferenciada en razón de la jerarquía, grado o nivel que se ocupe en la organización administrativa.

§ 167. Vicio de incompetencia jerárquica.— Según la jurisprudencia,[488] el vicio de incompetencia jerárquica o en razón del grado, llamada también incompetencia funcional, se da cuando un órgano de superior jerarquía, dicta o emite un acto que correspondía dictar a otro órgano de menor rango, o viceversa. El desconocimiento de la competencia, por parte de la autoridad administrativa, solo produce, como regla general, supuestos de incompetencia relativa y, por consiguiente, solo origina la nulidad relativa.[489]

---

[484] Vid. Sent. de la CSJ/SPA de fecha 19 de octubre de 1989.
[485] Vid. Sent. de de la CSJ/SPA, de fecha 14 de mayo de 1985.
[486] Vid. Sent. de la CSJ/SPA-ET, de fecha 9 de agosto de 1990, caso *Orinoco Minig Company,* Magistrado Ponente: Alejandro Osorio, RDP N° 43, p. 70.
[487] Vid. Sent. de la CSJ/SPA, de fecha 24 de enero de 1995.
[488] Vid. Sent. de la CSJ/SPA-ET, de fecha 17 de abril de 1996, RDP N° 65-66, p. 233.
[489] Vid. Sents. de la CSJ/SPA, de fecha 9 de agosto de1990, RDP N° 43, p. 68.

§ 168. Supuestos. – Según la jurisprudencia,[490] el vicio de incompetencia jerárquica se da en las hipótesis siguientes:

(i) «Cuando un superior jerárquico conoce cuestiones que son de la competencia exclusiva de un órgano inferior», según la regla que se desprende del 49 de la LOPA, que dispone que la competencia es irrenuniciable, salvo los supuestos de transferencia de competencia (delegación, sustitución o avocación) previstos por las leyes.

(ii) «Cuando un organismo inferior conoce y resuelve cuestiones de la competencia reservada al superior jerárquico», según el Art. 49 de la LOPA.

§ 169. Convalidación. – En el caso del vicio de nulidad relativa, en virtud del principio del *favor acti* es posible su convalidación, reconociendo tanto la validez del procedimiento administrativo previo como la legalidad del acto administrativo.[491]

B. VICIO DE INCOMPETENCIA TEMPORAL

§ 170. Competencia en razón del tiempo. – Es sabido que la competencia otorgada a la autoridad administrativa es, por regla general, permanente, en cuanto puede ejercerla en cualquier tiempo. Pero en ciertos casos el órgano solo puede ejercerla dentro de un lapso determinado; se dice, entonces, que la competencia es temporaria (*ratione temporis*).

En consecuencia, la competencia temporal alude a una distribución de las competencias en razón del tiempo o momento; por ejemplo, las disposiciones transitorias que habilitan a un ente regulador para proceder a la transformación de títulos habilitantes dentro de un plazo determinado.

§ 171. Vicio de incompetencia temporal. – Ahora bien, el problema está en determinar si, como regla general, la actuación administrativa fuera del tiempo implica o no la invalidez del acto administrativo. Al respecto se ha sostenido que la obligación de actuar en un determinado plazo solo pretende, normalmente, evitar retrasos injustificados en la actuación administrativa. En otras ocasiones, por el contrario, la propia naturaleza del término o plazo da lugar a que su incumplimiento determine la nulidad del respectivo acto administrativo.

§ 172. Nulidad. – De acuerdo con la línea jurisprudencial,[492] la regla es que los actos administrativos dictados fuera del tiempo fijado solo producirán la nulidad relativa o anulabilidad, salvo cuando así lo imponga la naturaleza del término o plazo, o cuando el tiempo es esencial para la emanación del acto administrativo.

---

490 *Idem.*

491 Vid. Sent. de la de la CSJ/SPA, de fecha 19 de octubre de 1989.

492 Vid. Sent. de la CPCA, de fecha 22 de junio de 1981.

En este orden de ideas, la doctrina francesa (A. De Laubadère y R. Hostiou)[493] sostiene que los plazos previstos para la emisión de su acto administrativo son considerados, en principio, como indicativos -conminatorios- y excepcionalmente imperativos -de rigor-, lo cual comporta que su transgresión no vicia el acto de incompetencia.

El criterio mencionado ha sido compartido por la jurisprudencia[494] al establecer lo siguiente:

> Al respecto esta Corte observa: si tomamos como referencia el régimen de los actos administrativos, tenemos que aquellos adoptados fuera el lapso fijado, adolecerían de un vicio de incompetencia «ratione temporis»; en tal sentido, la regla es que los actos administrativos deben ser adoptados en el lapso temporal establecidos en la Ley o en la norma en la cual se basan, es decir, que la autoridad administrativa debe ejercer su competencia en el tiempo en que la tiene atribuida. Sin embargo, no todos los actos realizados o adoptados fuera del lapso son susceptible de ser anulados por el juez de lo Contencioso Administrativo.
>
> Por lo general se considera que cuando una norma prevé un plazo o fecha para la adopción de un acto administrativo, este plazo o fecha tiene un carácter indicativo salvo que la propia norma le dé un carácter imperativo. Sólo cuando el acto fuera del lapso afecte al administrado, es cuando este es anulado, como ejemplo se afecte la jubilación anticipada, una designación realizada antes de que el cargo esté vacante, etc. Tampoco se anulan los actos adoptados fuera de tiempo, cuando a pesar de la tardanza persiste la obligación para la administración de adoptarlos.

Es así como no constituye un vicio procedimental invalidante el exceso de duración de un procedimiento administrativo más allá del lapso legalmente fijado,[495] a no ser que la naturaleza del término o plazo imponga su nulidad. Asimismo, el incumplimiento de los lapsos procedimentales, en materia administrativa, solo es motivo de nulidad cuando la falta signifique la omisión de una etapa o fase total de un procedimiento administrativo debido o una grave lesión al derecho de defensa.[496]

En todo caso, la obligación de respetar un plazo impuesto a la autoridad competente solo concierne a la adopción del acto administrativo; por tanto, se entiende que ha sido observado el plazo si es adoptado dentro del mismo, aun en el caso de que aquel no haya sido notificado o publicado.

Por último, en los casos de nulidad relativa por incompetencia temporal, la irregularidad podrá dar lugar también a la posible exigencia de responsabi-

---

493 DE LAUBADERE, A., Ob. cit., nota 427, T. I, p. 670; y HOSTIOU, R., *Procedures et formes de l'acte administratif unilateral français*, LGDJ, París, 1975, p. 126.

494 Vid. Sent. de la CPCA (Acc) de fecha 6 de octubre de 1981, Magistrado Ponente: Isabel Boscán de Ruesta, RDP N° 8, p. 99.

495 Vid. Sent. de la CSJ/SPA, de fecha 3 de octubre de 1985, RDP N° 24, p. 126.

496 Vid. Sent. de la CPCA, de fechas 6 de diciembre de 1982, RDP N° 13, p.123.

lidad al funcionario público causante de la demora, si hubiese lugar a ello, de conformidad con lo dispuesto en el Art. 3 de la LOPA.

LOS VICIOS DE NULIDAD RELATIVA DEL ELEMENTO CAUSA

A. ELEMENTO CAUSA O MOTIVOS

§ 173. Concepto. – El acto administrativo, como todos los actos jurídicos emanados de los órganos del Poder Público, sostiene la jurisprudencia, [497] «deben tener una razón de ser, causa o motivación que les sirva en última instancia de justificación intrínseca».

Así las cosas, todo acto administrativo debe tener una razón justificadora, esto es, una serie de circunstancias de hecho y de derecho que determinan que la autoridad dicte el acto administrativo. Ahora, la determinación del elemento causa o motivos viene dada por la respuesta a la pregunta: «¿Por qué?», del acto administrativo.

De ahí que, entre los elementos estructurales del acto administrativo, se encuentra, pues, la causa o motivos que como enseña la doctrina no son otra cosa sino «los hechos que han provocado la decisión, que han determinado a su autor a tomarla» (DE LAUBADERE).[498] Así, la causa o motivos de un acto administrativo están constituidos por hechos objetivos, anteriores y exteriores al acto y que determinan a la autoridad administrativa a actuar. Por su parte, la jurisprudencia[499] la describe como «el antecedente que lo provoca» y, por ende, los motivos «están siempre, y necesariamente incorporados a su causa».[500]

Sin embargo, durante mucho tiempo, la autoridad administrativa no tenía la obligación de hacer conocer los motivos de sus decisiones; después la jurisprudencia la fue constriñendo en casos relativamente numerosos donde el juez estimaba que el conocimiento preciso de los hechos era indispensable para el ejercicio del control jurisdiccional y que el mismo constituía también una garantía para los administrados. En tal sentido, el legislador, retomando la jurisprudencia, le da a este elemento estructural un claro reconocimiento normativo en los Arts. 9 y 18, num. 5 de la LOPA.

En consecuencia, la causa o motivos del acto administrativo serían los antecedentes o presupuestos de hecho y de derecho (M. WALINE),[501] que son los que sirven de fundamento a la aplicación de la norma jurídica. En ese sentido, en principio, la causa del acto administrativo sería objetiva, en el sentido que estaría prevista y predeterminada por la ley y sería «la razón justificadora del

---

497 Vid. Sent. de la CSJ/SPA, de fecha 13 de junio de1957.

498 DE LAUBADERE, A., *Manual de Derecho Administrativo*, Temis, Bogotá, pp. 80 y 1.984.

499 Vid. Sent. de la CF, de fecha 9 de agosto de 1957.

500 Vid. Sent. de las CPCA, de fecha 22 de octubre de 1992, caso *Casa Paris, S.A.*, Magistrado Ponente: Alfredo Ducharne Alonso, RDP N° 52, p. 119.

501 WALINE, M., Ob. cit., nota 309, Vol. I, p. 343.

acto, y esa razón siempre está vinculada a alguna circunstancia de hecho que va a motivar el acto».[502]

Así las cosas, la jurisprudencia[503] sostiene que~~en~~ «en el estado actual de nuestro derecho, no pueden existir dudas respecto a que el elemento motivo o causa del acto administrativo, está constituido por las razones o fundamentos tanto de hecho como de derecho, sobre los cuales se apoya el mismo».

Finalmente, la jurisprudencia[504] sostiene en cuanto a los motivos de hecho que «éstos deben ser ciertos, comprobados, no desvirtuados por las Administración y apreciados debidamente como supuestos de la decisión administrativa».

> Conforme a este requisito, cuando un acto administrativo se dicta, el funcionario debe ante todo, comprobar los hechos que le sirven de fundamento, constatar que existen y apreciarlos. (...) El acto administrativo, por tanto, —como se dijo-- no puede estar basado en la apreciación arbitraria de un funcionario. (Subrayado en el original)

Mientras que en cuanto a los motivos de derecho, «se trata de la correspondencia o relación entre el supuesto previsto en una norma, que autoriza al funcionario a dictar determinado acto, y el acto en concreto que se dictó bajo el amparo de la norma».

B. VICIO DE FALSO SUPUESTO

I. CONCEPTO

§ 174. Planteamiento.— Además del vicio en la causa analizado más arriba de violación de la cosa decidida administrativa, el problema que aquí se plantea es la apreciación de la corrección de los motivos fácticos y jurídicos del acto administrativo, que se integran como elementos estructurales del acto administrativo, a través de la noción de causa.

En tal sentido, la jurisprudencia[505] engloba bajo la denominación del vicio de falso supuesto otra de las especies de los vicios en la causa, la falsedad de los supuestos o motivos,[506] de los hechos o del derecho,[507] o en fin, la tergiversación de los hechos o del derecho.[508]

---

[502] Vid. Sent. del TSJ/SPA (157), de fecha 17 de febrero de 2000, caso *Juan Carlos Pareja Perdomo*, Magistrado Ponente: Carlos Escarrá Malavé, RDP N° 81, p. 207.

[503] Vid. Sent. de la CPCA, de fecha 12 de abril de 1988, Magistrado Ponente: Román J. Duque Corredor, RDP N° 34, p. 92.

[504] Vid. Sent. de la CPCA, de fecha 26 de enero de 1984, Magistrado Ponente: Román J. Duque Corredor, RDP N° 17, p. 181.

[505] Vid. Sent. de la CSJ/SPA, de fecha 3 de junio de 1969, GF N° 64, p. 275.

[506] Vid. Sent. de la CPCA, de fecha 7 de noviembre de 1985; y Sent. N° 6065 del TSJ/SPA, de fecha 2 de noviembre de 2005, RDP N° 104, p. 159.

[507] Vid. Sent. de la CPCA, de fecha 4 de noviembre de 1986, RDP N° 29, p. 91.

[508] Vid. Sent. de la CPCA, de fecha 29 de septiembre de 1983, Magistrado Ponente: Hildegard Rondón de Sansó, RDP N° 16, p. 159.

Es decir,[509] «la falsa, inexacta o incompleta apreciación por parte de la Administración, del elemento causa del acto administrativo integralmente considerada».

II. CLASIFICACIÓN

§ 175. Enumeración.— El vicio de falso supuesto (motivación falsa o errónea como también se le denomina), puede referirse indistintamente tanto a la existencia material (o error de hecho) como a la existencia jurídica (o error de derecho).

En efecto, tanto la doctrina (ARAUJO-JUÁREZ, BREWER-CARÍAS y HERNÁNDEZ-MENDIBLE)[510] como la jurisprudencia[511] distinguen, dentro del concepto de falso supuesto o suposición falsa, no solo el vicio en los motivos fácticos (falso supuesto de hecho), sino también en los motivos jurídicos (falso supuesto de derecho), siendo este último denominado, también, por la doctrina francesa (R. DRAGO)[512] y nacional (BREWER-CARIAS),[513] así como por la jurisprudencia[514] como-el vicio de «ausencia de base legal». Es más, se le refiere como un elemento autónomo del acto administrativo diferente a la causa (BREWER-CARÍAS).[515]

En mérito a lo antes expuesto es por lo que también la jurisprudencia[516] afirma que «la base legal es un requisito de fondo de todos los actos administrativos, sean de efectos generales o particulares».

a. *Falso supuesto de hecho*

§ 176. Causa.— Se debe empezar señalando que siempre hay una serie de hechos al origen de la decisión de la Administración Pública de dictar un acto administrativo. En tal sentido, la causa del acto administrativo resulta de una serie de circunstancias fácticas o de hecho denominadas los presupuestos de hecho, previstos en la norma (GARRIDO FALLA).[517]

Por otro lado, los presupuestos de hecho pueden consistir en:

(I) Situaciones totalmente objetivas.

---

509 Vid. Sent. de la CPCA, de fecha 12 de abril de 1988, Magistrado Ponente: Román J. Duque Corredor, RDP N° 34, p. 92.

510 ARAUJO-JUÁREZ, J., Ob. cit., nota 39, pp. 183 y ss.; BREWER-CARÍAS, A.R., Ob. cit., nota 191, p. 151; y HERNÁNDEZ-MENDIBLE, Ob. cit., nota 135, pp. 37 y 38.

511 Vid. Sents. de la CSJ/SPA, de fecha 7 de abril de 1988; y Sent. N° 401 del TSJ/SPA, de fecha 18 de marzo de 2003.

512 DRAGO, R., «Le défault de base légale dans le recours pour excès de pouvoir», en *C.E.*, Et. et Doc., París, 1960, p. 27.

513 BREWER-CARÍAS, A.R., Ob. cit., nota 191, p. 151 y 152.

514 Vid. Sent. de la C SJ/SPA, de fecha 17 de marzo de 1990, caso Varios, Magistrado Ponente: Cecilias Sosa Gómez, RDP N° 42, p. 104.

515 BREWER-CARÍAS, A.R., Ob. cit., nota 191 , pp. 151 y 152.

516 Vid. Sent. de la CPCA, de fecha 26 de mayo de 1983, Magistrado Ponente: Román J. Duque Corredor, RDP n° 15, p. 142.

517 GARRIDO FALLA, F., Ob. cit., nota 4, Vol. I, p. 601.

(II) Implicar una operación valorativa: por ejemplo, en los casos de conceptos jurídicos indeterminados.

Sin embargo, también se advierte que incorrectamente, a veces, se identifica la causa con la voluntad del acto, o con el fin de interés público que tiene el acto administrativo.

Ahora bien, es necesario que la realidad o exactitud material de los hechos sea establecida previamente por la Administración Pública. Por tanto, según la jurisprudencia[518] es necesario que «la decisión administrativa se haya determinada por la comprobación previa de las circunstancias de hecho prevista en dicha norma, claramente estatuida para obligar a la Administración a someter sus actos, en cada caso, al precepto jurídico preexistente», en razón de lo cual:[519]

> estos presupuestos de hecho o motivos de los actos administrativos deben ser comprobados, apreciados y calificados adecuadamente por la Administración, ya que si no existen o si ha habido errores en la apreciación y calificación de los mismos, se configura un vicio en la causa que produce la anulabilidad tanto de actos de efectos particulares como de efectos generales.

§ 177. Vicio de falso supuesto de hecho.— El acto administrativo incurre en el vicio de falso supuesto de hecho o también denominado «error de hecho» [520] cuando se fundamenta en:[521]

- «Hechos no comprobados».
- «Incorrecta o errónea calificación de los hechos».

Asimismo, el falso supuesto, como vicio en la causa, es un «vicio que incide en el contenido y no en la forma de los actos administrativos», que tiene influencia positiva en la decisión que se dicta, para lo cual es necesario demostrar que de no haberse incurrido en él, la decisión hubiera sido distinta.[522]

§ 178. Control.— El control sobre los motivos se desdobla en un control sobre la existencia material de los motivos y en un control sobre la existencia jurídica.

En tal sentido, la jurisprudencia[523] ha sostenido que «la correcta apreciación de los hechos constituye un factor esencial para la legalidad y corrección de las mismas, y consecuentemente un medio adecuado para poder verificar su control judicial con miras al mantenimiento de tales fines».

---

518 Vid. Sent. de la CSJ/SPA, de fecha 22 de mayo de 1963, GF N° 40, p. 237.

519 Vid. Sent. de la CPCA, de fecha 17 de marzo de 1990, caso *Varios*, Magistrado Ponente: Cecilia Sosa Gómez, RDP N° 42, p. 96.

520 Vid. Sent. de la CSJ/SPA, de fecha 30 de mayo de 1974.

521 Vid. Sent. de la CSJ/SPA, de fecha 30 de mayo de 1975, GO N° 1674 Extr., de fecha 12 de agosto de 1974.

522 Vid. Sent. de la CSJ/SPA, de fecha 9 de mayo de 1991, caso *Jesús A. Bracho*, Magistrado Ponente: Román J. Duque Corredor, RDP N° 46, p. 109.

523 Vid. Sent. de la CSJ/SPA, de fecha 9 de junio de 1988, caso *Varios*, Magistrado Ponente: Luis. H. Farías Mata, RDP N° 35, p. 97.

Por tanto, este vicio admite a su vez tres modalidades de control sobre los presupuestos o motivos de hecho:

(i) El control denominado mínimo que se realiza sobre la existencia o exactitud material de los hechos.

(ii) El control denominado ordinario que se realiza sobre la apreciación o calificación jurídica de los hechos.

(iii) El control denominado máximo que se realiza sobre el principio de proporcionalidad.

§ 179. Error en la existencia material de los motivos de hecho.– El primer supuesto del vicio de falso supuesto de hecho hace referencia a un *control mínimo* sobre la existencia, constatación o comprobación material de los hechos. Y es que sucede frecuentemente que la norma hace de una situación de hecho la condición necesaria del dictado de un acto administrativo; y la Administración Pública no estará habilitada a dictar el acto administrativo sino cuando esta situación de hecho existe. En tal sentido, para apreciar la legalidad del acto administrativo es necesario examinar en cuanto a los hechos invocados su existencia material.

Por su parte, la jurisprudencia[524] ha sostenido que los

> presupuestos de hecho del acto o motivos de los actos administrativos deben ser comprobados, apreciados y calificados adecuadamente por la Administración, ya que si no existen, o si ha habido errores en la apreciación y calificación de los mismos, se configura un vicio en la causa que produce la anulabilidad tanto de actos de efectos particulares como de efectos generales.

En consecuencia, por cuanto el control mínimo trata siempre sobre la existencia o exactitud material de los motivos de hecho, el vicio de falso supuesto de hecho se configura cuando existe una inexactitud material de los hechos o causa jurídica inexistente, pues «la decisión impugnada se hace descansar sobre hechos falsos».[525] Esto es, «porque no son ciertos o inexistentes», [526] o simplemente «cuando son inciertos los supuestos de hecho en que se basó el organismo para dictar su decisión».[527]

Esto es, «la ausencia total o absoluta de los hechos»,[528] o en definitiva cuando «los motivos expresados en el acto resultaren falsos, erróneos o fundamentados en una ilegal apreciación de las pruebas».[529]

---

524 Vid. Sent. de la CSJ/SPA, de fecha 17 de marzo de 1990, caso *Varios*, Magistrado Ponente: Cecilia Sosa Gómez, RDP n° 42, p. 96.

525 Vid. Sent. de la CSJ/SPA, de fecha 7 de abril de 1988, Magistrado Ponente: Josefina Calcaño de Temeltas, RDP N° 34, p. 94.

526 Vid. Sent. de la CSJ/SPA, de fecha 17 de mayo de 1984.

527 Vid. Sent. de la CPCA, de fecha 28 de febrero de 1985, RDP N°21, p.135; y Sent. N° 474 del TSJ/SPA, de fecha 2 de marzo de 2000.

528 Vid. Sent. de la CSJ/SPA, de fecha 9 de junio de 1990.

529 Vid. Sent. de La CPCA, de fecha 29 de septiembre de 1987, caso *Francisco Uzcátegui*, Magistrado Ponente: Pedro Miguel Reyes, RDP N° 32, p. 79.

También cuando en el expediente administrativo no existe «prueba alguna de los hechos que se imputan a la recurrente», el acto administrativo carece de toda eficacia legal «por haberse fundado en hechos no comprobados».[530]

En suma: la existencia material de los motivos va a desembocar sobre la censura del acto administrativo por error de hecho si aparece que los hechos invocados no existen materialmente, de modo que puede estar viciado por falsedad, esto es, según criterio de la jurisprudencia, [531]

> cuando la Administración para dictar un acto, fundamenta su decisión en hechos, acontecimiento o situaciones que no ocurrieron, u ocurrieron de manera diferente a aquella que el órgano aprecia o dice apreciar. En otras palabras, porque son falsos o inexactos.

En definitiva, según la jurisprudencia[532], el falso supuesto o error de hecho se da en caso de «la inexistencia de elementos probatorios que justifiquen la decisión adoptada, elementos probatorios que constituirán los supuestos de hecho del acto (causa)».

Por consiguiente, «de no resultar comprobados los fundamentos del acto, éste estará viciado en su fondo por ilegalidad».[533]

§180. Error en la existencia jurídica de los motivos de hecho.— El segundo supuesto hace referencia a un *control normal* sobre la adecuada apreciación o calificación jurídica de los hechos; esto es, el acto administrativo debe tener adecuación con los motivos de hecho que constituyen su causa.

En efecto, el control se verifica, igualmente, sobre la existencia jurídica de la causa o motivos del acto administrativo. Del momento en que la norma precisa los hechos que pueden justificar el acto administrativo, ellos devienen en motivos de derecho, motivos legales, que la autoridad administrativa debe respetar. El control normal es, entonces, sobre la calificación jurídica de los hechos; y, por ende, la calificación errónea constituye un vicio por falso supuesto o error de hecho.

El contencioso disciplinario ofrece una gran diversidad de situaciones de este tipo, puesto que la sanción disciplinaria no será legal sino bajo la doble condición siguiente: (i) que los hechos que se le reprochan al funcionario sancionado se hayan producido (existencia material); y (ii) que esos hechos se puedan analizar como una falta disciplinaria (existencia jurídica).

En consecuencia, según la jurisprudencia,[534] el vicio de error en la calificación jurídica de los motivos de hecho «acontece cuando se da la apreciación

---

530 Vid. Sent. de la CSJ/SPA, de fecha 22 de mayo de 1963, GF N° 40, p. 237.

531 Vid. Sent. de las CSJ/SPA, de fecha 25 de abril de 1991, caso *César Constati B.*, Magistrado Ponente: Román J. Duque Corredor, RDP N° 46, p. 108.

532 Vid. Sent. de la CPCA, de fecha 15 de mayo de 1990, caso *Feliz Chacín*, Magistrado Ponente: Jesús Caballero Ortiz, RDP N° 42, p. 96.

533 Vid. Sent. de la CPCA, de fecha 24 de enero de 1985, caso *E.A. Delgado*, Magistrado Ponente: Román J. Duque Corredor, RDP N° 221, p. 133.

534 Vid. Sent. de la CSJ/SPA, de fecha 30 de mayo de 1974.

errónea del elemento causa o motivo del acto administrativo»; también cuando la autoridad administrativa «da por ciertas cuestiones no involucradas en el asunto»;[535] o si ocurrieron de manera distinta a como fueron apreciados, esto es, cuando en su apreciación o calificación «la Administración, para dictar su decisión, tergiversa los hechos»,[536] esto es, aunque no sean falsos los aprecia erróneamente; cuando los hechos realmente significativos no son tomados en cuenta.

Finalmente, el vicio de falso supuesto de derecho consiste igualmente en «una errónea apreciación de las pruebas», que consiste en «una mala apreciación de los elementos materiales existentes en el procedimiento, de modo que hicieron producir a la decisión efectos diferentes a los que hubiera producido si dicha apreciación hubiera sido hecha correctamente».[537]

§181. Vicio de arbitrariedad administrativa. – Por último, la intensidad del control puede variar en atención a si la Administración Pública dispone de una potestad vinculada o una potestad discrecional para tomar la decisión. Pese a que originariamente la potestad discrecional administrativa se configuró como ámbito exento de la ley, la obra de la jurisprudencia y la doctrina han juridificado la institución, así como la fueron sometiendo paulatinamente al *control máximo* jurisdiccional de la legalidad administrativa.

En tal sentido, el principio general de proporcionalidad que nació en el Derecho penal, se extendió luego al Derecho administrativo, donde su operatividad se predica fundamentalmente en al ámbito del ejercicio de la potestad discrecional. Con él se postula la necesidad de que exista una razonable correlación entre el interés público perseguido con una medida determinada y la restricción o limitación de los derechos individuales que este comporte.

En virtud del principio de proporcionalidad se condiciona la actuación administrativa en función de tres elementos:

- La situación concreta de que se trata (presupuesto de hecho).
- La finalidad de la actividad administrativa (fin).
- El contenido de la decisión dictado por la Administración Pública (objeto).

En consecuencia, la Administración Pública deberá tomar en cuenta el concurso de estos tres elementos (presupuestos de hecho, fin y objeto) antes de adoptar el acto administrativo y, por consiguiente, el principio se convierte en un importante parámetro de control jurisdiccional de la legalidad.

En el caso de ejercicio de las potestades administrativas discrecionales cuando «la ley se las conceda directa y categóricamente»,[538] el Juez adminis-

---

535 Vid. Sent. N° 474 del TSJ/SPA, de fecha 2 de marzo de 2000, caso *Luisa Giocondas Yaselly*, Magistrado Ponente: Ignacio Levy Zerpa.

536 Vid. Sent. de la CSJ/SPA, de fecha 17 de marzo de 1990.

537 Vid. Sent. de la CPCA, de fecha 14 de diciembre de 1992, RDP N° 52, p. 127.

538 Vid. Sent. de la CFC/SF, de fecha 11 de agosto de 1949, G.F. N° 2, p. 143.

trativo no puede anular el acto en lo que concierne al mérito o fondo,[539] pues la ley ha entendido dejar libertad a la Administración Pública para apreciar la oportunidad de la decisión, salvo que haya violado los límites de la potestad administrativa discrecional: falta de causa, desproporcionalidad, desviación de poder, etc., pues nunca aquella puede conducir a la arbitrariedad.[540]

Por su parte, dentro del proceso de juridificación del control del principio de legalidad, el Art. 12 de la LOPA consagra límites al ejercicio de la potestad discrecional de la Administración Pública. En efecto, como bien señala Brewer-Carías,[541] si bien el ejercicio de la potestad discrecional es esencial en la Administración Pública para la realización del interés público también, sin duda, es la primera fuente de la arbitrariedad administrativa. De ahí la exigencia de límites a la potestad discrecional para que su ejercicio no se convierta en arbitrariedad administrativa.

En tal sentido, se dice que el control del principio de la legalidad es máximo cuando se realiza sobre materias donde, pudiendo existir un cierto margen de discrecionalidad, sin embargo, rige la regla de lo *reasonableness* de la jurisprudencia inglesa,[542] *standarts* jurídico de la jurisprudencia francesa,[543] o en nuestro Derecho positivo el control sobre el denominado principio de proporcionalidad, esto es, sobre la correcta adecuación entre el acto administrativo y los motivos de hecho contemplados en la norma y que lo justifican.

Por tanto, el acto administrativo que dicte la autoridad administrativa competente, en ejercicio de la potestad discrecional que le ha sido reconocido por el Ordenamiento jurídico, no puede ser desproporcionado, porque la desproporción es arbitrariedad administrativa. De ahí que si una norma establece, por ejemplo, que por la infracción de una norma se puede aplicar una sanción entre dos límites, máximo y mínimo, según la gravedad de la falta, la autoridad no puede ser arbitraria y aplicar medidas desproporcionadas.

En consecuencia, las medidas, en general, que la autoridad administrativa dicte obrando en ejercicio de una potestad discrecional, de acuerdo con el Art. 12 de la LOPA, sostiene la jurisprudencia,[544] «deberán mantener la debida proporcionalidad y adecuación con el supuesto de hecho», pues

> es tan rigurosa la exigencia de la Ley a este respecto, que la discrecionalidad en la apreciación de los hechos en un caso determinado de parte del funcionario, con todo y estar revestida de cierta amplitud dentro del marco de la ley, nunca aquella puede conducir a la arbitrariedad. Si esto ocurre, el acto administrativo irregular por vicio de ilegalidad.

---

539 Vid. Sent. de la CF, de fecha 6 de noviembre de 1958, GF N° 22, p. 134; y Sent. de la CSJ/SPA (188), de fecha 12 de julio de 1984, RDP N° 19, 1984, p. 124.

540 Vid. Sent. de la CF, de fecha 26 de noviembre de 1959, GF N° 26-125.

541 BREWER-CARÍAS, A.R., Ob. cit., nota 191 , pp. 45 y ss.

542 WADE, H.R., *Administrative Law*, 3a Ed., 1971, p. 70.

543 GAUDMET, Y., *Les méthodes du juge administratif*, París, 1972, p. 47.

544 Vid. Sent. de la CSJ/SPA, de fecha 30 de mayo de 1974, GO, N° 1674 Extr, de fecha 12 de agosto de 1974, p. 22.

b. Falso supuesto de derecho

§ 182. Concepto.— El otro motivo de anulación relacionado con la legalidad interna es el vicio de falso supuesto o error de derecho. En tal sentido, el órgano competente no va a conocer de los hechos que han conducido a la autoridad administrativa a dictar el acto administrativo sino de los motivos jurídicos del mismo. La exigencia de la expresión de los fundamentos del acto administrativo según la jurisprudencia,[545] además de los motivos fácticos o de hecho, también

> tiene por objeto indicar su base legal, es decir, la norma jurídica que permita la actuación del órgano que produjo la decisión, lo cual resulta esencial para determinar la competencia de dicho órgano, y por ello constituye uno de los requisitos de validez de los actos administrativos al tenor de los artículos 9 y 5, ordinal 18, de la Ley de Procedimientos Administrativos [sic].

Esto es, según la jurisprudencia,[546] «que la base legal de un acto administrativo viene dada por los presupuestos legales del mismo, esto es, las normas que le sirven de fundamento a la actuación administrativa».

§ 183. Clasificación.— El control sobre los motivos de derecho opera cuando se incurre en el vicio de falso supuesto de derecho a través de dos vías:

(i) Vicio de ausencia o falta de base legal.

(ii) Vicio de falso supuesto de derecho.

§184. Vicio de ausencia de base legal.— El vicio de ausencia o falta de base legal, que siempre ha sido una causa importante de control jurisdiccional de la legalidad, se presenta cuando el fundamento o motivo de derecho, sobre el cual se basa el acto administrativo, resulta viciado porque es: inexistente, porque no puede existir, no existe aún, o en fin no existe más.

En efecto, de acuerdo con el autor francés R. Chapus,[547] la ausencia de base legal tiene su origen cuando la fundamentación jurídica del acto administrativo se realiza sobre:

- Una norma inexistente o inaplicable.
- Una norma, a su vez, ella misma ilegal.

Así las cosas, sostiene la jurisprudencia,[548] el vicio de ausencia de base legal procede en el caso de «la inexistencia de una norma jurídica que otorgue a la Administración la competencia para dictar el acto administrativo».

---

545 Vid. Sent. de la CPCA, de fecha 26 de mayo de 1983, Magistrado Ponente: Román J. Duque Corredor, RDP nº 15, p. 142.

546 Vid. Sent. de la CPCA, de fecha 20 de octubre de 1993, caso *Klaus Wolf*, Magistrado Ponente: Belén Ramírez Landaeta, RDP N° 55-56, p. 212.

547 CHAPUS, R., Ob. cit., nota 83, pp. 1.040-1.043.

548 Vid. Sent. de la CSJ/SPA, de fecha 17 de marzo de 1990, caso *Varios*, Magistrado Ponente: Cecilia Sosa Gómez, RDP N° 42, p. 104.

§ 185. Vicio de falso supuesto de derecho. – El denominado vicio de falso supuesto o error de derecho propiamente dicho, se da cuando se está en presencia de una norma, que si bien es legal y aplicable, ha sido interpretada de manera inexacta por el autor del acto administrativo, que se equivoca sobre lo que ella permite o impone realizar.

En efecto, puede consistir en aplicar una norma sin que tenga relación con el asunto, esto es, por cuanto

> «la decisión impugnada se hace descansar sobre falsos hechos o errónea fundamentación jurídica (falso supuesto de hecho o de derecho)»[549].

También ocurre cuando:

> los órganos administrativos apliquen las facultades que ejercen, a supuestos distintos de los expresamente previstos por las normas, o que distorsionen la real ocurrencia de los hechos o el debido alcance de las disposiciones legales, para tratar de lograr determinados efectos sobre la base de realidades distintas a las existentes o a las acreditadas en el respectivo expediente administrativo.[550]

O además «puede ocurrir cuando el órgano que emite el acto interpreta erradamente determinada norma jurídica, es decir, la aplica mal o cuando simplemente no existe ninguna norma que lo faculte a actuar». [551]

Y por último, el falso supuesto o error de derecho se presenta cuando la autoridad administrativa fundamenta el acto administrativo en una norma que no resulta aplicable al caso concreto;[552] aplica las facultades que ejerce a supuestos distintos expresamente previstos en las normas o distorsiona el alcance de las disposiciones legales,[553] o finalmente cuando subsume los hechos existentes en una norma errónea o inexistente. [554]

§ 186. Alcance. – Finalmente, para que pueda anularse un acto administrativo por vicio de falso supuesto de derecho, «es necesario que resulte totalmente falso el supuesto o los supuestos que sirvieron de fundamento a lo decidido. Cuando la falsedad es sobre unos motivos, pero no sobre el resto, no puede decirse que la base de sustentación sea falsa».[555]

---

549 Vid. Sent. de la CSJ/SPA, de fecha 7 de abril de 1988, Magistrado Ponente: Josefina Calcaño de Temeltas, RDP N° 34, p. 94.

550 Vid. Sent. de la CSJ/SPA, de fecha 9 de junio de 1988, caso *Varios*, Magistrado Ponente: Luis H. Farías Mata, RDP N° 35, p. 97.

551 Vid. Sent. de la CPCA, de fecha 26 de mayo de 1983, Magistrado Ponente: Román J. Duque Corredor, RDP N° 15, p. 142.

552 Vid. Sents. N° 465 del TSJ/SPA, de fecha 27 de marzo de 2001 caso *Luis Alberto Villasmil*, Magistrado Ponente: Levis Ignacio Zerpa.

553 Vid. Sent. N° 1285 del TSJ/SPA, de fecha 21 de octubre de 1999.

554 Vid. Sent. N° 474 del TSJ/SPA, de fecha 2 de marzo de 2000, caso *Luisa Gioconda de Yaselli*, Magistrado Ponente: Levis Ignacio Zerpa.

555 Vid. Sent. de la CPCA, de fecha 7 de noviembre de 1985, caso *Cavelba, S.A.*, Magistrado Ponente: Román J. Duque Corredor, RDP N° 24, p. 125.

Sin embargo, la jurisprudencia[556]atenúa su criterio al afirmar que el vicio de falso supuesto de derecho no necesariamente debe referirse a «un error total de apreciación» ya que:

> puede existir aún en los casos de un error parcial de los hechos o del derecho, si éste es de tal naturaleza que en virtud del mismo, el acto adoptado realmente lesiona la situación jurídica del particular afectado, o cuya decisión hubiera sido otra de no haberse incurrido en el error. En tales casos el error parcial puede ser calificado como falso supuesto por su incidencia en el resultado conseguido con el acto.

§ 187. Nulidad. – Por último, en materia de nulidad del vicio de falso supuesto en general, la jurisprudencia[557] en una primera etapa sostuvo la regla general de que los

> presupuestos de hecho o motivos de los actos administrativos deben ser comprobados, apreciados y calificados adecuadamente por la Administración, ya que si no existen, o si ha habido errores en la apreciación y calificación de los mismos, se configura un vicio en la causa que produce la anulabilidad.

En consecuencia, sostiene la jurisprudencia[558] que si las «circunstancias son erróneas, inexactas, infundadas o falsas, el acto sería ilegal por vicios de mérito o de fondo, por error de hecho o de derecho»; esto es, cuando se basa, la Administración Pública, en un falso supuesto para producir un acto administrativo, «resulta procedente su declaratoria de nulidad por este vicio de ilegalidad».[559]

Sin embargo, el Alto Tribunal[560] en una primera etapa sostuvo que:

> el vicio de falso supuesto de hecho y de derecho que configura vicio total en la causa, no castigado sin embargo con sanción de nulidad absoluta sino en el caso del num. 2 del artículo 19 (s. S.P.A. de 4.3.82, caso: Cándida Díaz Guzmán), y que por tanto vicia el acto, en el presente caso de nulidad relativa en los términos del artículo 20 *ejusdem*.

Es por ello que al no estar incluido como género en la lista del Art. 19 de la LOPA, la doctrina (HERNÁNDEZ-MENDIBLE)[561] y la jurisprudencia[562] le otorgan con carácter general la consecuencia de la nulidad relativa o anulabilidad.

---

556 Vid. Sent. dela CPCA, de fecha 12 de abril de 1988, Magistrado Ponente: Josefina Calcaño de Temeltas, RDP N° 34, p. 92.

557 Vid. Sent. de la CSJ/SP, de fecha 17 de marzo de1990, caso Varios, Magistrado Ponente: Cecilia Sosa Gómez, RDP N° 42, p. 96.

558 Vid. Sent. de la CPCA, de fecha 29-9-1987, caso *Francisco Uzcategui*, Magistrado Ponente: Pedro Miguel Reyes, RDP N° 32, p. 79.

559 Vid. Sent. de la CPCA, de fecha 7 de diciembre de 1982, Magistrado Ponente: Román J. Duque Corredor, RDP N° 13, p. 119.

560 Vid. Sent. de la CSJ/SPA, de fecha 21 de noviembre de 1988, caso *Jorge Olavarría*, Magistrado Ponente: Luis H. Farías Mata, RDP N° 36, p. 80.

561 HERNANDEZ-MENDIBLE, V., Ob. cit., nota 135, p. 75.

562 Vid. Sent. de la CSJ/SPA, de fecha 21 de noviembre de 1988.

No obstante, es pertinente mencionar una sentencia[563] pionera que se pronuncia en el sentido de que el vicio del falso supuesto afecta de tal manera el acto administrativo que comportaría la nulidad absoluta en los términos siguientes:

> El análisis y decisión de la impugnación que precede se deduce que la parte decisoria del acto se fundó en la tergiversación de los hechos y del derecho lo cual implica una falta de lógica en la formación de la voluntad administrativa que afecta en forma irremediable e insanable la decisión, por cuanto constituye un **vicio de nulidad absoluta**. (Resaltado nuestro).

A partir de entonces, la jurisprudencia[564] ha sido reiterativa al señalar el carácter de la nulidad absoluta del vicio de falso supuesto por cuanto que es «un vicio que por afectar la causa del acto administrativo acarrea su nulidad absoluta».

Por su parte, también un sector de la doctrina nacional (MEIER, M. MÓNACO Y PELLEGRINO PACERA),[565] ya sea con fundamento en distintos argumentos tales como la gravedad del vicio, o basándose en el que de otro modo sería desconocer que la causa es un elemento esencial, o que por su propia naturaleza no podría convalidarse por la relevancia del vicio, respectivamente, se pronuncia en el sentido que el vicio de falso supuesto acarrea la sanción de la nulidad absoluta.

LOS VICIOS DE NULIDAD RELATIVA DEL ELEMENTO FORMAL

A. VICIOS EN LA FORMA DE EXPRESIÓN

§ 188. Planteamiento general.— El Derecho administrativo es hoy muy formalista; sin embargo en el Derecho positivo no siempre fue así, pues se caracteriza, al comienzo, por una libertad relativa de las formas, en el sentido de que si la ley no establecía la forma de expresión de voluntad de la Administración, podía hacerlo en «las condiciones que juzgara más conveniente y racional el funcionario público».[566]

Con respecto al elemento estructural referido a la forma externa o forma *strictu sensu* del acto administrativo -por oposición al procedimiento administrativo-, este aparece prolijamente regulado en los Arts. 14, 15, 16, 17 y 18,

563 Vid. Sent. de la CPCA de fecha 29 de septiembre de 1983, Magistrado Ponente: Hildegard Rondón de Sansó, RDP N° 16, p. 159.

564 Vid. Sent. N° 465 del TSJ/SPA, de fecha 27 de marzo de 2001, caso *Luis Alberto Villasmil*, Magistrado Ponente: Levis Ignacio Zerpa.

565 MEIER, E, H. Ob. cit., nota 70, p. 249; MÓNACO, M, «El falso supuesto», en *V Jornadas Internacionales de Derecho administrativo «Allan Randolph Brewer-Carías*, Funeda, Caracas, 200, p. 322; y PELLEGRINO PACERA, C., Ob. cit., nota 108, pp. 42 y 43.

566 Vid. Sent. de la CFC/SPA, de fecha 7-12-1937, M. 1938, p. 374.

nums. 1 al 8 de la LOPA. En efecto, sostiene la jurisprudencia[567] que la LOPA «establece que los actos administrativos deben ser expresos y, en consecuencia, deben constar por escrito. Así, el artículo 18 consagra los llamados requisitos de forma de los actos administrativos, los cuales deben ser cumplidos a través de actos escritos».

§ 189. Vicio de forma.— Para la validez de los actos administrativos como declaraciones expresas, es esencial que deben ser cumplidos los requisitos que señala el Art. 18 de la LOPA, pues de lo contrario incurren en una irregularidad que se denomina vicio de forma.

Por lo que respecta a los vicios de forma en general, ellos pueden ser más o menos graves, comportando diferencias consecuencias jurídicas. En tal sentido, si bien tradicionalmente se les había otorgado escasa virtud invalidante a las infracciones formales, la jurisprudencia se apoya hoy día en las consecuencias de las nulidades y en las razones que justifican su existencia, más que en el requisito formal mismo. Se busca si los defectos formales han sido o no de tal naturaleza para ejercer una influencia determinante sobre el respectivo acto administrado. Si no son susceptibles de influir en el sentido de la decisión, se está en presencia de vicios formales irrelevantes y no serán de naturaleza a comportar la anulación del correspondiente acto administrativo.

§ 190. Modalidades.— En tal sentido, los actos administrativos pueden estar viciados de nulidad relativa del elemento formal en los casos siguientes:

(i) Los actos administrativos de los cuerpos colegiados que no estén firmados por todos sus miembros son ilegales.[568].

(ii) La ilegibilidad de la firma del funcionario es un vicio que afecta la exteriorización del acto administrativo que le afecta de nulidad relativa.[569]

(iii) Las copias certificadas cuando carecen del requisito esencial para su validez como lo es la firma del funcionario competente.[570]

(iv) En el caso de que las formas correspondientes hayan sido observadas de manera irregular.[571]

(v) Es necesario que el acto administrativo se encuentre debidamente firmado por su autor, y este requisito queda cumplido cuando la firma del autor ha sido estampada en el documento original contentivo del acto administrativo.[572]

---

567 Vid. Sent. de la CSJ/SPA, de fecha 6 de junio de 1991, caso *Alberto Silva Guillén*, Magistrado Ponente: Cecilia Sosa Gómez, RDP N° 46, 107.

568 Vid. Sent. de la CPCA de fecha 16 de diciembre de 1980.

569 Vid. Sent. de la CSJ/SPA, de fecha 7 de noviembre de 1996.

570 Vid. Sent. de la CSJ/SA, de fecha 17 de enero de 1996.

571 Vid. Sent. de la CPCA, de fecha 22 de junio de 1981.

572 Vid. Sent. de la CSJ/SPA, de fecha 19 de mayo de 1983, Magistrado Ponente: René De Sola, RDP N° 15, p. 144.

B. VICIOS EN LA MOTIVACIÓN

I. MOTIVACIÓN

§ 191. Antecedentes.– Respecto a la exigencia o «imprescindibilidad» de la motivación formal como «un elemento esencial de los actos administrativos»,[573] existe una abundante producción jurisprudencial,–donde se revela una evolución evidente.

En efecto, el criterio jurisprudencial[574], al origen, consistió en que los actos administrativos no necesitaban contener motivación expresa y, por tanto, se concluía que «la ausencia de motivos no la hace objetable en derecho», a menos que la ley lo exija expresamente.

Posteriormente, se opera un cambio de criterio al pronunciarse en el sentido de que, a falta de norma legal expresa, correspondía determinar cuándo debía considerarse que la motivación misma era jurídicamente necesaria. Es por ello que se rectificó el criterio anterior al sostenerse que la motivación debía considerarse sustancial, en razón de que la ausencia de fundamentos abría amplio campo al arbitrio del funcionario. En tal sentido, siguiendo la doctrina italiana, la jurisprudencia[575] sostuvo la necesidad de la motivación en dos supuestos:

- El primero es «cuando la motivación es exigida por el propio ordenamiento jurídico».
- El segundo es cuando «lo haga necesario la naturaleza misma del acto».

En este último supuesto se fundamenta la jurisprudencia[576] en lo siguiente:

> Cuando la motivación se impone por la índole o la naturaleza del procedimiento administrativo (v.gr. actos sancionatorios, disciplinarios, que imponen obligaciones, limitativos de la esfera de la libertad, extintivos o revocatorios de decisión anterior, que niegan aprobaciones, autorizaciones o admisiones, etc.)».

Asimismo, sostuvo la jurisprudencia[577] lo siguiente:

> De otra parte, la motivación del acto dictado por la Administración no sólo es conveniente como justificativo de la acción administrativa, sino como medio de permitir el control jurisdiccional sobre la exactitud de los motivos y su correspondencia con los textos legales en que se funda el acto.

---

573 Vid. Sent. de la CSJ/SPA, de fecha s/f-7-1968.

574 Vid. Sent. de la CFC/ SPA, de fecha 15-12-1936, M. 1937, p. 237.

575 Vid. Sent, de la CF, de fecha 9 de agosto de 1957, GF N° 17, p. 132.

576 Vid. Sent. de las CPCA, de fecha 7 de octubre de 1980, Magistrado Ponente: Josefina Calcaño de Temeltas, RDP N° 4, p. 141.

577 Vid. Sent. de la CF, de fecha 9 de agosto de 1957, GF N° 17, p. 132. [p. 233].

§ 192. Consagración legal. – Finalmente, establecida la obligatoriedad o imprescindibilidad legal de la motivación, la cual es exigida con carácter general, a partir de la entrada en vigencia de la LOPA, de conformidad con los Arts. 9 y 18, núm. 5, se constituye así como un elemento estructural y de forma del acto administrativo, esto es, en tanto que «un requisito esencial e indispensable para su formación y validez», [578] si bien no es obligante o necesaria para los «actos de simple trámite» de conformidad con el Art. 9 de la LOPA, [579] y «exclusivamente» para los actos administrativos de efectos particulares y no los actos de efectos generales, esto es, de carácter normativo o reglamentos,[580] salvo que, como lo advierte la jurisprudencia,[581] «por disposición legal expresa de una ley se exima de tal requisito».

Así las cosas, nos resta analizar cómo ha de ser la forma, la oportunidad y el contenido de la motivación formal del acto administrativo.

§ 193. Concepto. – De conformidad con el Art. 18, num. 5 de la LOPA, a la obligación legal de la motivación del acto administrativo, en tanto que requisito de «la legalidad externa», según la jurisprudencia,[582] se la considera como un elemento esencial que la LOPA sanciona rigurosamente cuando señala que todo acto administrativo deberá contener:

> **Artículo 18.** (...)
>
> **Ord. 5**. Expresión sucinta de los hechos, de las razones que hubieren sido alegadas y de los fundamentos legales pertinentes.

Ahora bien, la disposición transcrita constituye la base legal de la exigencia de la motivación al precisar los requisitos necesarios de una motivación suficiente, y con ello se está en condiciones de poder determinar, caso por caso, si el acto administrativo se encuentra debidamente motivado.

Por su parte, la jurisprudencia[583] ha sostenido que «la motivación del acto administrativo consiste en la expresión de los motivos de hecho y de derecho que haya tenido su autor para producir el acto».

Se trata, pues, según la jurisprudencia de:

> un elemento formal que puede considerarse cumplido con la simple expresión sucinta -vale decir, breve y concisa- de las razones del acto, de

---

578 Vid. Sent. de la CSJ/SPA, de fecha 27 de abril de 1982, Magistrado Ponente: Julio Ramírez Borges, RDP N° 10, p. 140.

579 Vid. Sent. de la CSJ/SPA, de fecha 2 de abril de 1984, Magistrado Ponente: Domingo A. Coronil, RDP N° 18, p. 166.

580 Vid. Sent. de la CSJ/SPA, de fecha 17 de marzo de 1990, *Varios*, Magistrado Ponente: Cecilia Sosa Gómez, RDP N° 42, p. 99.

581 Vid. Sent. de la CPCA, de fecha 28 de octubre de 1993, Magistrado Ponente: Jesús Caballeo Ortiz, RDP N° 55-56, p. 212.

582 Vid. Sent. de la CSJ/SPA, de fecha 25 de abril de973, GO N° 1529 Extr., de fecha 28 de junio de 1973, p. 24.

583 Vid. Sent. de La CSJ/SPA, de fecha 26 de marzo de 1979.

modo que el interesado pueda conocer las circunstancias de hecho y de derecho por las cuales la Administración ha tomado su decisión.[584]

En tal sentido, la motivación consiste en que «el acto mismo debe contener los elementos esenciales del asunto debatido y su principal fundamentación legal, de tal modo que el interesado pueda conocer los razonamientos de la Administración Pública que le sirvieron de base para actuar».[585]

Finalmente, para que el acto administrativo sea considerado motivado basta una «indicación breve de la base de la decisión», por cuanto «la Ley, al hacer la exigencia de la motivación expresamente indica que debe ser sucinta, lo cual implica brevedad y concisión». [586]

§ 194. Principio de la suficiencia de la motivación. — La jurisprudencia ha destacado la importancia de la motivación del acto administrativo por estar íntimamente vinculada al derecho a la defensa, si bien se ha mostrado exigente en cuanto a la exigencia de la motivación, no lo es en cuanto a la forma que puede revestir la misma. En tal sentido, la jurisprudencia[587] sostiene que «la motivación del acto no está sometida por el legislador a ningún formato o módulo determinado», en efecto, la jurisprudencia[588] ha afirmado que la motivación no está sometida a ningún formato, modelo o esteorotipo, en los términos siguientes:

> El modo literal o gráfico de comunicación de esa experiencia razonada no está sometida por el legislador, cuando lo impone, a ningún formato o módulo determinado, correspondiendo al intérprete en su oportunidad, la función de examinar y decidir en el caso concreto su juicio, si ha sido o no manifestada.

Pero que en todo caso, la motivación deberá ser sucinta pero también «suficiente»,[589] esto es:

> **sucinta**, siempre que sea informativa e ilustrativa, y en ocasiones cuando la norma en la cual se apoya el acto sea suficientemente comprensiva y cuando sus supuestos de hecho se correspondan enteramente y exclusivamente con el caso *subjudice*, la simple cita de la disposición aplica puede equivaler a motivación.[590] (Resaltado nuestro).

---

584 Vid. Sent. de la CPCA, de fecha 4 de junio de1992, caso *Envaragua*, RDP N° 50, p. 139.

585 Vid. Sent. de la CSJ/SPA, de fecha 1 de agosto de 1990, caso *Silsa*, Magistrado Ponente: Cecilia Sosa Gómez, RDP N° 43, p. 65.

586 Vid. Sent. de la CPCA, de fecha 1 de diciembre de 1988, caso *Banco Industrial de Venezuela*, Magistrado Ponente: Cecilia Sosa Gómez, RDP N° 37, p. 80.

587 Vid. Sent. de la CSJ/SPA, de fecha 30 de julio de 1984, RDP N° 19, p. 126.

588 Vid. Sent. de la CSJ/SPA, de fecha 26 de mayo de 1981, Magistrado Ponente: Domingo A. Coronil, RDP N° 7, p. 151.

589 Vid. Sents. de la CPCA, de fechas 21 de marzo de 1984, en *RDP* N° 18, p. 165.

590 Vid. Sent. de la CSJ/SPA-ET, de fecha 24 de marzo de 1993, caso *Ave Uto, C.A.*, Magistrado Ponente: Ilse Van der Velde H., RDP N° 53-54, p. 199.

También en esa línea de pensamiento, la jurisprudencia[591] ha reconocido que como requisito formal:

> la motivación de los actos administrativos debe ser -necesariamente-suficiente, es decir, de una amplitud tal que permita al interesado reconstruir el proceso lógico a través del cual se formó la voluntad administrativa que le lesiona sus derechos subjetivos e interés legítimos, personales y directos. Por lo tanto, la motivación del acto debe ser capaz de poner en evidencia la concatenación lógica que une (vincula) las diversas premisas que sirvieron de sustento a la Administración al momento de tomar su decisión.

En definitiva, la motivación no tiene porqué ser extensa, puede ser sucinta, siempre que sea informativa e ilustrativa. Esto es, lo concreto, lo sucinto, lo breve, no significa inexistencia, pues puede que no sea muy extensa pero sí suficiente para que los destinatarios del acto conozcan bien las razones de hecho y de derecho y sepan cómo defenderse, con lo que no se vulnera en forma alguna su derecho a la defensa.

§ 195. Criterios.— El requisito formal de la motivación ha de analizarse según la jurisprudencia[592] en función de los criterios siguientes:

> La Corte considera, que la motivación de un acto administrativo tiene dos aspectos: formal el uno, y material el otro. El primero consiste en la expresión de los motivos fácticos y jurídicos en que se apoyó la autoridad para dictar la decisión. Y el segundo, la comprobación de la existencia de esos motivos. En este sentido, los antecedentes administrativos, cuando en ellos se encuentran contenidos la prueba de los motivos que se señalan en el acto correcto.

Se trata de un elemento formal que se considera en clara relación con el propósito de permitir a la autoridad competente el control de la legalidad de los motivos del acto, por un parte y, además, posibilitar a los destinatarios del mismo el ejercicio eficaz de la garantía del derecho a la defensa.

En efecto, sostiene la jurisprudencia:[593] «La consideración formal de la motivación como elemento formal revela su naturaleza instrumental, ya que se trata de una obligación cuyo cumplimiento tiene como finalidad permitir el conocimiento de los motivos del acto administrativo».

§ 196. Fundamentación.— Al respecto podemos afirmar que la exigencia legal de la motivación tiene su fundamentación, como reiteradamente lo ha sostenido el Alto Tribunal, en:

---

591 Vid. Sent. del TSCA/RC, de fecha 10 de mayo de 1990, caso *Jesús Ochoa Fuenm*ayor, RDP N° 42, p. 101.

592 Vid. Sent. de CPCA, de fecha 11 de agosto de 1983, Magistrado Ponente: Román J. Duque Corredor, *RDP*, N° 16, p. 155.

593 Vid. Sent. de la CPCA, de fecha 4-6-1992, caso *Envaragua*, Magistrado Ponente: Jesús Caballero Ortiz, RDP N° 50, p. 139.

- La «preservación del derecho a la defensa de los administrados». [594]

Al respecto sostiene la jurisprudencia:[595]

No debe olvidarse que el requisito de la motivación no es sólo de carácter formal sino que lleva aparejado a él uno de los principios orientadores del procedimiento administrativo, como es el de la defensa del administrado, constituyendo, evidentemente, una violación a dicho principio el realizar una motivación imprecisa o, como dice el tribunal *a quo* en la sentencia recurrida 'genérica'.

Y es que:

ello tiene que ser así en el régimen de derecho, a objeto de que los destinatarios de los actos puedan imponerse del contenido de ellos y estén en capacidad de ejercer contra aquellos, los recursos que les conceden las leyes; y también para que los jueces puedan, respecto de los mismos, establecer el control jurisdiccional. [596]

En definitiva, concluye, lo que se persigue es que «el ciudadano haya tenido la oportunidad de conocer los verdaderos motivos del acto, exponer sus razones en contra de esos motivos y efectuar las probanzas necesarias para respaldar sus razones».[597]

- La preservación del acto administrativo de la arbitrariedad y permitir a los órganos competentes el control de la legalidad administrativa.[598]

Es más, en cuanto a su exigencia, el requisito de la motivación formal:

debiera ser mirado por la Administración no como una simple formalidad para cumplir a medias un mandato de la Ley, sino como una necesidad derivada de la misma naturaleza del estado de derecho [sic] que exige una explicación racional de los actos de los gobernantes.[599]

§ 197. Clasificación. — El examen de las modalidades que puede revestir la exigencia de la motivación formal del acto administrativo, ha conducido a la jurisprudencia[600] a establecer un criterio de clasificación atendiendo al momento de su posible acreditación o manifestación cuando sostiene:

---

594 Vid. Sent. de la CSJ/SP, de fecha 23 de julio de 1986, caso *Entidad de Ahorro y Préstamo «Oriente»*, Magistrado Ponente: Josefina Calcaño de Temeltas, RDP N° 27, p. 97.

595 Vid. Sent. de la CPCA, de fecha 22 de octubre de 1992, caso *Arnaldo Tovar*, Magistrado Ponente: Gustavo Urdaneta Troconis, RDP N° 52, p. 119.

596 Vid. Sent. de la CSJ/SPA, de fecha16 de noviembre de 1965, GF N° 50, p. 69.

597 Vid. Sent. de la CSJ/SPA, de fecha 13-7-1993, caso *Sucesión de Nicomedes Aguilera*, Magistrado Ponente: Cecilia Sosa Gómez, RDP N° 55-56, p. 214.

598 Vid. Sent. de la CSJ/SPA, de fecha16 de noviembre de 1965, GF N° 50, p. 69.

599 Vid. Sent. de la CSJ/SPA, de fecha 13 de junio de1967, GF N° 56, p. 216.

600 Vid. Sent. de la CSJ/SPA, de fecha 8 de julio de 1980, Magistrado Ponente: Josefina Calcaño de Temeltas, RDP N° 3, p. 130.

Ella [la motivación] puede resultar acreditada en cualquiera de los dos momentos que integran la forma del acto administrativo: sea en el proceso de 'formación' o bien el de la expresión de la voluntad de la Administración Pública, es decir, «la motivación puede ser concomitante o contemporánea con la expresión de dicha voluntad o anterior a tal expresión, apareciendo en este último caso en el proceso de formación de la voluntad administrativa.

El criterio expuesto da lugar las modalidades que se conocen como: la motivación contextual y la motivación por remisión;[601] o motivación directa y motivación indirecta;[602] o, en fin, motivación intrínseca y motivación extrínseca,[603] respectivamente.

§ 198. Motivación contextual. – La motivación contextual, interna o directa es aquella que se recoge en el propio texto o acto-documento, y consiste en «la ordenada exposición de las razones de hecho y de derecho que sirven de fundamento a las decisiones administrativas y su conocimiento es indispensable para que los órganos jurisdiccionales puedan juzgar sobre la legalidad de dichos actos».[604]

Ahora, la LOPA, sostiene la jurisprudencia, [605] «al hacer la exigencia de la motivación expresamente indica que debe ser sucinta, lo que implica brevedad y concisión».

En consecuencia, basta que la motivación sea amplia o sucinta (y en este último sentido es que lo impone, de hecho, el propio Art. 18, núm. 5 de la LOPA); pero en todo caso, suficiente, para ilustrar las razones de hecho y los fundamentos de Derecho que justifican o dan origen a la emisión del acto administrativo.

§ 199. Motivación por remisión. – Debemos observar que la jurisprudencia, inicialmente, había exigido que la motivación debía constar expresamente en el texto del mismo acto, siendo no válida la argumentación de que estos motivos constaran en el expediente administrativo.[606]

Posteriormente la jurisprudencia[607] rectificó el criterio al aceptar la motivación por remisión o externa (*aliunde*), intrínseca o indirecta, esto es, que no

601 Vid. Sent. de la CSJ/SPA, de fecha 13 de julio de 1993, caso *Sucesión de Nicómedes Aguilera*, Magistrado Ponente: Cecilia Sosa Gómez, RDP N° 55-56, p. 214.

602 Vid. Sent. N° 1115 del TSJ/SPA, de fecha 10 de agosto de 2011, caso *C.A. Sucesora de José Puig & Cía,* Magistrado Ponente: Trina Omaira Zurita.

603 Vid. Sent. de la CPCA, de fecha 3 de mayo de 1990, caso *Pedro E. Linares,* Magistrado Ponente: Hildegard Rondón de Sansó, RDP N° 42, p. 97.

604 Vid. Sent. de la CSJ/SPA, de fecha 22 de julio de 1974, GO N° 1718 Extr., de fecha 20 de enero de 1975.

605 Vid. Sent. de la CPCA, de fecha 1 de diciembre de1988, caso *Banco Industrial de Venezuela,* Magistrado Ponente: Cecilia Sosa Gómez, RDP N° 37, p. 80.

606 Vid. Sent. de la CPCA, de fecha 5 de mayo de1986, caso *Pedro A. Morales,* Magistrado Ponente: Armida Quintana M., RDP N° 26, p. 110.

607 Vid. Sent. de la CSJ/SPA, de fecha 27 de noviembre de 1980, Magistrado Ponente: Josefina Calcaño de Temeltas, RDP N° 5, p. 120.

es indispensable que este ritualmente contenida en su contexto, pues «basta para tener por cumplido formalmente el requisito, que la motivación aparezca del expediente administrativo del acto, de sus antecedentes, siempre que en uno y otro caso el destinatario del acto haya tenido acceso a tales elementos y conocimiento de ellos».

En ese sentido, la jurisprudencia[608] ha admitido la motivación por remisión, mediante la ficción de considerar que forma parte del acto administrativo, y admitir que «aquella puede integrarse con las diligencias que aparezcan del correspondiente expediente administrativo» u «obtenerse de actas o de otros instrumentos que sean idóneos» (motivación intrínseca),[609]considerada en forma íntegra y formada en virtud del acto administrativo de que se trate y de sus antecedentes.[610] Tal sería el caso cuando se hace referencia al informe del órgano consultivo en cuya decisión se fundamenta el acto administrativo, el cual puede considerarse integrado al acto administrativo, siempre y cuando aquel informe le hubiese sido comunicado oportunamente al apelante o este hubiese tenido acceso al expediente administrativo.[611]

§ 200. Motivación del acto administrativo confirmatorio. — En el caso el acto administrativo confirmatorio que causa estado en la esfera de procedimientos de segundo grado o recursivos, la jurisprudencia[612] ha sostenido que

> nada impide «a un órgano decisor de segundo grado -como ha dicho la Corte en su Sala Político-Administrativa- hacer suyas, por considerarlas procedentes y ajustadas a derecho, las consideraciones de una decisión apelada», sin necesidad de reproducirlos en el acto administrativo, siempre que «los hechos, datos o cifras concretas constan de manera explícita en el expediente administrativo o en el acto apelado.

En efecto, al confirmar el órgano administrativo de segunda instancia el acto administrativo recurrido con un nuevo acto, pasan a formar parte de la motivación de este» en la medida que «hace suya la motivación del mismo».[613] Eso sí, en todos los supuestos de motivación mencionados, siempre y cuando el interesado haya tenido la posibilidad de ejercer el derecho a la defensa, y haya podido conocer las razones de hecho y de derecho que fundamentan el dictado del acto administrativo por parte de la Administra-

---

608 Vid. Sent. de la CSJ/SPA, de fecha 20 de noviembre de1969, GF N° 66, p. 144.

609 Vid. Sent. de la CSJ/SPA, de fecha 7-8-1973, GO N° 1605 Extr., de fecha 9 de agosto de 1973 [p. 264]

610 Vid. Sent. N° 0006 del TSJ/SPA, de fecha 9 de enero de 2008, caso *Municipio Chacao*, Magistrado Ponente: Yolanda Jaimes Guerrero, RDP N° 113, p. 195.

611 Vid. Sent. de la CSJ/SPA, de fecha 7 de octubre de 1980, Magistrado Ponente: Josefina Calcaño de Temeltas, RDP 4, p. 142.

612 Vid. Sent. de la CSJ/SPA, de fecha 1961, GF N°33, p. 14, cit. por Sent. de la CSJ/S, de fecha 23 de julio de 1986, caso *Entidad de Ahorro y Préstamo «Oriente»*, Magistrado Ponente: Josefina Calcaño de Temeltas, RDP N° 27, p. 97.

613 Vid. Sent. de la CPCA, de fecha 1 de noviembre de 1989, caso *Jaime Riera*, Magistrado Ponente: Hildegard Rondón de Sansó, RDP N° 40, p. 74.

ción Pública,[614] esto es, «el destinatario del acto haya tenido acceso a tales elementos y conocimiento de ellos»[615]

§ 201. Remisión normativa. — Conforme a la jurisprudencia[616] constante y reiterada, por lo que respecta a la base o fundamento legal del acto administrativo, se sostiene lo siguiente:

> Confundir en todos los casos de motivación con la simple cita o mención de la norma aplicable crearía peligrosas situaciones de inseguridad jurídica para los administrados.

Es por ello que para que un acto administrativo sea considerado suficientemente motivado con la simple mención de las normas cuya aplicación se pretende, es menester que:

> la motivación debe contener, no sólo la cita de la regla legal y la explicación de haberse realizado valoración de los hechos, sino también y de modo principal, las razones de hecho y de derecho en que se funda el acto administrativo como medio de facilitar la defensa del administrado. De lo contrario, aunque el interesado conozca la norma aplicada, ignorará las razones por las cuales fue invocada su aplicación.[617]

Por otro lado, para que un acto administrativo sea considerado suficientemente motivado con la simple mención de las normas cuya aplicación se pretende, es menester ~~que~~ establecer «la norma jurídica de cuya aplicación se trate, si su supuesto es unívoco o simple»; [618]es decir, solo si su contenido «no puede presentarse a dudas por parte del interesado»; [619] esto es, «de forma tal que con la simple lectura de los mismos se puedan entender claramente las razones fácticas y jurídicas en las que se basa la decisión administrativa».[620] Es por ello también que la jurisprudencia[621] exige que, «en caso de que uno de los múltiples supuestos de una norma tuviera a su vez varios supuestos, debe igualmente señalarse de cuál de ellos se encuentra el acto administrativo en particular para considerarlo adecuadamente motivado».

§ 202. Concepto jurídico indeterminado. — Y finalmente, la jurisprudencia ha tenido también la ocasión de precisar cuando el supuesto de aplicación

---

614 Vid. Sent. de la CSJ/SPA, de fecha 7 de octubre de 1980, Magistrado Ponente: Josefina Calcaño de Temeltas, RDP N° 4, p. 142.

615 Vid. Sent. de la CSJ/SPA, de fecha 27 de noviembre de1980, Magistrado Ponente: Josefina Calcaño de Temeltas, RDP N° 5, p. 120.

616 Vid. Sent. de la CSJ/SPA, de fecha 13 de junio de 1985, caso *Desarrollos Prebo 800, C.A.*, Magistrado Ponente: Luis H. Farías Mata, RDP N° 23, p. 137.

617 Vid. Sent. de la CSJ/SPA, de fecha 21 de abril de 1980, Magistrado Ponente: Josefina Calcaño de Temeltas, RDP N° 2, p. 115.

618 Vid. Sent. de la CSJ/SPA, de fecha 28 de noviembre de 1980, RDP N° 4, p. 142.

619 Vid. Sent. de la CSJ/SPA, de fecha 13 de junio de 1985.

620 Vid. Sent. de la CPCA, de fecha 6 de abril de1989, caso *Alfredo Vásquez R.*, Magistrado Ponente: Cecilia Sosa Gómez, RDPN °38, p. 98.

621 Vid. Sent. de la CPCA, de fecha 30 de mayo de 1991, caso *Alberto Pérez*, Magistrado Ponente: Humberto Briceño León, RDP N° 46, p. 107.

de una norma constituya un concepto jurídico indeterminado,[622] esto es, la remisión normativa no contiene un supuesto que defina de manera concreta y precisa el elemento fáctico del acto respectivo. En efecto, los conceptos o términos jurídicos indeterminados, como es sabido, según la jurisprudencia,[623] «se caracterizan estos últimos por ser conceptos que resulta difícil delimitar con precisión en su enunciado, pero cuya aplicación no admite sino una sola solución justa y correcta, que no es otra que aquella que se conforme con el espíritu, propósito y razón de la norma».

Así las cosas, sostiene la jurisprudencia,[624] que cuando el supuesto de aplicación de la norma «constituye un concepto jurídico indeterminado, se exige también su concreción para poder aplicar la norma por medio de un acto administrativo. Por tanto, esta disposición por sí sola no puede constituir un motivo válido para fundamentar el acto impugnado».[625]

§ 203. Conclusión.— En mérito a lo que llevamos expuesto se concluye que la motivación puede situarse válidamente tanto en el proceso de formación como en el de exteriorización del acto administrativo. «Es decir, la motivación deber ser concomitante o contemporánea a la ´expresión´ de la voluntad administrativa, y por excepción puede ser anterior a tal ´expresión´ apareciendo en este último caso en el proceso de formación de la voluntad administrativa».

Pero, en todo caso, siempre que no se haya producido el vicio de indefensión material del interesado en ninguno de los casos, esto es, «siempre que en uno y en otro caso el destinatario del acto haya tenido acceso a tales elementos y conocimiento de ellos».

Por último, en lo que no debe existir duda alguna, es en que la motivación formal «nunca podrá ser posterior al acto mismo».[626]

II. VICIOS DE INMOTIVACIÓN

§ 204. Concepto.— En sus orígenes, el denominado vicio de inmotivación se integra en el vicio genérico denominado exceso o abuso de poder,[627] por

622 El autor HERNÁNDEZ-MENDIBLE nos advierte sustituir la expresión tradicionalmente utilizada de «concepto jurídico indeterminado» y propone sustituirla por la más adecuada de «término jurídico indeterminado», debido a lo contradictorio que luce hablar de concepto indeterminado, lo cual no implicaría la contradicción linguística y lógica. Ob. cit., nota 135, p. 90 y ss.

623 Vid. Sent. de la CSJ/SPA, de fecha 5 de mayo de 1983, caso *Rctv-Hola Juventud*, GF N° 120, p. 159.

624 Vid. Sent. de la CSJ/SPA, de fecha 8 de octubre de 1987, caso *Victor M. Ruiz*, Magistrado Ponente: René De Sola, RDP N° 32, p. 28.

625 *Idem*.

626 Vid. Sent. de la CSJ/SPA, de fecha 3 de diciembre de1984, cit. por Sent. de CSJ/SPA. de fecha 13 de junio de 1985, caso *Desarrollos Prebo 800, C.A.*, Magistrado Ponente: Luis H. Farías Mata, RDP 23, p. 137.

627 Vid. Sent. de la CF, de fecha 9 de agosto de 1957.

oposición al vicio de ilegalidad referido a la transgresión de normas legales o constitucionales expresas.

Posteriormente, al insistir la jurisprudencia[628] en la exigencia de la motivación señaló que en modo alguno puede equipararse el acto administrativo a la sentencia en su aspecto formal, por lo que nada impide a un órgano decisor jerárquico hacer suyas las consideraciones de una decisión administrativa recurrida.

En este orden de ideas, tampoco es necesaria la motivación cuando los «motivos presupuestos» o los «motivos determinantes» están previstos en la disposición que se aplica, y también cuando la motivación se ha hecho sobre la base del dictamen o informe de la propia Administración Pública.[629]

Luego, el vicio de inmotivación supone un defecto en la exposición de las razones de hecho o de derecho que tuvo la Administración Pública para la emisión del acto administrativo, por cuanto de su texto no es posible colegir las razones de hecho y de derecho que tuvo la Administración Pública para dictarlo, [630] no pudiendo el interesado conocer las mismas; razones que le impiden argumentar las diferencias que pueda tener contra el acto administrativo; [631] por lo que si están suficientemente explicadas las razones no se da el vicio de inmotivación.[632]

§ 205. Clasificación.— El vicio de inmotivación admite diversos grados, en razón de lo cual la jurisprudencia[633] ha procedido a efectuar la distinción siguiente:

- El vicio de inmotivación absoluta.
- El vicio de motivación insuficiente.
- El vicio de motivación contradictoria.
- El vicio de motivación sobrevenida.

§ 206. Vicio de inmotivación absoluta. — Este primer supuesto consiste en la ausencia absoluta de motivación,[634] y se configura por un vacío total en la información dirigida a esclarecer o evidenciar los motivos o razones en que se fundamenta la autoridad para dictar el acto administrativo.[635]

---

628 Vid. Sent. de la CSJ/SPA, de fecha 3 de julio de1961.

629 Vid. Sent. de la CSJ/SPA, de fecha 16 de noviembre de 1965.

630 Vid. Sent. de la CPCA, de fecha 3 de mayo de 1990.

631 Vid. Sent. de la CPCA, de fecha 18 de abril de 1996.

632 Vid. Sent. de la CSJ/SPA, de fecha 14 de noviembre de 1996.

633 Vid. Sent. N° 6497 del TSJ/SPA, de fecha 13 de diciembre de 2005, caso *Hernán Jesús Martínez Pimentel*, Magistrado Ponente: Hadel Mostafá Paolini, RDP N° 104, p. 161.

634 Vid. Sent. de la CPCA, de fecha 15 de marzo de 1990; y Sent. N° 0551 del TSJ/SPA, de fecha 30 de abril de 2008.

635 Vid. Sent. N° 1115 del TSJ/SPA, de fecha 10 de agosto de 2011, caso *C.A. Sucesora de José Puig & Cía*, Magistrado Ponente: Trina Omaira Zurita.

§ 207. Vicio de motivación insuficiente.— Este otro supuesto tiene lugar cuando, a pesar de que la motivación no está sometida a un formato o modelo determinado, el acto administrativo debe contener una expresión referida a las razones de hecho o de derecho aplicado y, sin embargo, estas presentan determinadas características que inciden negativamente en la motivación; por ejemplo, cuando la misma es escueta o se presenta con tal exigüedad que no se logran conocer los motivos que dieron lugar al dictado del acto administrativo,[636] o por no reunir las condiciones mínimas necesarias.[637]

Por otro lado, en la línea de informalismo, la jurisprudencia[638] ha admitido como suficiente la motivación que solo hace referencia a la norma aplicada cuando el supuesto de hecho contenido en la misma es unívoco o simple; sin embargo, no acepta la simple mención de la norma cuando esta no es unívoca,[639] o cuando la norma utiliza un concepto jurídico indeterminado que exige su concreción para poder aplicar la norma por medio de un acto administrativo.[640]

En efecto, advierte la jurisprudencia[641] que:

> la insuficiente motivación de los actos administrativos sólo da lugar a su nulidad cuando no permite a los interesados conocer los fundamentos legales y los supuestos de hecho que constituyeron los motivos en que se apoyó el órgano administrativo para dictar su decisión pero no cuando a pesar de ser sucinta, la motivación, ciertamente, permite conocer la fuente legal, las razones, y los hechos apreciados por el funcionario.

En consecuencia, la insuficiencia de la motivación, según afirma la jurisprudencia,[642] equivale a falta de motivación.

§ 208. Vicio de motivación contradictoria.— El vicio de inmotivación también se produce en el caso de la motivación denominada antitética, contradictoria o ininteligible, que supone una discordancia entre los motivos del acto,[643] y se configura cuando se han expresado las razones, pero «los motivos del acto se destruyen entre sí, por ser contrarios o contradictorios»;[644]

---

636 *Idem.* .

637 Vid. Sent. N° 1117 del TSJ/SPA, de fecha 19 de septiembre de 2002.

638 Vid. Sent. de la CPCA, de fecha 29 de febrero de 1984.

639 Vid. Sent. de la CPCA, de fecha 2 de octubre de 1986.

640 Vid. Sent. de la CSJ/SPA, de fecha 8 de octubre de 1987, caso *Víctor M. Ruiz*, Magistrado Ponente: René De Sola, RDP N° 32, p. 78.

641 Vid. Sent. de la CPCA, de fecha 21 de marzo d 1984, Magistrado Ponente: Román J. Duque Corredor, RDP N° 18, p. 165.

642 Vid. Sent. de la CSJ/SPA, de fecha 28 de julio de1980, RDP N° 4, p. 142

643 Vid. Sent. N° 1115 del TSJ/SPA, de fecha 10 de agosto de 2011, caso *C.A. Sucesora de José Puig & Cía*, Magistrado Ponente: Trina Omaira Zurita

644 Vid. Sent. de la CPCA, de fechas 22 de noviembre de 1984; y N° 1117 del TSJ/SPA, de fecha 19 de septiembre de 2002, caso Francisco Antonio Gil Martínez, Magistrado Ponente: Levy Ignacio Zerpa.

esto es, de modo incomprensible, confuso, ininteligible o discordante.[645] En tales casos existen contradicciones tan graves que implican su destrucción recíproca.[646]

§ 209. Vicio de motivación sobrevenida. – El último supuesto se refiere al vicio de inmotivación sobrevenida que se configura cuando se procede a efectuar la corrección de la motivación con posterioridad al dictado acto administrativo que causa estado, y que por lesionar severamente el derecho a la defensa, «resulta equivalente a la carencia de motivación».[647] Por tanto, no es permisible que la falta de señalamiento de los motivos del acto sea subsanada, por ejemplo, en la contestación de la demanda, pues resulta «inidónea para convalidar» el vicio de inmotivación.[648]

En este orden de ideas, la jurisprudencia[649] ha extendido la noción de «motivación sobrevenida» a los casos donde de manera irregular el juez contencioso administrativo ha procedido a la sustitución de la base jurídica y, por ende, a motivar de manera sobrevenida un acto administrativo del que estaba conociendo, sustituyendo de manera irregular a la Administración Pública y con grave desconocimiento del principio de separación de poderes; o cuando ha sido ejercida la vía contenciosa administrativa y la Administración Pública pretende suplir el vicio en el acto de contestación.

III. NULIDAD

§ 210. Planteamiento de la cuestión. – La presencia del vicio de inmotivación constituye un serio indicio de que no han sido respetadas las directivas de actuación establecidas por los principios de buena Administración (PONCE SOLÉ).[650] De ahí que el requisito de la motivación debiera ser mirado por la Administración Pública, concluye la jurisprudencia,[651] no como una simple formalidad para cumplir un mandato de ley, sino como una necesidad derivada de la misma naturaleza del Estado de Derecho.

En mérito a lo anterior sostiene:

> De esta forma, la insuficiencia en la motivación únicamente supondría la nulidad si no es posible determinar las causas de hecho y de derecho que determinaron la decisión.

---

645 Vid. Sent. N° 1930 del TSJ/SPA, de fecha 27 de julio de 2006, caso *Asociación de Profesores de la Universidad Simón Bolívar,* Magistrado Ponente: Hadel Mostafá Paolini.

646 Vid. Sent. N° 623 del TSJ/SPA, de fecha 30 de junio de 2010, caso *Luis Bautista Zambrano Roa,* Magistrado Ponente: Hadel Mostafá Paolini.

647 Vid. Sent. de la CPCA, de fecha 14 de diciembre de 1989, caso *Alberto J. Aguilar,* Magistrado Ponente: Hildegard Rondón de Sansó, RDP N° 41, p. 81.

648 Vid. Sent. de la CPCA, de fecha 17 de diciembre de 1987, caso *Francisco Díaz,* Magistrado Ponente: Pedro Miguel Reyes, RDP N ° 33, p. 95.

649 Vid. Sent. del TSJ/SC, de fecha de 2010.

650 PONCE SOLÉ, J., Ob. cit., nota 389, pp. 749 y 750.

651 Vid. Sent. de CSJ/SPA, de fecha 13 de junio de 1967, *GF* N° 56, 1967, p. 216.

En definitiva, el vicio de forma como vicio de inmotivación solo produce la nulidad, «cuando el interesado realmente no ha tenido la posibilidad evidente de conocer las razones de hecho y de derecho en que se fundamente el acto que los afecta».[652]

En este orden de ideas, la jurisprudencia[653] ha sostenido que la ausencia de motivación en la actuación administrativa es «una falta muy grave que acarrea como consecuencia la nulidad de la misma».

§ 211. Nulidad.— Por lo que respecta a la gravedad de la sanción del vicio de la inmotivación, la jurisprudencia[654] había sostenido que en principio este vicio solo acarrearía la sanción de nulidad relativa, siendo convalidable o subsanable en vía de revisión por el superior jerárquico al resolver un recurso jerárquico, quien deberá expresar, en tales casos, las razones que lo llevan a confirmar el acto recurrido,[655] salvo que lleve implícita la afectación del derecho a la defensa.[656]

En este último sentido, la jurisprudencia[657], en ciertos y determinados casos, se ha pronunciado en el sentido que el vicio de la inmotivación, al lesionar gravemente una garantía constitucional como lo es el derecho a la defensa, se puede calificar como de nulidad absoluta.

En tal sentido, la jurisprudencia[658] sostiene que «no concibe casos en que la motivación del acto administrativo no sea un requisito formal indispensable de su constitución, y por tanto un requisito legal»; concluyendo que «nada hay más grave que esta ausencia de motivación en la actuación administrativa» pues pone en peligro el derecho a la defensa y la seguridad jurídica, en los términos siguientes: «Este vicio del acto administrativo es tan grave que puede serle opuesto a la Administración en cualquier estado y grado de la causa, cuando resulte *icto oculi* de las propias actas del expediente».

En efecto, ha afirmado la jurisprudencia:[659]

> No es menos cierto que la gravedad de éste, máximo en la carencia absoluta o en la falsa motivación de hecho; podría gravar también dicha sanción haciéndola pasar de la nulidad relativa a la absoluta. De ahí la importancia de la distinción.

---

652 Vid. Sent. de la CPCA, de fecha 21 de febrero de 1991, caso *Rafael J. Yeguez*.

653 Vid. Sent. de la CSJ/SPA, de fecha 15 de diciembre de 1980, RDP N° 5, p. 121.

654 Vid. Sents. de la CSJ/SPA, de fecha 14 de mayo de 1985.

655 Vid. Sents. de la CSJ/SPA, de fecha 11 de agosto de 1989.

656 Vid. 5669 del TSJ/SPA, de fecha 21 de septiembre de 2005, caso *José Humberto Niño Chacón*, Magistrado. Ponente Levy Ignacio Zerpa.

657 Vid. Sent. de la CSJ/SPA, de fecha 3 de diciembre de 1991, caso *Juan V. Gómez*, Magistrado Ponente: Román J. Duque Corredor.

658 Vid. Sent. de la CSJ/SPA, de fecha 10 de marzo de 1981, Magistrado Ponente: Julio Ramírez Borges, RDP N° 6, p. 150.

659 Vid. Sent. de la CSJ/SPA, de fecha 5 de mayo de 1983, Magistrado Ponente: Luis H. Farías Mata, RDP N° 15, p. 152.

En esta línea concluye la jurisprudencia[660] que la motivación se convierte en un medio de control de los actos de gravamen de tal modo que su ausencia puede originar:

> una situación de indefensión grave para el afectado, que la Constitución prohíbe en su artículo 68, y que tratan de evitar los artículos 9 y 18 ordinal 5° de la Ley Orgánica de Procedimientos Administrativos, por lo que conforme con el artículo 19, ordinal 1°, ejusdem, y 46 del Texto Fundamental se puede calificar dicho vicio de **nulidad absoluta** al lesionar gravemente, por inmotivación total, una garantía constitucional, como lo es el derecho a la defensa. (Resaltado nuestro)

Ello acontece cuando se trata de actos sancionatorios o disciplinarios;[661] o cuando su ausencia tenga una incidencia directa en el derecho a la defensa del interesado, restringiéndolo injustificadamente al impedir totalmente este conocer los motivos de hecho y de derecho que sustentan la decisión adoptada, [662] y por consiguiente la posibilidad de su apreciación de oficio.[663]

§ 212. Insubsanabilidad. – Finalmente, la jurisprudencia[664] ha sostenido, con mejor criterio, que el vicio de la inmotivación, al no ofrecer las garantías suficientes para que el interesado pueda ejercer su defensa a cabalidad, esto es:

> por incidir en el derecho a la defensa de los administrados, es de orden público, por lo tanto, afectado de nulidad absoluta, no pueden ser convalidados con motivaciones sobrevenidas, porque el vicio en cuestión es insubsanable.

En consecuencia, el acto administrativo inmotivado no puede ser convalidado después de que ha surtido efectos, porque el vicio es insubsanable al contradecir los Arts. 9 y 18, ord. 5° de la LOPA, y porque coloca, a su vez, al interesado en un virtual estado de indefensión .[665]

§ 213. Incompatibilidad. – Finalmente, la jurisprudencia[666] ha sostenido que, el alegar paralelamente los vicios de la ausencia de motivación

---

660 Vid. Sent. de la CSJ/SPA, de fecha 3 de diciembre de 1991, caso *Juan V. Gómez*, Magistrado Ponente: Román J. Duque Corredor.

661 Vid. Sents. de la CSJ/SP, de fecha 25 de julio de 1990.

662 Vid. Sent. de la CSJ/SPA, de fecha 14 de octubre de 1999; y del TSJ/SPA, de fecha 9 de enero de 2003.

663 Vid. Sent. de la CPCA, de fecha 15 de febrero de 1989.

664 Vid. Sent. de CPCA, de fecha 27 de noviembre de 1989, caso *Clara de Aguilera*, Magistrado Ponente: Alfredo Ducharne A., RDP, N° 40, p.84.

665 Vid. Sent. de CSJ/SPA, de fecha 9 de mayo de 1991, caso *Elide Pereira*, Magistrado Ponente: Hildegard Rondón de Sandó, RDP N° 46, p. 108..

666 Vid. Sent. N° 960 de la CSJ/SPA, de fecha 3 de octubre de 1990, caso *Interdica, S.A.*, Magistrado Ponente: Cecilia Sosa Gómez, RDP N°44, p. 130; y Sent. N° 2582 del TSJ/SPA, de fecha 5 de mayo de 2005, caso *C.N.A. Seguros La Previsora*, Magistrado Ponente: Levis Ignacio Zerpa.

(inmotivación) y el de falso supuesto, se traduce en una contradicción o incompatibilidad por cuanto:

> ha sido criterio reiterado de esta Sala el sostener que invocar conjuntamente la ausencia de motivación y el error en la apreciación de ésta - vicio en la causa- resulta contradictorio, porque ambos se enervan entre sí. Ciertamente, cuando se aducen razones para destruir o debatir la apreciación de la Administración dentro del procedimiento administrativo formativo del acto, es porque se conocen las apreciaciones o motivos del acto; en consecuencia, es incompatible que además de calificar de errado el fundamento del acto se indique que se desconoce tal fundamento.

En consecuencia, la jurisprudencia[667]

> ha señalado que tales vicios no pueden coexistir, por cuanto si se denuncia el vicio de falso supuesto, es porque se conocen las razones por las cuales se dicta el acto, por lo que resultan incompatibles ambas denuncias.

En efecto, la denuncia de ambos vicios hace que se enervan entre sí, pues cuando se aducen razones para destruir o rebatir la apreciación de la Administración Pública, es porque se conocen los motivos del acto administrativo; luego es incompatible que a más de calificar de errado el fundamento del acto se indique que se desconocen tales fundamentos. Por tanto, no puede denunciarse, por una parte que un mismo acto administrativo no tenga motivación y, por la otra, que tenga una motivación errada en cuanto a los hechos y al derecho.

Sin embargo, también la jurisprudencia[668] ha señalado que no sucede lo mismo en aquellos supuestos en que lo denunciado es una «motivación contradictoria o ininteligible», y no ausencia absoluta de motivación, pues en estos casos sí se indican los motivos de la decisión, resultando posible, entonces, que a la vez se incurra en un error en la valoración de los hechos o el derecho expresado en ella, en los términos siguientes:

> la circunstancia de alegar paralelamente los vicios de inmotivación y falso supuesto se traduce en una contradicción o incompatibilidad cuando lo argüido respecto a la motivación del acto es la omisión de las razones que lo fundamentan, pero no en aquellos supuestos en los que lo denunciado es una motivación contradictoria o ininteligible, pues en estos casos sí se indican los motivos de la decisión (aunque con los anotados rasgos), resultando posible entonces que a la vez se incurra en un error en la valoración de los hechos o el derecho expresados en ella.

---

667 Vid. Sent. de la CSJ/SPA, de fecha 3 de octubre de 1990.

668 Vid. Sent. N° 01930 del TSJ/SPA, de fecha 27 de julio de 2006, caso *Asociación de Profesores de la Universidad Simón Bolívar*, Magistrado Ponente: Hadel Mostafá Paolini.

LOS VICIOS DE NULIDAD RELATIVA DEL ELEMENTO PROCEDIMENTAL

§ 214. Planteamiento de la cuestión.— En el caso del vicio del elemento procedimiento o vicio procedimental, si no se produce una disminución efectiva, real y trascendente de las garantías del administrado, sino que representa solo fallas o irregularidades parciales, el vicio es sancionado solo con la anulabilidad.[669]

Lo anterior da lugar a la distinción de cuño civilista, entre las formalidades esenciales o sustanciales de aquellas que no lo son, lo que incidirá en la gravedad del vicio y, por ende, para decidir si la infracción procedimental debe comportar su nulidad. En tal sentido, la jurisprudencia[670] expresó que solo la omisión de las formalidades esenciales requeridas acarrea la nulidad absoluta, mientras que la observancia irregular solo conduce a la anulabilidad. Esto es, solo el vicio procedimental relevante para la decisión final conduce a la nulidad.[671]

Estaremos ante una formalidad esencial, cuando su desconocimiento puede tener una incidencia sobre el contenido del acto administrativo; por el contrario, si se estima que la formalidad desconocida no tiene incidencia sobre el contenido, cuya inobservancia no impide lograr el fin previsto por la norma (principio de finalidad), no se anula el acto administrativo,[672] como sería el caso de la falta de publicación del acto de delegación de competencia.[673]

En mérito a lo antes expuesto se concluye que en la práctica, la determinación del carácter esencial o no de la formalidad puede ser algo compleja, puesto que se trata de una cuestión de analizar caso por caso.

LOS VICIOS DE NULIDAD RELATIVA DE LA CLÁUSULA ACCESORIA

A. CLÁUSULA ACCESORIA

§215. Concepto.— Los llamados elementos accidentales o cláusulas accesorias del acto administrativo son aquellos que, precisamente, por serlo, no asumen la categoría de requisitos. Son aquellos cuya existencia no es necesaria, pero que una vez establecidos, se constituyen ya no en condición de la

---

669 Vid. Sent. N° 5669 del TSJ/SPA, de fecha 21 de septiembre de 2005, caso *José Humberto Niño Chacón*, Magistrado Ponente Levy Ignacio Zerpa.

670 Vid. Sents. de la CPCA, de fechas 22 de junio de 1981.

671 Vid. Sent. de la CPCA, de fecha 4 de agosto de 1986.

672 Vid. Sent. N° 247 de la CSJ/SPA-ET, de fecha 17 de abril de 1996, Exp. N° 6290, JCSJ, 1996, N° 4, p. 37.

673 Vid. Sent. N° 1763 del TSJ/SPA, de fecha 7 de noviembre de 2007, caso *Banco de Venezuela, S.A., Banco Universal*, Magistrado Ponente: Evelyn Marrero Ortiz, RDP N° 112, p. 559.

validez, como sucede con los elementos esenciales, sino de la eficacia de los actos administrativos.

Por otro lado, las cláusulas accesorias están integradas por aquellas cláusulas expresas que el órgano o ente puede legalmente introducir en el acto administrativo, y cuyas modalidades son: (i) la condición; (ii) el modo; (iii) el plazo; y (iv) la reserva de revocación administrativa; y por último (iv) la reserva de reversión administrativa .

B. VICIO en LA CLÁUSULA ACCESORIA

§ 216. Concepto.– La aplicación del sistema de la particularización de los vicios se complementa con el estudio de los vicios o defectos que hacen al contenido eventual del acto administrativo, es decir, las cláusulas accesorias. En efecto, por una derivación del principio de accesoriedad, el vicio que afecte una cláusula de este tipo no invalida, en principio, la totalidad del acto administrativo, produciendo tan solo su nulidad parcial.

En tal sentido, el autor Cassagne[674] señala que para que opere la nulidad parcial de la cláusula accesoria y proceda la reducibilidad del acto administrativo a sus elementos esenciales válidos, se exigen dos requisitos fundamentales:

(i) La independencia o separabilidad de la cláusula accesoria de los restantes elementos del acto administrativo.

(ii) Y que no constituya la esencia del acto o razón principal que hubiere llevado a la Administración Pública a dictarlo.

Finalmente, el autor García-Trevijano[675] sostiene que no parece dudoso sostener que la invalidez de la cláusula accesoria afecte solamente a la cláusula accesoria concreta, sin que haya fuerza expansiva ni contagio a todo el acto administrativo, en virtud del principio *favor acti*.

---

[674] CASSAGNE, J.C., Ob. cit., nota 43, pp. 225 y ss.

[675] García-Trevijano, Ob. cit., nota 41, p. 182.

SEXTA PARTE:

LA TEORÍA DE LOS VICIOS INTRASCENDENTES DEL ACTO ADMINISTRATIVO

LOS VICIOS INTRASCENDENTES

A. INTRODUCCIÓN

§ 217. Concepto. – El autor español VILLAR PALASI[676] sostiene que, en el Derecho administrativo, existen irregularidades que afectan a la legalidad del acto administrativo y que, sin embargo, no dan lugar a su nulidad. En estos casos se trataría de infracciones o vulneraciones leves, menores o simplemente meras irregularidades que no ha tenido ninguna incidencia en el fondo de la decisión, que no han causado indefensión o no han impedido que el acto alcance su fin o que produzca sus efectos jurídicos.[677]

Lo anterior es lo que la doctrina conoce como la teoría de los vicios intrascendentes (ARAUJO-JUÁREZ, HERNÁNDEZ-MENDIBLE),[678] vicios inoperantes (R. HOSTIOU)[679] o, en fin, irregularidades no invalidantes (BOCANEGRA SIERRA) de los actos administrativos.

En el Derecho positivo, no obstante no existir ningún mención de la misma en la LOPA, la jurisprudencia[680] después de reconocer la existencia de «irregularidades irrelevantes» ha venido sosteniendo la diferenciación de los vicios formales del acto administrativo entre los «sustanciales o invalidantes» y los simplemente «intrascendentes o irrelevantes», [681] todo con fundamento en los Arts. 19 y 20 de la LOPA, lo que ha ido desarrollando la denominada teoría de los vicios intrascendentes.

---

676 VILLAR PALASI., J.L., Ob. cit., nota 390, Vol. I, p. 82.

677 Vid. Sents. de la CSJ/SPA, de fecha 17 de abril de 1996; y del TSJ/SPA, de fecha 30 de noviembre de 2006.

678 HERNÁNDEZ-MENDIBLE, V., Ob. cit., nota 135, pp. 95 y ss.

679 HOSTIOU, R., Ob. cit., nota 493, pp. 279 y ss.; y BOCANEGRA SIERRA, R., Ob. cit., nota 47, p.189.

680 Vid. Sents. de la CSJ/SPA, de fecha 1 de julio de 1980, *RDP*, N° 3, p. 123.

681 Vid. Sent. de la CSJ/SPA-ET, de fecha 17 de enero de 1995, RDP N° 61-62, p. 214.

§ 218. Fundamento. – Hoy en día existe la tendencia a aceptar que ciertos supuestos, si bien son ilegalidades del acto administrativo, por ser de menor gravedad, es decir, intrascendentes o irrelevantes, no afectan su validez y eficacia, puesto que, en realidad, no constituyen verdaderos defectos o vicios. Esto es,[682] «que se trata de una irregularidad que no tiene relevancia invalidante y, que la ausencia de daño o de indefensión hace que esa irregularidad sea irrelevante».

Ahora bien, la jurisprudencia[683] ha sostenido que si la Administración Pública puede convalidar los actos administrativos que padecen un vicio que los hace anulables, con mayor razón puede convalidar un acto administrativo que tiene vicios intrascendentes, que en nada inciden sobre la decisión final.

Al respecto debemos señalar que no compartimos la posición jurisprudencial de que en la teoría de vicios intrascendentes operaría la técnica de la convalidación. En efecto, si por la institución de convalidación se debe entender, como lo propone en la doctrina española la autora Beladiez Rojo,[684] la posibilidad de que un acto inicialmente inválido adquiera validez, desde esta perspectiva convalidar no sería más que el nombre técnico de la operación que agruparía las diversas formas concretas por las que un acto inicialmente ilegal puede adquirir validez. En tal sentido, la convalidación no es un concepto unitario sino que comprende un conjunto heterogéneo de medios o técnicas capaces de lograr ese efecto, esto es, eliminar del acto administrativo los defectos en los que incurran para adaptarlos, de este modo, al Ordenamiento jurídico. Tales medios pueden ser desde la conducta de los sujetos, el transcurso del tiempo; hasta un cambio normativo con eficacia retroactiva, etc.

Por su parte, el Alto Tribunal[685], frente a la denuncia de ilegalidad por la infracción de los requisitos formales exigidos por la ley, ha afirmado lo siguiente:

> en reiteración de la doctrina de la misma, que los vicios formales que no impiden obtener su resultado o sus efectos, no producen la nulidad del acto administrativo y que antes bien, el administrado puede convalidarlos con su conducta, por ejemplo, como en el presente caso, allana o subsana el error formal.

Al respecto sostenemos que con la figura de la convalidación lo que se persigue es subsanar «los defectos de un acto anterior anulable» (González Pérez);[686] mientras que, por el contrario, en los casos de la teoría de los vicios intrascendentes se estaría en presencia de aquellos supuestos en que no interviene la operación de subsanar, de regularizar, de reparar defectos, sino que

---

682 Vid. Sent. de la CSJ/SPA, de fecha 17 de abril de 1996, RDP N° 65-66, p. 229.

683 Vid. Sent. de la CSJ/SPA, de fecha 1 de agosto de 1961.

684 BELADIEZ ROJO, Ob. cit., nota 97, pp. 190 y 191.

685 Vid. Sent. de la CSJ/SPA, de fecha 21 de noviembre de 1991, caso *Ford Motors de Venezuela, S.A.*,Magistrado Ponente: Josefina Calcaño de Temeltas.

686 GONZÁLEZ PÉREZ, J., Ob. cit., nota 52, p. 437.

se justifica la conservación del mismo acto administrativo por la aplicación de diversos principios del Derecho administrativo en presencia de ilegalidades menores que no han afectado a «la corrección jurídica de la decisión final», según el autor español BOCANEGRA SIERRA.[687]

§ 219. Principios. – Por su parte, el autor HERNÁNDEZ-MENDIBLE[688] acude a diversos principios rectores de la actividad administrativa y que son los que inspirarían la teoría de los vicios intrascendentes en el Derecho positivo, así:

(i) Economía (Art. 30 de la LOPA): que busca evitar la pérdida de tiempo y de dinero mediante anulaciones (reposiciones inútiles) y evitar así alargar de manera innecesaria el procedimiento.

(ii) Celeridad (Art. 30 de la LOPA): que persigue que la actividad administrativa se desarrolle de manera breve y sin formalismos exagerados que entorpezcan el desenvolvimiento de la misma.

(iii) Eficacia (Arts. 141 de la C y 30 de la LOPA): que propugna una actuación eficaz.

(iv) El principio de *favor acti*: que aconseja el mantenimiento del acto administrativo en los supuestos de dudas sobre la invalidez de los requisitos formales indispensables para alcanzar el fin previsto por la norma jurídica.

(v) Y por último, la finalidad: en razón del carácter instrumental de las formas, manteniendo la validez del acto administrativo cuando el vicio no tiene incidencia sobre el fondo o no impide lograr el fin previsto por la norma jurídica al exigir la forma o trámite incumplido.

Por su parte, la admisión de la teoría de los vicios intrascendentes en el Derecho positivo ha sido confirmada por la jurisprudencia sobre la base del principio de economía procedimental, al sostener que no procede anular el acto administrativo cuando la corrección del vicio de forma no comporta una variación en el contenido; si este es correcto en el fondo debe ser mantenido. De tal modo, habría ilegalidades que, no obstante afectar el acto administrativo emitido, no han causado indefensión o daño irreparable y, por ende, no producirían su anulabilidad ni mucho menos su nulidad.[689]

De acuerdo con HERNÁNDEZ-MENDIBLE[690] y la jurisprudencia,[691] se trataría, fundamentalmente, de vicios en las «formas», en sentido amplio, que por su naturaleza son estrictamente instrumentales, siempre y cuando no supongan una disminución efectiva, real y trascedente de garantías, incidiendo en la decisión de fondo y alterando evidentemente su sentido en perjuicio del admi-

687 BOCANEGRA SIERRA, R., Ob. cit., nota 47, p. 171.
688 HERNÁNDEZ-MENDIBLE, V., Ob. cit., nota 135, pp. 99 y 100.
689 Vid. Sent. de la CSJ/SPA-Acc, de fecha 1 de julio de 1980, RDP Nº 3, p. 128.
690 HERNÁNDEZ-MENDIBLE, V., Ob. cit., nota 135, pp. 95 y 98.
691 Vid. Sent. de la CPCA, de fecha 2 de octubre de 1986.

nistrado y aun de la propia Administración. «En consecuencia, su inobservancia es irrelevante cuando, de todas maneras, se logra la finalidad que el legislador persigue al exigir la forma o trámite incumplido» [692].

En conclusión, el vicio es intrascendente cuando la transgresión a las normas que rigen lo concerniente a los requisitos formales del acto administrativo no hubieren podido provocar una situación distinta, aun si el vicio no se hubiera cometido, como es el haber dictado el acto administrativo fuera de lapso legal.[693]

§ 220. Notificación administrativa.— La notificación puede afectar a la vinculación o sujeción del interesado al acto administrativo, mas no su existencia. De ahí que por cuanto el cumplimiento de los requisitos formales que deben acompañar la notificación tiene carácter instrumental,[694] existe la posibilidad de que puede convalidarse la notificación defectuosa por actos expresos del destinatario, siempre y cuando de estos actos se desprenda que ha superado por sí mismo el peligro de la indefensión, en virtud del principio del logro del fin,[695] lo que ciertamente no se asegura por el mero hecho de exteriorizar la certeza de que la notificación se ha practicado, en los siguientes casos:

(i) El interesado interpone el recurso o acción pertinente, en la sede administrativa o en la jurisdicción contencioso administrativa,[696] respectivamente, no obstante los defectos que pueden haberse cometido en la notificación administrativa, como la ausencia de señalamiento de los recursos, [697] o no satisfacer los requisitos.[698] Contrariamente, no surte efecto cuando el interesado interpone un recurso o acción que no es el pertinente o el interesado no hace nada (Vivancos).[699] El interesado voluntariamente manifiesta, de modo expreso, que se da por notificado, no obstante la ausencia absoluta o los defectos contenidos en la notificación administrativa, pues notificarle lo que ya el conoce constituiría un trámite inútil.[700]

(ii) Si la notificación administrativa contienen el texto íntegro del acto administrativo y omite lo relativo a los recursos, será válida en cuanto *conditio iuris* para la eficacia del acto, pero no comenzarán a discurrir los plazos para interponer los recursos o acciones que procedan.[701] Por

---

692 Vid. Sent. de la CPCA, de fecha 11 de abril d 1988.
693 Vid. Sent. de la CSJ/SPA, de fecha 4 de julio de 1990, RDP N° 43, p. 74.
694 Vid. Sent. de la CPCA, de fecha 4 de junio de 1992, RDP N° 50, p. 140.
695 Vid. Vid. Sent. N° 1939 del TSJ/SPA, de fecha 28 de noviembre de 2007, caso *Municipio San Cristóbal del Estado Táchira*, Magistrado Ponente: Levy Ignacio Zerpa, RDP N° 112, p. 55.
696 Vid. Sent. de la CSJSPA, de fecha 24 de marzo de 1980, caso *Inversiones Drolara, C.A.*, RDP N° 2, p. 120.
697 Vid. Sent. de la CPCA, de fecha 11 de julio de 1985, RDP N° 24, p. 122.
698 Vid. Sent. de la CPCA, de fecha 9 de junio de 1988.
699 VIVANCOS.
700 Vid. Sent. de la CPCA, de fecha 27 de noviembre de 1989, RDP N° 40, p. 72.
701 Vid. Sent. de la CSJ/SPA, de fecha 20 de mayo de 1985, caso *Inploca*, RDP N° 23, p. 139.

el contrario, si la notificación administrativa no contiene el texto íntegro del acto, más que defectuosa la notificación, en este supuesto, puede considerarse como inexistente si no da traslado al interesado la integridad de lo que tiene derecho a conocer, sin que exista posibilidad de convalidación, aunque reúna los restantes requisitos legales.

(iii) Finalmente, si del expediente administrativo o de la actuación del interesado surgiera, claramente, que por un medio distinto al expresamente previsto por la norma conoció el acto administrativo de que se trata, se lo tendrá por notificado desde que tal circunstancia quedó demostrada o evidenciada de forma fehaciente o indubitable, pues ella subsana la falta del requisito legal.[702]

Como se advierte, no se trata de la convalidación de una notificación administrativa irregularmente hecha, sino de una notificación, ya que de otro modo ese conocimiento producirá efectos retroactivos al día en que se hizo la notificación incorrecta, lo que no ocurre en aplicación de la denominada teoría del conocimiento adquirido. Por tanto, los defectos de una notificación administrativa solo se subsanan por la manifestación expresa o presunta del particular interesado (H. ESCOLA).[703] Supuesta la notificación del acto administrativo de efectos particulares, su eficacia jurídica se despliega plenamente, manifestándose en una serie de consecuencias, las cuales son: la ejecutividad y la ejecutoriedad.

Por último, en algunos casos, es la propia Administración Pública la que, admitiendo que determinada notificación no ha sido correctamente efectuada, decide de oficio hacer una nueva notificación del mismo acto administrativo, con el fin de rectificar las omisiones o errores advertidos en la primera. Esta segunda notificación, correctamente efectuada, viene a sustituir la anterior. Aunque de ordinario se dice que subsana los defectos de la primera, pero más que de subsanación de lo que se trata es de una nueva notificación, que produce todos sus efectos legales, a partir de la cual se cuenta el plazo para recurrir. Por su relación con este extremo, es de señalar, con carácter general que una segunda notificación de idéntico acto administrativo, ya notificado correctamente, no hace revivir un plazo de recurso expirado, pues la primera ha sufrido todos sus efectos.

En conclusión, la notificación administrativa debe ser completa, es decir, que el interesado esté en situación de conocer la naturaleza de la decisión, la identidad de su autor, su contenido exacto, y así poder apreciar su regularidad. Así, ella debe contener el texto íntegro del acto administrativo (principio de integridad).

Por último dentro de los casos que no producen la nulidad se menciona a la designación del acto administrativo de manera distinta a la establecida en la ley,[704] o

[702] Vid. Sent. de la CSJ/SPA, de fecha 17 de enero de 1996, JCSJ, 1996, N° 1.
[703] ESCOLA, H., *Compendio de Derecho Administrativo*, Vol. II, Depalma, Buenos Aires, 1984.
[704] Vid. Sent. de la CPCA, de fecha 13 de diciembre de 1982.

la sustitución de la firma autógrafa en un acto administrativo mediante un troquel o cualquier otro instrumento mecánico o electrónico que no lo afecta con vicio alguno que incida en la validez;[705] o el supuesto más corriente de la emisión del acto administrativo extemporáneo, es decir, dictado una vez vencidos los plazos legales para ello.[706]

Asimismo, la jurisprudencia ha sostenido que si la notificación administrativa inicial contiene algún defecto o no existe, pero el interesado ha podido ejercer certera y oportunamente los recursos pertinentes, en tal caso resulta el vicio de la notificación irrelevante. [707]

Finalmente, la jurisprudencia sostiene que la ausencia de notificación no causa la nulidad si no se ha producido vulneración de los derechos o garantías constitucionales del interesado.[708] Tampoco la utilización de un medio no contemplado en la ley para la notificación administrativa como el telegrama,[709] o el fax, [710] produce la nulidad, si se ha cumplido con su finalidad de poner en conocimiento al interesado y que este pudiera efectivamente defenderse.[711]

[705] Vid. Sent. de la CSJ/SPA, de fecha 14 de noviembre de 1996.
[706] Vid. Sent. de la CSJ/SPA, de fecha 3 de octubre de 1985.
[707] Vid. Sent. de la CSJ/SPA, de fecha 17 de enero de 1995.
[708] Vid. Sent. de la CSJ/SPA, de fecha 11 de noviembre de 1993.
[709] Vid. Sent. de la CPCA, de fecha 26 de marzo de 1987.
[710] Vid. Sent. de la CPCA, de fecha 26 de marzo de 1987.
[711] Vid. Sent. de la CSJ/SPA, de fecha 29 de mayo de 1996.

SÉPTIMA PARTE:

LA ACCIÓN DE NULIDAD EN VÍA ADMINISTRATIVA

ACCIÓN DE NULIDAD

A. CONSAGRACIÓN LEGAL

§ 221. Planteamiento de la cuestión.— El Art. 83 de la LOPA, que se encuentra ubicado en el Capítulo I «De la Revisión de Oficio», del Título IV «De la revisión de los Actos en Vía Administrativa», regula dos categorías jurídicas distintas. Por una parte, la anulación «de oficio» de los propios actos administrativos viciados de nulidad absoluta; y por otra, una «solicitud de particulares, esto es, una acción de nulidad *strictu sensu*,[712] cuya real funcionalidad como tal es puesta de relieve en otra obra nuestra,[713] en cuanto establece también una exigencia de la nulidad absoluta.

Ahora bien, en cada uno de los casos mencionados, el ejercicio de la potestad de anulación en sede o vía administrativa tiene una justificación distinta, aunque el procedimiento y los resultados vengan a ser los mismos, en cuanto que el régimen jurídico a aplicar -el derivado de la teoría de la nulidad absoluta- es idéntico.

En efecto, en el supuesto de anulación de los actos absolutamente nulos «a solicitud de particulares», consagrado expresamente en el Art. 83 de la LOPA, se trataría, en definitiva, del ejercicio de una vía paralela (acción de nulidad en vía administrativa) que, aun cuando no es identificable exactamente con los recursos administrativos, responde a sus mismos planteamientos (anulación rogada) (Martín Mateo).[714]

Por tanto, la figura de la acción de nulidad en vía administrativa como modalidad de revisión rogada, distinta de la vía del recurso administrativo,[715] persigue no dejar en manos de la sola Administración Pública el monopolio de la iniciativa de la potestad administrativa de anulación, lo cual supondría una arbitraria utilización de la teoría de la nulidad de los actos administrativos.

---

712 GARCÍA DE ENTERRÍA, E., Ob. cit., nota 47, p. 622.

713 Vid. ARAUJO-JUÁREZ, J., Ob. cit., nota 35, pp. 378 y ss.

714 MARTÍN MATEO, R., *Manual de Derecho Administrativo*, 23a. Ed. Thomson-Aranzadi, p. 301.

715 ARAUJO-JUÁREZ, J., Ob. cit., nota 35, p. 379.

B. REQUISITOS

§ 222. Planteamiento de la cuestión. – Consagrada de modo expreso en nuestro Derecho positivo la acción de nulidad en el Art. 83 de la LOPA, procederemos a analizar los requisitos que la referida solicitud de los particulares debe cumplir en su ejercicio. De acuerdo, pues, con la legislación procedimental vigente, examinaremos, a continuación, los requisitos de ejercicio de la acción de nulidad.

I. SUBJETIVOS

a. *Órgano competente*

§ 223. Órgano competente. – La atribución genérica de la competencia para anular los actos en vía administrativa que hace el Art. 83 de la LOPA, refiriéndose sin mayores especificaciones a la «administración» [sic], plantea el problema de la determinación de cuál es el órgano concreto dentro de cada complejo organizativo, al cual se atribuye la potestad de anulación. Tal problema se resolverá aplicando los principios generales de la organización administrativa, en particular, el de su estructuración jerárquica y el principio de paralelismo de las competencias, en razón de lo cual sostuvo la jurisprudencia:[716]

> Un órgano puede reconocer vicios en sus propios y en los de su inferior jerárquico pero no así los que se imputan a otro órgano sobre cuya decisión carece de poder de decisión, reexamen o control.

Al respecto, parece plenamente aceptable la tesis sobre la aplicación, por analogía, de las reglas sobre competencia para ejercer la potestad administrativa revocatoria consagrada en el Art. 82 de la LOPA, esto es, el mismo órgano que dictó el acto o el órgano superior en jerarquía o el máximo jerarca.

En efecto, la doctrina nacional[717] sostiene que, siendo la potestad de anulación una manifestación de la potestad de autotutela, se puede afirmar que la acción de nulidad, en vía administrativa, debe ser intentada ante «el mismo órgano» de la Administración Pública que emitió el acto cuya nulidad se pretende.

b. *Legitimación*

§ 224. Planteamiento. – Los Arts. 22 y 85 de la LOPA describen la legitimación activa necesaria para interponer la acción de nulidad, así como los requisitos de la solicitud de la acción de nulidad en vía administrativa de los actos administrativos ; y por último, el Art. 86 de la LOPA establece los requisitos formales que deben contener los correspondientes escritos contentivos de la mencionada acción de nulidad.

---

716 Vid. Sentencia de la CSJ-SPA Acc. (58), de fecha 14 de febrero de 1991, Magistrado Ponente: Hildegard Rondón de Sansó, RDP, N° 45, 108.

717 HERNÁNDEZ-MENDIBLE, V., Ob. cit., nota 135, p. 27.

1°) Legitimación activa

§ 225. Planteamiento.— Al respecto no cabe duda de que definir la legitimación para instar el procedimiento de la potestad de anulación por la vía de la acción de nulidad en vía administrativa, provocando la incoacción del respectivo expediente administrativo, cabe la aplicación de las reglas generales sobre legitimación que permiten la titularidad de derechos subjetivos o intereses personales cualificados para la impugnación de los actos administrativos.

En efecto, no hay duda alguna de que, cuando el Art. 83 de la LOPA consagra la acción de nulidad para requerir la actividad de la Administración Pública tendiente a extinguir y privar de efectos jurídicos al acto administrativo viciado de nulidad absoluta —acción y no recurso administrativo propiamente dicho--, estamos en presencia de una figura que constituye un remedio procedimental idóneo o un procedimiento extraordinario[718] para poner en marcha la potestad administrativa de anulación, provocando la apertura de un nuevo procedimiento administrativo que habrá de ser obligatoria e ineludiblemente resuelto, el mencionado procedimiento, por el órgano competente.

Ahora, es sabido que la legitimación activa para impugnar los actos administrativos se extiende a todas aquellas personas que vean afectados sus derechos subjetivos o intereses cualificados por dichos actos administrativos. Así, las disposiciones que delimitan la legitimación activa para impugnar actos administrativos, son las contenidas en los Arts. 22 de la LOPA en concordancia con el artículo 29 de la LOJCA, y que establecen los parámetros de legitimación de la siguiente manera:

> **Artículo 22**: Se considerarán interesados, a los efectos de esta Ley, a las personas naturales o jurídicas a que se refieren los artículos 112 y 121 de la Ley Orgánica de la Corte Suprema de Justicia.
>
> **Artículo 29.** Están legitimadas para actuar en la Jurisdicción Contencioso Administrativa todas las personas que tengan un interés jurídico actual.

Finalmente, el Art. 85 de la LOPA, al establecer los requisitos de impugnabilidad de los actos administrativos, incluida por supuesto la acción de nulidad, prevé:

> **Artículo 85**: Los interesados podrán interponer los recursos a que se refiere este Capítulo contra todo acto administrativo que ponga fin a un procedimiento, imposibilite su continuación, cause indefensión o lo prejuzgue como definitivo, cuando dicho acto lesione sus derechos subjetivos o intereses legítimos, personales y directos.

718 GONZÁLEZ PÉREZ, Ob. cit., nota 52, p. 497.

II. FORMALES

§ 226. Consagración.– El Art. 86 de la LOPA establece los requisitos formales que deben cumplirse en la interposición de un escrito de impugnación administrativo, aplicable también a la acción de nulidad. Así, además de requerir su presentación por escrito, se hace referencia al cumplimiento de los extremos exigidos también en el Art. 49 de la LOPA que señala lo siguiente:

> **Artículo 49.** Cuando el procedimiento se inicie por solicitud de persona interesada, en el escrito se deberá hacer constar:
>
> 1. El organismo al cual está dirigido;
> 2. La identificación del interesado, y en su caso, de la persona que actúe como su representante con expresión de los nombres y apellidos, domicilio, nacionalidad, estado civil, profesión y número de la cédula de identidad o pasaporte;
> 3. La dirección del lugar donde se harán las notificaciones pertinentes;
> 4. Los hechos, razones y pedimentos correspondientes, expresando con toda claridad la materia objeto de la solicitud;
> 5. Referencia a los anexos que lo acompañan, si tal es el caso;
> 6. Cualesquiera otras circunstancias que exijan las normas legales o reglamentarias;
> 7. La firma de los interesados.

III. OBJETIVOS

§ 227. Consagración.– Los actos administrativos susceptibles de anulación en vía administrativa, a través de la acción de nulidad, a la vista de los términos del Art. 83 de la LOPA, son los actos administrativos contrarios a Derecho por estar viciados de nulidad absoluta,[719] de lo cual deriva que la potestad de autotutela administrativa en estos casos es absoluta.[720]

Hemos sostenido más arriba que, la distinción entre nulidad absoluta y la nulidad relativa se funda en un criterio distintivo: la gravedad del vicio que afecta el acto administrativo; tal como lo sostiene la jurisprudencia, en los términos siguientes:

> A raíz de este fallo quedó doctrinariamente establecido que la nulidad absoluta es la consecuencia de mayor gravedad derivada de los vicios del acto administrativo, y lleva a que éste no pueda, en forma alguna, producir efectos, ya que el acto nulo de nulidad absoluta, se tiene como nunca dictado; por ello, no podría ni puede producir efectos, de allí que se hable, en estos casos, dada la entidad de la irregularidad que afecta la

[719] Vid. Sent. de la CSJ/SPA de fecha: 14 de mayo de 1985, RDP, N° 23-143.
[720] Vid. Sentencia de la CSJ/SPA de fecha 11 de febrero de 1992, RDP, N° 49, p. 117.

validez de la decisión administrativa, de vicios de orden público, que permiten al órgano jurisdiccional en casos de solicitud de anulación de un acto administrativo, entrar a conocer de ellos de oficio, esto es, aun cuando no hayan sido invocados por las partes.[721]

§ 228. Caracteres.— La sanción de nulidad absoluta precisa de los siguientes caracteres: integralidad y gravedad.

a. *Integralidad*

§ 229. Concepto.— En primer lugar, la gravedad no es apreciada -si bien está vinculada- en relación con el elemento estructural viciado, sino con el acto administrativo como un todo; por eso no hay vicio en un elemento no esencial que puede ser considerado grave para el acto y, por eso mismo, habrá vicio grave para el acto solo si afecta un elemento esencial.

b. *Gravedad*

§ 230 Concepto.— En segundo lugar, con respecto a la apariencia fáctica, no jurídica, del vicio de nulidad absoluta; a veces el hecho de su clara manifestación (criterio de gravedad) hace que un vicio, en sí mismo no sea tan grave, pero si el vicio es fácticamente manifiesto lo convierte en jurídicamente grave y, por tanto, causante de nulidad absoluta.

Como pudimos observar más arriba, la legislación procedimental ha hecho, por primera vez, una regulación sistemática de los casos de nulidad administrativa al distinguir entre: la nulidad absoluta y, por el otro lado, la nulidad relativa del acto administrativo, en relación con la intensidad o grado del vicio que este contenga. Para el primer caso, el acto administrativo será nulo, de nulidad absoluta, en los supuestos que en principio menciona el artículo 19 de la LOPA que, en definitiva, se refiere a los vicios más importantes que pueden afectar a un acto administrativo.

Finalmente, consecuencias jurídicas de los vicios de nulidad absoluta, son las diferencias sobre la base de los criterios materiales que hemos enumerado más arriba, y donde, deferentemente, remitimos al lector.

Ahora bien los actos absolutamente nulos, a la vista de los términos del Art. 83, de la LOPA, son los actos administrativos[722] contrarios a Derecho y viciados de nulidad absoluta, por razones de inconstitucionalidad e ilegalidad. En tal sentido, es sabido que, dentro de la construcción dogmática de la teoría de la nulidad absoluta de los actos administrativos, como categoría máxima de ilegalidad e invalidez, tales actos se caracterizan por las notas de extraordinariedad, orden público, no firmeza, insubsanabilidad, imprescriptibilidad, indisponibilidad, operatividad *erga omnes* y totalidad en cuanto a sus efectos y consecuencias jurídicas, según se hubo analizado más arriba.

[721] Vid. Sent. de la CSJ/SPA de fecha 6 de abril de 1993, caso *Eduardo Contramaestre,* Magistrado Ponente: Cecilia Sosa Gómez, RDP, N° 55/56, p.197.

[722] Vid. Sent. de la CSJ/SPA, de fecha 14 de agosto de 1991, RDP N°. 47, pp. 112-114.

En consecuencia, la Administración Pública de oficio o mediante la respectiva solicitud de parte interesada puede en, cualquier tiempo, declarar o reconocer los actos administrativos como nulos de nulidad absoluta. En efecto, tal y como señala la doctrina,[723] la gravedad de los vicios jurídicos que determinan la nulidad absoluta consiste en su trascendencia del simple interés de la persona a la que afecta y repercute sobre el orden general, al constituir una grave infracción al principio de legalidad.

C. OBLIGATORIEDAD

§ 231. Planteamiento de la cuestión. — Con relación al carácter del ejercicio de la potestad administrativa de anulación, en el sentido de resolver si la misma instrumenta una potestad ejercitable discrecionalmente por la Administración Pública o si, por el contrario, debe necesariamente utilizarlo cada vez que detecta una infracción legal subsumible en alguna de las causas o motivos de nulidad absoluta, afirmamos de entrada su carácter obligatorio.

Al respecto, hemos sostenido que constituye una potestad (*podrá*), y no una facultad que pueda ejercer discrecionalmente, puesto que: en primer término, si se conoce de un acto administrativo absolutamente nulo y la Administración Pública está sometida al principio de legalidad, existe un deber de ejercer esa potestad (improrrogabilidad), de conformidad con lo dispuesto en el artículo 26 de la LOAP; en segundo término, el vocablo «podrá» significa una verdadera habilitación que contrasta con el respeto del derecho adquirido ilegítimamente.

En este sentido, sostenemos que el término «podrá», que recoge el Art. 83 de la LOPA, no significa que se otorgue a la Administración Pública una nueva competencia, ni que se la deje en libertad para resolver o no sobre la solicitud formulada por el interesado de que se declare la nulidad absoluta del acto administrativo de que se trate. Lo que el término «podrá» significa, realmente, es que la Administración Pública no está afectada en tal hipótesis por el principio de irrevocabilidad de los actos declarativos de derechos. De otro modo equivaldría a admitir que la Administración Pública pudiese mantener y dar efectos a un acto administrativo que la ley califica, expresamente, como de nulidad absoluta y susceptible de producir efecto jurídico alguno, esto es, se consagraría de esa forma una flagrante contrariedad al Derecho por parte de la Administración Pública.

Por tanto, hemos de concluir que la expresión «podrá» ha de interpretarse como la consagración de una potestad administrativa y en modo alguno de una facultad, en el sentido de que pueda libremente decidir la Administración Pública si mantiene o no el acto administrativo que incurre en infracción grave del Ordenamiento jurídico cuando de ello ha tomado conocimiento, y es sabido que las potestades administrativas, a diferencia de los derechos, son irrenunciables, según el Art. 26 de la LOAP.

[723] GARCÍA DE ENTERRÍA, E., Ob. cit., nota 47, T. I, p. 622.

De ahí que, desde el punto de vista de las exigencias institucionales de la nulidad absoluta, no cabe duda de que cuando el Art. 83 de la LOPA al hablar de «reconocer» (declarar) la nulidad de oficio o rogada, está consagrando un deber jurídico inexorable para la Administración Pública. Tal vinculación de la declaración de nulidad es exigida por la especial trascendencia de los vicios de nulidad absoluta que por ser de orden público, supone, además, que su pronunciamiento habrá de hacerse, en todo caso, de forma preferente, y aun excluyente, con respecto a cualquier otro, incluidos los asuntos relativos a la admisibilidad.[724] La nulidad absoluta se produce *ipso jure* y tiene efectos generales, *erga omnes*. El acto absolutamente nulo no puede producir efectos ni su autor puede imponerlos por sí.[725]

En consecuencia, la especial consideración de los vicios de nulidad absoluta postula la exigencia de la nulidad del acto administrativo revisado, de manera inexcusable, cualquiera que sea el momento en que se detecte. No se trata, pues, de una mera habilitación facultativa, sino de la atribución de una potestad administrativa de anulación cuyo ejercicio es obligatorio, pero que supone un privilegio, pues la causante del vicio es la propia Administración Pública (VILLAR PALASI).[726]

En consecuencia, la solicitud de la acción de nulidad en vía administrativa, consagrada en el Art. 83 de la LOPA, supone el derecho del interesado a incoar el procedimiento administrativo de revisión, pues así lo declara de modo concluyente la disposición que se examina y, en tal caso, no cabe exégesis alguna que pueda desconocer o menoscabar tal derecho, con la ineludible obligación de la Administración Pública de decidir (GONZÁLEZ PÉREZ).[727]

EL PROCEDIMIENTO ADMINISTRATIVO

A. INICIACIÓN

§ 232. Planteamiento de la cuestión.— En el procedimiento administrativo de revisión de oficio, la iniciación procede mediante pronunciamiento del órgano competente al que corresponde promover la revisión (autor o superior jerárquico).

Es claro también, en función de la existencia de la acción de nulidad en el texto del Art. 83 de la LOPA, que se coloca a la Administración Pública en la obligación inexcusable de resolver, e implica la iniciación de un trámite

---

724 GARCÍA DE ENTERRÍA, E., Ob. cit., nota 47, T. I, pp. 622-623; y GARRIDO FALLA, E. y FERNÁNDEZ PASTRANA, J. M. *Régimen Jurídico y Procedimientos de los Administradores Públicos*, 2ª. ed. Civitas, Madrid, 1995, p. 233.

725 FERNANDEZ, T.R., Ob. cit., nota 22, p. 25; y Sent. de la CPCA, de fecha 29 de marzo de 1984, RDP Nº 18, p. 163.

726 VILLAR PALASI, J. L., «Teoría general de los vicios del acto administrativo», en libro *Homenaje a García Trevijano-Fos*, Ed. Reus, Madrid, 1982, p. 639.

727 GONZÁLEZ PÉREZ, J., Ob. cit., nota 52, p. 621.

procedimental en el momento en que el interesado solicita de la Administración Pública, el reconocimiento o declaración de nulidad del acto administrativo revisado, pues está ejerciendo tal acción de nulidad. Por ello, la solicitud de acción de nulidad en vía administrativa constituye un derecho procedimental idóneo para poner en marcha el dispositivo anulatorio, pero desde el momento en que esta se formalice en la solicitud de declaración de nulidad, se está en el derecho del interesado al ejercicio legítimo de la acción de nulidad.

§ 233. Plazo.— Con gran corrección se ha dicho que la consecuencia institucional de la nulidad absoluta mediante el ejercicio de la potestad anulatoria (de oficio) o ya mediante la acción de pedir la nulidad absoluta en vía administrativa, es el carácter imprescriptible de la acción de nulidad, que el interesado puede ejercitar en vía administrativa en cualquier momento, con posterioridad, por tanto, a la terminación de los plazos normales de los recursos administrativos.[728] Por su parte, el Art. 83 de la LOPA expresamente dice que podrá declararse la nulidad absoluta de los actos dictados por la Administración Pública «en cualquier momento»,[729] lo que es un reflejo del carácter insubsanable de los vicios de nulidad absoluta.

Así lo establece la LOPA, textualmente, cuando dispone:

> **Artículo 83**: La administración podrá en cualquier momento de oficio o a solicitud de particulares, reconocer la nulidad absoluta de los actos dictados por ella.

En tal sentido, el transcurso del tiempo no limita el ejercicio de la potestad administrativa de anulación, según lo ha observado la jurisprudencia,[730] en los términos siguientes:

> En efecto, ni la Ley, ni la doctrina, sostienen que los actos administrativos dejen de ser revocables por virtud del transcurso del tiempo, es decir, que adquieran una suerte de definitiva firmeza por virtud del transcurso del tiempo aun cuando estuviesen afectados por vicios de nulidad absoluta. Por el contrario, la Ley, sin limitar en el tiempo esa potestad, creó la posibilidad de revocatoria de dichos actos en las condiciones antes referidas, por lo cual el transcurso del tiempo no afectaba el ejercicio de la potestad de revocar actos que había dictado la Administración si están afectados de nulidad absoluta o, como pretende la Administración en el caso de autos, permitida por legislación especial.

Al respecto, señala la doctrina que al delimitarse como un supuesto distinto al de agotar la vía administrativa, la interpretación más razonable es que

---

728 Vid. Sentencia de la CSJ/SPA, de fecha 11 de agosto de 1993, RDP N° 55/56, p. 237.

729 Vid. Sentencia de la CSJ/SPA, de fecha 26 de julio de 1984, caso *Despachos Los Teques, C.A.*, RDP, N° 19, p.130; y Sent. del TSJ/SPA (1033), de fecha 11 de mayo de 2000, caso *Aldo Ferro García*, Magistrado Ponente: Carlos Escarrá Malavé.

730 Vid. Sentencia de la CPCA, de fecha 5 de diciembre de 1991, Magistrado Ponente: Humberto Briceño León, RDP N° 48, p. 130.

es, asimismo, admisible la declaración de nulidad de aquellos actos que no hubiesen agotado la vía administrativa, cuando así es exigido por el Ordenamiento jurídico -lo cual ya no es el caso del Derecho positivo-[731] por no haberse interpuesto, dentro del plazo, los recursos administrativos previstos.[732] Por lo tanto, no hay plazo para tal declaración de nulidad absoluta, pues la gravedad de la infracción es de tal índole que se permite constatarla sin restricciones temporales.[733]

Por consiguiente, la acción de nulidad en vía administrativa procede aun si han precluido los diferentes recursos administrativos como sostuvo la jurisprudencia:[734]

> Aun cuando hubieren precluido los diferentes recursos, por otra vía, por ejemplo, la solicitud de declaración de la nulidad absoluta, en cualquier tiempo, los particulares pueden lograr su anulación, en vía administrativa (artículo 83 de la Ley Orgánica de Procedimientos Administrativos), y de serles negada tal anulación, no contra el acto primitivo, pero sí contra la negativa de la Administración de declarar la nulidad de un acto nulo absolutamente.

Por tanto, si el interesado ha dejado transcurrir los plazos para recurrir, todavía puede ejercer útilmente la acción de nulidad contra los actos administrativos viciados de nulidad absoluta, y la Administración Pública tiene la obligación de tramitar el correspondiente procedimiento administrativo y dictar una resolución final expresa ajustada a Derecho.

Por último, conviene insistir que la LOPA establece, en el Art. 83, una auténtica acción (acción de nulidad y no una simple petición graciable),[735] cuyo ejercicio, como toda acción en sentido propio, coloca a la Administración Pública en la obligación inexcusable de dictar un pronunciamiento expreso sobre la misma.[736]

B. SUSTANCIACIÓN

§ 234. Planteamiento.— No obstante la ausencia de regulación para el cumplimiento de procedimiento administrativo alguno, es posible afirmar que el ejercicio de la potestad de revisión, en general, requiere una serie de trámites o fases en el propio *iter* procedimental, para que el acto administrativo que concreta el ejercicio de la potestad administrativa de anulación pueda reputarse válido, pues no hay duda de que todas las actuaciones de la Administra-

731 ARAUJO-JUÁREZ, J., Ob. cit., nota 35, pp. 378 y ss.

732 GONZÁLEZ PÉREZ, J., Ob. cit., nota 52, p. 500.

733 MARTÍN MATEO, R., Ob.cit., nota 715, p. 304.

734 Vid. Sent. de la CPCA, de fecha del 14 de agosto de 1991, caso *Armando Melo*, Magistrado Ponente: Román J. Duque Corredor, RDP N° 47, p. 114.

735 GARRIDO FALLA, F. y FERNÁNDEZ PASTRANA, J. M., Ob. cit., nota 723, p. 233.

736 MARTÍN MATEO, R., Ob. cit., nota 715, p. 304.

ción Pública, ya sea que actúe de oficio o ya a solicitud de los interesados, se encuentran procedimentalizadas.[737]

Al efecto, estimamos, junto con la jurisprudencia[738], que la Administración Pública podrá seguir el procedimiento administrativo ordinario o el procedimiento administrativo sumario, según sea el caso, al sostener siguiente:

> Ahora bien, como forma de articular la vigencia del derecho a la defensa con la potestad de revisión de oficio de la Administración, resulta evidente que debido a que en el artículo 83 de la Ley Orgánica de Procedimientos Administrativos -que es donde se contempla el deber de revisión de oficio de los órganos administrativos- no se contempla ni alude al cumplimiento de procedimiento alguno, al momento de procederse a la declaratoria de nulidad absoluta de un acto previo, como una forma de garantizar el indicado derecho a la defensa de cualquier persona que pudiera ser perjudicada en su situación jurídica, debe siempre la Administración darle a esos posibles afectados la oportunidad para que participen en un procedimiento previo y aleguen cualquier argumento que consideren pertinente, tomando para ello el procedimiento administrativo general ordinario contemplado en la indicada ley o, en caso de urgencia, al procedimiento sumario allí también previsto.
>
> En caso de no cumplirse tal procedimiento previo, sería indudable la existencia de un vicio, de carácter formal, en el acto administrativo resultante, lo cual podría acarrear su futura anulación y constituiría, según el caso, una flagrante violación del derecho de la defensa de aquellos ciudadanos que, de alguna u otra forma, estaban en una posición de ventaja en virtud del acto administrativo considerado nulo y revocado por la Administración.

Si ese pronunciamiento expreso de la Administración Pública no se produce, el interesado podrá entender desestimada su solicitud, de conformidad con el Art. 4 de la LOPA, a los efectos de poder ejercer el correspondiente recurso en sede administrativa o en sede jurisdiccional, según sea el caso.

---

[737] Vid. Sentencia de la CPCA, de fecha 19 de junio de 1986, caso *Carlos J. Gómez*, RDP N° 27, p. 96.

[738] Vid. Sent de la CJS/SPA-ET, de fecha 17 de enero de 1996, Exp. N° 6.485, JCSJ, 1996, N° 1.

ÍNDICE DE SENTENCIAS

Los números remiten a las notas de pie de página

BIBLIOGRAFÍA

ALCINDOR, L., *Diferentes espéces de nullités des actes administratifs*, Thése, París, 1912.

ALESSI, R., *La revoca degli atti amministrativi*, seconda edizione riveduta, Milano, Giuffè, 1956.

ALIBERT, R *de pouvoirs*, París, 1926.

ARAUJO-JUÁREZ, J., *Derecho Administrativo Constitucional*, Ediciones Jurídicas Olejnik, Santiago, 2020.

- *La justicia administrativa y el contencioso de anulación*, Funeda-Cidep. Caracas, 2019.
- *Derecho Administrativo General.* Vol. I *Concepto y Fuentes*, Ediciones Paredes, Caracas, 2012.
- *Derecho Administrativo General.* Vol. II *Administración Pública*, Ediciones Paredes, Caracas, 2011.
- *Derecho Administrativo General.* Vol. III *Acto y Contrato Administrativo.* Ediciones Paredes, Caracas, 2011.
- *Derecho Administrativo General.* Vol. IV *Servicio Público*, Ediciones Paredes, Caracas, 2010.
- *Derecho Administrativo General.* Vol. V *Procedimiento y Recurso Administrativo*, Ediciones Paredes, Caracas, 2010.
- *Principios de Derecho Administrativo Formal*, Vadell Hnos. Editores, Caracas, 1989.
- «Teoría del control público de la Administración Pública del Estado. Noción y clasificación», en *El control y la Responsabilidad en la Administración Pública*, EJV-CAJO, Caracas, 2012.

AUBY, J. M., «Les moyens inoperants dans la jurisprudence administrative», AJDA, París, 1966.

BADELL MADRID, R., «El Recurso de Nulidad», en *Derecho Contencioso Administrativo, Libro homenaje al Profesor Luis Enrique Farías Mata*, Barquisimeto, 2006.

BALASSO TEJERA, *Jurisprudencia sobre los Actos Administrativos* (1980-1993), EJV, Caracas, 1998.

BELADIEZ ROJO, M., *Validez y eficacia de los actos administrativos*, Marcial Pons, Madrid, 1994,

BENVENUTI, F., «Funzione amministrativa, procedimento, proceso», en *Rivista Trimestrale de Diritto Publico,* 1952.

BOCANEGRA SIERRA, R., *Lecciones sobre el acto administrativo*, Thomson-Civitas, 3ª Ed., Madrid, 2004.

BONNARD, ROGER, *Precis de droit administratif*, 4 ed., París, LGDJ, 1943.

- «Le pouvoir discrétionnaire des autorités administratives et le recours pour excès de pouvoir», en *RDPSP*, París, 1923, pp. 363 y ss.

BOQUERA OLIVER, J. Mª., *Estudios sobre el acto administrativo,* Madrid, 1982.

BREWER-CARÍAS, A. R., *Jurisprudencia de la Corte Suprema (1930-1974) y Estudios de Derecho Administrativo*, T. III, *La Actividad Administrativa*, Vol. I, *Reglamentos, Procedimiento y Actos Administrativos*, Caracas, 1976.

- *Las Instituciones Fundamentales del Derecho Administrativo y la Jurisprudencia Venezolana*, Tesis, Caracas, 1964.
- *El Derecho Administrativo y la Ley Orgánica de Procedimientos Administrativos. Principios del procedimiento administrativo*, EJV, 6a. Ed., Caracas, 2002.
- «Consideraciones sobre la ilegalidad de los actos administrativos en el Derecho venezolano», en *RAP*, N° 43, Madrid, 1964.
- *Nuevas tendencias en el contencioso-administrativo en Venezuela*, EJV, Caracas, 1993.

BREWER-CARÍAS, A. R. y ORTIZ ÁLVAREZ, L., *Las Grandes Decisiones de la Jurisprudencia Contencioso Administrativa (1961-1996),* EJV, Caracas, 1996.

CARRÉ DE MALGERG, R., *Teoría General del Estado*, trad. española, 2da. Edición, UNAM, FCE, México, 1998.

CASSAGNE, J. C., *El Acto Administrativo*, 2ª Ed. actualizada, Abeledo-Perrot, Buenos Aires, 1978.

CHAPUS, R., *Droit du contentieux administratif*, Montchrestien, 13ª Ed., París, 2008.

COMADIRA, J. R., *La anulación de oficio del acto administrativo. La denominada «cosa juzgada administrativa»*, Astrea, Buenos Aires, 1981.

DE CASTRO y BRAVO, F., *El Negoco Jurídico*, Civitas, Madrid, 1985

DE LAUBADÈRE, A.; VENEZIA, J. P . y GAUDMET, Y., *Traité de droit administratif*, T. 1, 14ª. Ed., LGDJ, París, 1996.

DELVOLVÉ, P., *L'acte administratif*, Sirey, París, 1983.

DE LA CUÉTARA MARTÍNEZ, J. M., «Potestades administrativas y poderes constitucionales», en *REDA* N° 38, N° 1983.

- *La actividad de la administración*, Tecnos, Madrid, 1983.

DIEZ, M. M., *El Acto Administrativo,* Segunda edición, Editora Argentina, Buenos Aires, 1961.

DRAGO, R. y AUBY, J. M., *Traité de Contentieux Administratif*, T. II, 2ª Ed., LGDJ, 1975.

DROMI, J. R., *Prerrogativas y Garantías Administrativas, 2ª. Parte. Garantías del Administrado*, UCT, Tucumán, 1979.

ESCOLA, H., *Compendio de Derecho Administrativo*, 2 Vols., Depalma, Buenos Aires, 1984.

FARÍAS MATA, L. H., «Los Motivos de Impugnación en el Contencioso Administrativo», en Tendencias de la Jurisprudencia Venezolana en Materia Contencioso Administrativa, VIII Jornadas «Dr. J.M. Domíguez Escobar, IEJEL, Barquisimeto, 1983.

- «Introducción General», en Avances Jurisprudenciales del Contencioso Administrativo en Venezuela, XIII Jornadas «J.M. Domínguez Escobar, t. I, IEJEL, Barquisimeto, 1993.

FERNÁNDEZ, T. R., *La doctrina de los vicios de orden público*, IEAL, Madrid, 1970.

- *La nulidad de los actos administrativos*, Colección Monografías Jurídica Nº 11, EJV, Caracas, 1979.

FIORINI, B. A., *Derecho Administrativo*, T. I, 3ª. Ed., Abeledo-Perrot, Buenos Aires, 1995

FRAGA PITTALUGA, L., *El vicio de incompetencia en el Derecho Administrativo*, 2a. Ed., Caracas, 2006.

FRAGOLA, U., *Gli atti amministrativi*, Turín, 1952.

GARCÍA DE ENTERRÍA, E. y FERNÁNDEZ, T. R., *Curso de Derecho Administrativo*, 2 tomos., 12ª Ed., Madrid, Thomson-Civitas, 2004.

GARCÍA PELAYO, M., *Derecho Constitucional Comparado*, Madrid, 1959.

GARRIDO FALLA, E., *Tratado de Derecho administrativo*, T. I, 13ª Ed. Tecnos, Madrid, 2002.

- *Tratado de Derecho Administrativo*, T. II, 11ª Ed., Madrid, 2002.

GARCÍA-TREVIJANO, J. A., *Los Actos Administrativos*, Civitas, Madrid, 1986.

GAZIER, «Essai de présentation nouvelle des ouvertures du recours pour excés de pouvoir», EDCE, París, 1951.

GIANNINI, M. S., *Diritto Amministrativo*, Vol. 2, 3ª Ed., Giuffrè editore, Milano, 1993.

GONZÁLEZ PÉREZ, J., *Manual de Procedimiento Administrativo*, Civitas, Madrid, 2000.

- *El Procedimiento Administrativo*. Ed. Abella, Madrid, 1964.

HAURIOU, M., *Précis de droit administratuif et de droit pu*blic, 4ª Ed., Sirey, París.

- *Précis de droit administratif et droit public*, 12a. Ed., París, 1933.

HERNANDEZ-MENDIBLE, V., *Estudio jurisprudencial de las nulidades, potestades de la Administración y poderes del juez en el Derecho Administrativo (1930-2011)*, 2a. Ed., Funeda, Caracas, 2013.

HERRERA ORELLANA, L.A., La Potestad de Autotutela Administrativa. Ejecutividad y ejecutoriedad de los actos y de los contratos administrativos, Serie Cuadernos, Ediciones Paredes, Caracas, 2008.

HOSTIOU, R., *Procedures et formes de l'acte administratif unilateral en droit francais*, LGDJ, París, 1975.

JORDANO FRAGA, J., *Nulidad de los actos administrativos y derechos fundamentales*, Marcial Pons, Madrid, 1997.

LAFERRIÉRE, E., *Traité de la juridiction administrative et des recours contentieux*, París, Berger-Levrault et Cie, 1887, reedición LGDJ, París, 1989.

LAMPUÉ, M. *Cours de doctorat*, París, 1943-1944.

LARES MARTÍNEZ, E., *Manual de Derecho Administrativo*, 13ª Ed. UCV; Caracas, 2008.

LOEWENSTEIN, K., *Teoría de la Constitución*, Edic. Ariel, Barcelona, 1979.

MARIENHOFF, M., *Tratado de Derecho Administrativo*, T. III-A, Abeledo-Perrot, Buenos Aires, 1974.

MARTÍN MATEO, R., *Manual de Derecho Administrativo*, 23ª Ed., Thomson-Aranzadi, Madrid, 2004.

MEIER E., H., *Teoría de las Nulidades en el Derecho Administrativo*, Ediciones ALBA, Caracas, 1991.

MEILAN GIL, J. L., *Categorías de Derecho Administrativo*, IUSTEL, Madrid, 2012.

MERK, A., *Teoría General del Derecho Administrativo*, COMARES, Granada, 2004.

NIETO, A., «Estudio preliminar», en BELADIEZ ROJO, M. *Validez y eficacia de los actos administrativos*, Marcial Pons, Madrid, 1994.

ODENT, R., *Contentieux administratif*, Les Cours de Droit, Polygraphie, París, 1976-1981.

OSPINA, F. G., y OSPINA A. E., *Teoría General de los actos o negocios jurídicos*, Ed. Temis, Bogotá, 1983,

PANTOJA BAUZA, R., *Concepto de acto administrativo*, Santiago de Chile, Ed. Jurídica de Chile, 1960.

PAREJO ALFONSO, L., «La Competencia en la Organización Administrativa», en *Los Requisitos y Vicio de los Actos Administrativos. V Jornadas Internacionales de Derecho Administrativo «Allan Randolph Brewer-Carías»*, Funeda, Caracas, 2006.

PELLEGRINO PACERA, C.G., *Motivos de impugnación de los actos administrativos y la jurisprudencia de la Sala Político-Administrativa (Una revisión jurisprudencial a la luz de la Ley Orgánica de la Jurisdicción Contencioso Administrativa)*, Cuadernos de Derecho Público N° 8, Funeda, Caracas, 2012.

PONCE SOLÉ, J., *Deber de buena administración y derecho al procedimiento administrativo debido. Las bases constitucionales del procedimiento administrativo y del ejercicio de la discrecionalidad*, Lex Nova, Valladolid, 2001.

RANELLETTI, O., *Teoria degli atti amministrativi speciali*, Milano.

RESTA, R., *La revoca degli atti amministrativi*, Milán, 1939.

Revista de Derecho Público, Nos. 1 al 134, Editorial Jurídica Venezolana, 1980-2013.

REVIDATI, G. A., «Nulidades del acto administrativo», en *Acto Administrativo*, Ed. UNSTA, Tucumán, Argentina, 1982.

RIVERO, J. «L'Etat moderne sent'il être encore un etat de droit», en *Annales de la Faculté de Droit de Liège*, 1957.

- y WALINE, J., *Droit administratif*, 21a Ed., Dalloz, París, 2006.

RODRÍGUEZ ARANA, J., «Los derechos fundamentales en el Estado social de Derecho y el Derecho Administrativo», en *AA* núm. 35, 1988.

ROMANO, S., *Fragmento de un diccionario jurídico*, Ed. Jurídicas Europa-América, Buenos Aires, 1964.

SANTAMARÍA PASTOR, J. A., *Principios de Derecho Administrativo General*, T. II, IUSTEL, Madrid, 2004.

SUBERO MUJICA, M. «Los motivos de impugnación y al Jurisprudencia Contencioso-Administrativa», en *El Contencioso Administrativo en el Ordenamiento Jurídico Venezolano y en la Jurisprudencia del Tribunal Supremo de Justicia*, FUNEDA, Caracas, 2006, pp. 191 y ss.

URDANETA TROCONIS, G., «Los Motivos de Impugnación en la Jurisprudencia Contencioso Administrativa Venezolana de las Tres Últimas Décadas», en *Derecho Contencioso Administrativo, Libro Homenaje al Profesor Luis Enrique Farías Mata*, IEEL, Caracas, 2006.

- «Avances Jurisprudenciales sobre los Motivos de Impugnación en el Contencioso-Administrativo Venezolano, en *Avances Jurisprudenciales en el Contencioso Administrativo en Venezuela, XVIII Jornadas «J.M. DOMINGUEZ ESCOBAR»*, T. III, IEJEL, Barquisimeto, 1993.

VEDEL, G., *Derecho Administrativo.* Ed. Aguilar, Madrid, 1980.

- et DELVOLVÉ, P., *Droit administratif*, T. 1, PUF, Thémis, Droit public, París, 1992.

VILLAR PALASI, José Luis, *Apuntes de Derecho Administrativo, Parte General*, T. II, Madrid, 1977.

VITTA, C., *Diritto amministrativo*, 3ª. Ed., Turín, 1948.

WALINE, M., *Précis de Droit Administratif*, Vol. I, Ed. Moncherstien, París, 1969.

WEIL, P., *Derecho Administrativo*, trad. Española, Civitas, Madrid, 1986.

ZANOBINI, G., *Curso de Derecho Administrativo*, T. I., Buenos Aires, 1954.

La edición de Editorial Olejnik de

LA NULIDAD DEL ACTO ADMINISTRATIVO,
de JOSÉ ARAUJO-JUÁREZ, se imprimió
en la República Argentina en noviembre de 2020.

www.ingramcontent.com/pod-product-compliance
Ingram Content Group UK Ltd.
Pitfield, Milton Keynes, MK11 3LW, UK
UKHW041829200726
13854UKWH00002BA/901

9 789563 928884